목수의 아들

존 그레이 지음 임준묵 옮김

하나님의 사람을 **엘맨**
만들어 가는 ELMAN

목수의 아들

1쇄	2025년 11월 10일

지은이	존 그레이
펴낸이	이규종
옮긴이	임준묵
펴낸곳	엘맨출판사
등록번호	제13-1562호(1985.10.29.)
등록된곳	서울시 마포구 토정로 222
	한국출판콘텐츠센터 422-3
전화	(02) 323-4060, 6401-7004
팩스	(02) 323-6416
이메일	elman1985@hanmail.net

ISBN   978-89-5515-815-1 03840

값 15,000 원

이 책은 하나님의 아들,
예수 그리스도의 사역의 여정을
소설적으로 묘사한 작품입니다.

목차

제1장

믹서기 속의 코르크

"차로 돌아가세요!"

주(州) 경찰관의 말투는 브루클린 스털링의 귀에 권유라기보다는 협박처럼 들렸다. 그의 굵직한 목소리는 리프 밴 윙클 다리 위에 매섭게 몰아치는 바람을 뚫고 들려왔다. 주민들은 허드슨강에 걸쳐있는 1마일 길이의 그 다리를 더 리프라고 불렀는데, 이 혹독한 3월의 저녁에 다리 위 교통은 양방향으로 멈춰 서 있었다. 브루클린이 그 경찰관 바로 뒤 오른쪽으로 눈을 돌려보니, 거기에 한 여인이 얇은 실내복만 걸치고 맨발로 다리 난간 밖에 서서 공포에 질린 손으로 금속 지지대를 움켜잡고 있었다. 바람결에 그 여인의 어깨 너머로 머리카락이 흩날릴 때, 브루클린은 속으로 생각했다. *맙소사, 저 여자 간신히 버티고 있잖아.*

"여자와 대화를 시도해 봤나요?" 브루클린이 경찰관에게 물었다.

"물론이오. 여자가 나보고 물러가지 않으면 뛰어내리겠다고 했소." 브루클린이 대답을 하기도 전에, 경찰관이 말했다. "그런데, 당신에게 차 안에 있으라고 말했잖소."

그 경찰관은 키가 190cm는 족히 되어 보였고, 재킷에 'MILLS'라는 이름이 보라색 실로 수놓아져 있었다. 그가 누군가를 찾는 듯 좌우를 두리번거렸다.

브루클린이 물었다. "지원이 오고 있나요?"

"그리 빨리 오진 못할 거요."

브루클린이 차량 수십 대가 정체된 것을 쳐다보자, 경찰관이 덧붙였다. "컬럼비아 메모리얼 병원에서 위기상담사가 오는 중인 것 같은데, 모르겠소."

"밀스 경관님," 브루클린이 그 말을 듣고 말했다. "이 말이 이상하게 들릴 것을 알지만, 오늘 밤, 저 여인을 돕도록 저를 이 다리로 보내셨어요."

그가 물었다. "누가 보냈소?"

브루클린은 어떻게 대답해야 할지 몰라 머뭇거렸다.

그가 다시 물었다. "말해주겠소?"

"믿지 않으실 겁니다."

밀스가 농담처럼 말했다. "오늘 밤 같아서는 뭐든 믿을 수 있을 것 같소."

"그렇긴 해요." 브루클린이 말했다. "그렇지만… "

"뭐요?" 그가 물었다. "이야기하시오."

"그럼, 좋아요." 브루클린이 말했다. "하나님께서 저를 보내셨어요."

경찰관이 웃음을 참으며 말했다. "하나님?"

"그분은 제 개인적인 친구예요." 브루클린이 대답했다. "이야기하자면 길어요."

밀스 경관이 휴대용 무전기를 들고, 위기 상담사가 언제 도착하는지 물었다.

"ETA(예상 도착 시간), 20분."이라는 답신이 왔다.

밀스가 다리에 매달린 여인 쪽을 돌아보고 중얼거렸다. "기다릴 시간이 없어."

브루클린이 좀 더 다가섰다. "제가 저 여자에게 이야기해도 될까요?"

"왜요? 당신이 정신과 의사라도 되는 거요?"

"아니에요." 그녀가 대답했다. "기자이면서, 전에 벼랑 끝에 서 있던 여인이에요."

경찰관이 이상한 눈으로 쳐다보자, 브루클린이 말했다. "비유로 말한 거예요."

그가 숨을 깊게 들이쉬었다. 어찌해야 할지 모르는 게 분명했다.

"제가 해볼게요. 제발요."

경찰관이 그녀를 10초 동안 뚫어지게 바라보더니, 한숨을 쉬며 말했다. "손해 볼 건 없겠지."

브루클린이 가장 원치 않았던 일은 그 여인을 놀라게 하는 것이었다. 그래서 그녀는 수업 시간에 지명받기를 기다리는 4학년 학생처럼 손을 들고 여인에게 말했다. "미안하지만, 내가 얘기 좀 해도 될까요?"

그 여인이 쳐다보더니 고개를 끄덕였다. 그래서 브루클린이 더 가까이 다가갔다.

그녀가 다가가자, 그 여인은 눈물 젖은 눈으로 슬픈 표정을 지었다.

"울어서 그런 거예요? 아니면, 바람 때문에 그런 거예요?" 브루클린이 물었다.

"둘 다요." 그 여인이 대답했다. 그래서 브루클린이 물었다. "내가 담요를 가져다줄까요? 여기는 너무 추워요."

그 여인이 대답했다. "나는 여기 오래 있을 생각이 없어요."

밀스 경관이 고개를 홱 돌리자, 브루클린이 양손을 들어 올렸다. "괜찮아요. 우리가 얘기 좀 하려는 것뿐이에요. 그 이상은 없어요. 됐죠?" 브루클린이 그 여인에게로 주의를 돌렸다. "잠깐 얘기할 수 있죠?"

그 여인이 가볍게 고개를 끄덕였다.

"나는 '브루클린'이고, 다리를 좋아해요."

"나는 '샌디'이고, 해변을 좋아해요."

그 비교가 브루클린을 웃음 짓게 했다.

그 여인이 강물 아래로 얼굴을 돌리자, 브루클린이 그녀의 주의를 다시 돌리려고 하였다.

"샌디, 왜 여기에 있어요?"

그녀는 대답하지 않았다.

브루클린이 계속했다 "왜 그러는지를 내가 안다는 말이에요. 그건 분명… 내가 묻는 것은 왜 여기 있느냐는 거예요."

샌디가 말했다. "당신 집에 쉐이크 같은 것 만드는 믹서기 가지고 있나요?"

"예"

"당신이 와인병 코르크 마개 크기라고 가정할 수 있나요? 그런 상상을 할 수 있나요?"

"할 수 있어요."

샌디가 냉소를 터트렸다. "자, 당신이 그 코르크이고, 누가 당신을 믹서기 안에 집어넣고 돌린다고 가정해 보세요."

브루클린은 마음속으로 그 상황을 떠올려 보았다.

"예리한 칼날이 돌아갈 때" 샌디가 말했다. "당신은 부딪치지 않으려 뛰어오르고, 숙이고 하죠. 하지만 부딪치지 않는 건 불가능해요. 질책이나 비난이 하나하나의 칼날 같은 거죠."

브루클린이 말했다. "그게 바로 지금 당신의 삶인가요? 당신이 믹서기 안의 코르크인가요?"

"예, 내가 그래요."

브루클린이 한 발 더 다가섰다. "나 자신도 그런 믹서기 안에 있었다는 것을 당신이 알면 놀라겠죠?"

샌디가 아래의 어둡고 깊은 강물에서 시선을 돌려 브루클린의 눈을 바라보았다.

"그런데 나가는 길이 있어요, 샌디, 내가 당신에게 나가는 길을 보여줄 수 있어요."

샌디가 고개를 저었다. "당신이 무슨 말을 해도, 내가 처한 곤경을 변화시킬 수는 없어요."

"당신이 처한 곤경 때문에 내가 여기 있는 거예요," 브루클린이 말했다. "친구가 나를 보냈어요."

"어떤 친구요?"

브루클린이 고개를 갸웃했다. "그건 우리가 앞으로 얘기하기로 약속하죠."

샌디가 다시 물었다. "누가 당신을 보냈는데요?"

브루클린이 숨을 깊게 들이마셨다. "내가 전에는 절대로 믿지 않았지만, 지금은 믿는 어떤 분이죠. 사람들은 내가 보고 쓴 것들 때문에 내 정신 상태를 의심하지만, 단언컨대 그분은 저 아래 얼음장 같은 강물만큼이나 실재하시는 분이세요."

샌디가 말했다. "나는 당신이 내 질문에 대답하기 전에는 움직이지 않을 거예요."

브루클린이 한 번 더 숨을 깊게 들이마셨다. "하나님께서 나를 보내셨어요, 샌디. 예수님 자신이세요."

"아하, 그래서 이게 결국은 믿음의 문제인 건가요?" 샌디가 쏘아붙였다. "거기까지 하죠. 나는 오래전에 믿음을 잃었으니까요."

"이해해요." 브루클린이 말했다. "지금 당신과 얘기하고 있는 사람도 과거에는 하나님을 필요로 하지 않았던 사람이에요. 믿지 않았던 사람이에요."

"그럼 지금은 믿나요?"

"예."

"왜요?"

브루클린이 대답했다. "지난 가을 내게 일어났던 일 때문이에요. 에드워드 때문이에요."

샌디가 다시 돌아섰다. "이건 모두 말도 안 되는 소리예요. 나는 이 일을 하려고 여기 왔어요. 우리는 시간을 허비하고 있는 거예요."

밀스 경관이 더 가까이 움직였다. 그가 개입하려는 것이 분명했는데, 그녀를 붙잡으려는 것 같았다. 그건 너무 위험한 방법이었다.

"샌디, 나는 당신이 이런 식으로 자신을 해치려는 마음을 가지고 있다고는 생각하지 않아요. 당신은 여기 한참 올라와 있었고, 뛰어내릴 기회도 많았어요. 그런데 지금 나와 얘기하고 있잖아요."

"당신은 나를 몰라요."

"맞아요, 샌디, 나는 당신을 몰라요. 그렇지만 알고 싶어요."

난간 위의 여인이 다시 브루클린을 돌아보았다.

"잠시 내 차로 가 앉아서 얘기해요. 밀스 경관님도 괜찮다고 할 거예요. 그렇죠? 경관님?"

밀스가 대답했다. "그 여자를 난간에서 내려오게만 한다면, 나는 상관없어요."

브루클린이 샌디에게 더 가까이 다가갔다.

"당신이 집으로 돌아가도록 도와줄게요."

"바로 그게 문제예요." 샌디가 말했다. "나는 집으로 갈 수가 없어요. 내가 너무 많은 사람에게 상처를 주었어요."

브루클린이 더 가까이 다가가 손을 펴서 난간 너머로 내밀었다. "내 손을 잡고, 언제나 용서가 있다는 것을 당신에게 보여줄 기회를 주세요. 언제나 구원이 있어요. 언제나 그분께 돌아갈 길이 있어요."

샌디가 무기를 내려놓고 항복하려는 것처럼 표정이 누그러졌다. 그녀는 다리의 쇠 난간을 움켜잡았던 손을 조심스럽게 풀고 브루클린과 손깍지를 꼈다.

"이제 내가 당신을 붙잡았어요," 브루클린이 속삭였다. "이제 하나님께서 당신을 붙잡으신 거예요."

샌디가 천천히 난간을 넘어 안전하게 돌아왔고, 브루클린과 단단히 붙잡은 손을 절대 놓지 않았다. 두 사람의 눈이 마주치자, 방금까지 세상의 벼랑 끝에 서 있었던 그 여인이 처음으로 물었다. "에드워드가 누구죠?"

제2장

에비를 받아!

6개월 전

"사다리가 필요해요." 에비가 부모를 불러냈다.

브루클린의 남편인 코너는 빨간색과 검은색 체크무늬 플란넬 (보송보송한 모직 혼방사) 셔츠에 색 바랜 랭글러(카우보이) 청바지를 입고, 이미 딸보다 앞서 나무들 사이로 5m 사다리를 끌고 씩씩하게 가고 있었다.

비록 그들이 함께한 지가 10년이 넘었지만, 코너는 여전히 브루클린의 마음을 설레게 했는데, 특히 햇빛이 그의 조각상 같은 얼굴과 깊고 푸른 눈을 비출 때면 그랬다. 그가 부성애를 과시하며 딸을 애지중지할 때, 브루클린은 불꽃 위 꼬챙이에 꿰인 마시멜로처럼 녹아내렸다.

그들 둘은 보스턴에 있는 블랙 로즈라는 아일랜드식 술집에서 만났다. 코너는 그의 대학 친구가 술집의 '특별 할인 시간' 손님들을 위해 밴드에서 베이스 기타를 연주하는 동안 혼자 앉아 있었다.

보스턴 글로브의 몇몇 동료들과 술집에 앉아 있던 브루클린은 그에게서 눈을 뗄 수가 없었다. 그가 모든 노래의 가사를 입술로 따라 부르고 있다는 것을 알아채고, 그녀는 미소를 지었다.

그녀가 '레몬 드롭'이라는 술을 한 잔 들이켜고, 머리를 뒤로 묶어 말총머리를 만든 다음, 의자에서 벌떡 일어나 큰 소리로 선언하였다. "아우다체스 포르투나 유왓."

"너 뭐라고 했니?" 한 친구가 물었다.

브루클린이 대답했다. "행운은 용감한 자의 편이다."

그녀가 사냥감을 향해 돌진해 가자, 한 친구가 말하는 소리가 들려왔다. "우리도 저 애처럼 바드 대학에서 라틴어를 공부할 걸 그랬나 봐."

그녀가 가까이 갈수록 그 남자의 모습이 더 잘 보였다. 그는 단추 달린 검은 색 셔츠에 짙은 색 바지를 입고, 술 달린 간편화를 신고 있었다. 그의 숱 많은 머리는 정돈된 것 같으면서도 헝클어져 있어 얼굴의 거뭇거뭇한 수염과 완벽하게 어울렸다.

브루클린은 그날 밤 요란스럽게 차려입지는 않았지만, 청바지와 하얀 블라우스, 목에 붉은 실크 스카프를 단정하게 두른 자신의 선택이 만족스러웠다. 그녀가 테이블 사이를 누비며 그에게 다가갈 때, 테이블을 비추는 촛불에 그녀의 초록색 눈동자가 반짝였다.

"제게 아일랜드 노래 가사를 가르쳐 주시겠어요?" 그녀가 묻자, 그는 눈에 띄게 놀란 표정을 지었다.

재빨리 정신을 차린 코너는 발로 맞은편 의자를 밀어 자리를 내주었다. "갤웨이 숄은 어떠세요? 러브스토리예요."

브루클린이 그의 초대를 받아들여 앉았다. "그냥 말해주세요. 그들이 그 후로 내내 행복하게 살았나요?"

그는 꾸며낸 것이 분명한 엉터리 아일랜드 억양으로 대답했다. "아일랜드 노래잖아요, 내 사랑. 그 노래들은 절대로 그렇게 되지 않아요."

그녀의 웃음소리가 술집 안에 울려 퍼졌다.

그들은 그 후 3시간 동안 앉아서 이야기하였다. 코너가 브루클린에게 스스로를 한 단어로 묘사해 보라고 하자, 그녀가 집요하다라고 대답하였다. 그가 잘 자요라며 작별 키스를 하자, 그녀가 덧붙였다. "용감하시군요. 저도 용감해요."

*

오늘 사과 과수원에 있는 모든 사람은 브루클린의 용감함을 관

17

람석 앞 열에서 잘 지켜보게 될 것이다.

그들의 아홉 살 딸 에비는 사다리의 맨 꼭대기에 올라서서 빛나는 빨간 사과를 따려고 애쓰고 있었다. 그녀의 바로 뒤 사다리 위에 서 있던 브루클린은 위에 있는 가지 하나를 찾아냈고, 그 가지가 자기 무게를 지탱할 만큼 굵다고 판단했다. 브루클린은 조심스럽게 에비 주위로 발을 옮겨, 작은 가지를 이용하여 크고 즙 많은 사과를 딸 수 있는 굵은 가지로 올라갔다.

"닿을 수 있겠어요, 엄마?" 에비가 물었다.

브루클린은 안전을 위해 한 손으로 나무를 붙잡고, 다른 손으로는 그 과수원에서 가장 큰 사과를 따려고 팔을 뻗었다.

가지 둘레가 20cm나 되었지만, 브루클린의 무게가 한 점을 내리누르자, 소름 끼치게 갈라지는 소리가 났고, 그 소리는 주위 20m 안에 있는 모든 사람이 고개를 돌릴 만큼 크게 들렸다.

"저런!" 코너가 소리쳤다. 에비는 사다리 꼭대기에 있었고, 브루클린은 그녀가 올라가 있던 가지가 완전히 부러졌을 때 수십cm 더 높은 곳에 있었다. 그녀는 떨어지면서 본능적으로 사다리 꼭대기를 움켜잡았고, 그로 인해 사다리가 흔들리며 뒤집혔다. 이제는 두 사람 모두가 땅바닥으로 떨어지고 있었다.

브루클린은 에비를 받아!라고 소리를 지르고 싶었으나, 그 말을 할 시간이 없었다.

다행히도 코너가 그녀보다 먼저 알고 있었다. 그는 마치 빨래 더

미를 들듯 팔을 뻗고 딸이 떨어지는 바로 아래에 자리를 잡았다. 에비는 다리부터 똑바로 떨어져 내려오고 있었는데, 바짓단이 나무의 작은 가지에 걸렸다. 이게 요행이었던 것이, 나뭇가지가 에비의 다리를 잡아당겨 몸을 돌아가게 하였고, 결국 그녀를 수평으로 떨어지게 하였다.

쿵! 소리와 함께 코너는 기다리고 있던 팔로 에비를 안전하게 받았다. 그 두 사람이 입은 유일한 부상은 에비를 받을 때, 에비의 팔꿈치가 코너의 얼굴을 때려 부어오른 입술뿐이었다.

그런데 브루클린의 경우는 얘기가 전혀 달랐다. 그녀는 나무 위에 자리 잡고 있었기 때문에, 땅으로 곧바로 떨어진 것이 아니라, 떨어지는 길에 여러 나뭇가지에 부딪히면서 고통스러운 인간 핀볼 게임처럼 튕겨졌다. 사과 수확철로는 늦은 시기였기 때문에 나무 밑 풀밭에는 썩고 벌레 먹은 사과들이 있어 바닥의 충격을 줄여주었다.

그런데 가장 안 좋은 일은 그녀의 머리가 바닥에 부딪혀 튀어오를 때 생겼다. 그녀는 많은 사람이 별이 보인다라고 하는 번쩍이는 하얀 빛에 맞았다.

사람들이 모여들었다. 브루클린이 거기에 누워서 들을 수 있었던 유일한 소리는 딸의 목소리였다.

"엄마, 괜찮아요? 엄마?"

브루클린은 정신을 차리려 애쓰며 힘들게 눈을 깜빡였다. "괜찮아, 아가."

코너가 한숨을 크게 내뱉었다. "오, 주님 감사합니다."

브루클린이 손을 들어 코너의 손을 잡았다. 그가 땅바닥에서 그녀를 천천히 일으켜 세우자, 그녀가 말했다. "당신은 웃기는 사람이야. 정말."

코너가 손을 저어 구경꾼들을 가게 했다. "내가? 내가 무슨 웃기는 짓을 했어?"

브루클린이 딸을 껴안고 부러진 가지를 쳐다보았다. "당신은 내가 떨어지고도 무사한 것에 대해서는 하나님한테 감사하면서, 그 가지가 부러진 것에 대해서는 그분을 탓하지 않으니 말이야."

코너가 두 사람 모두를 껴안았다. "이 일로는 논쟁하지 않겠어. 오늘은 아니야. 둘 다 무사하잖아. 그걸로 됐어."

몇몇 사람들이 아직도 주위에 모여서 방금 하늘에서 떨어진 여인을 멍하니 바라보고 있었다. 브루클린이 그제야 그들을 주목해 보았다. 그때 사람들과 떨어진 곳에 한 낯익은 얼굴이 있었다. 둘이 잠시 눈을 마주치자, 검은색과 금색의 재킷을 입은 남자가 아는 사이라는 것을 인정하듯 고개를 끄덕이고는 사람들 속으로 사라졌다.

브루클린이 말했다. "나 그 사람 알아."

"누구?" 코너가 물었다.

그녀가 눈을 크게 뜨고, 구경꾼들을 훑어보았다. "갔어."

에비가 올려다보았다. "엄마, 정말 괜찮은 거예요?"

브루클린이 다시 한번 딸을 꼭 껴안았다. "나는 괜찮아, 아가. 머리를 부딪쳤을 뿐이야."

한 남자가 다가오더니, 과수원 주인 노름 세바스찬이라고 자신을 소개하였다. "내가 구급차를 불렀어요." 그가 말했다. "앉아 있어야 할 것 같은데요, 아가씨."

브루클린이 머리 뒤쪽을 문지르며, 우스갯소리로 말했다. "한동안 아무도 나를 '아가씨'라고 부르지 않았어요. 저는 괜찮아요, 선생님. 정말요. 구급차는 취소하세요."

코너가 그녀의 뺨에 손을 댔다. "의료진에게 당신이 괜찮은지 판단하도록 하지 그래, 자기."

"어찌 된 일이죠?" 노름이 물었다.

"제 잘못이죠. 제가 사다리를 버리고, 내 온 무게를 나뭇가지에 올려놓았어요."

"원래는 버렸을 텐데, 이번 여름에 비가 너무 많이 왔어요. 오래된 가지들이 물을 먹고 약해졌어요."

브루클린이 사람들을 다시 훑어보기 시작했다. "그 얼굴, 그 재킷. 내가 그 사람 안다니까."

"무슨 얘기죠?" 노름이 코너에게 물었다.

"정말 모르겠어요." 코너가 대답했다. "브룩, 뭐에 대해 말하는 거야? 누구를 안다는 거야?"

그녀가 손에 묻은 먼지를 청바지에 털었다. "오, 세상에, 으깨진 사과가 온몸에 다 묻었어." 그녀가 남편을 쳐다보았다. "나한테 뭐 물어보았어?"

에비가 대신 대답했다. "엄마가 누굴 봤다고 했잖아요."

브루클린이 다시 둘러보았다. "내가 그랬지. 하지만 그 사람은 갔어. 무언가 이상해."

"이상하다니, 무슨 뜻이죠?" 노름이 물었다.

브루클린이 그 나이 먹은 신사의 어깨를 토닥였다. "죄송해요, 선생님, 방금 제 초감각이 발동했어요."

그가 어리둥절한 표정을 지었다. "초감각?"

"아내가 보스턴 글로브의 기잡니다." 코너가 설명해 주었다. "아내가 종종 촉이 온답니다, 기삿거리에 대한."

"그렇군요."

브루클린이 머리를 만졌는데, 머리가 이제는 지끈거렸다. "아무것도 아니에요, 구급차는 필요하지 않아요, 진통제 두 알만 먹으면 괜찮아질 거예요."

바로 그때, 두 명의 응급구조사가 도착하였다. 노름의 강력한 설득에 그들이 브루클린을 살펴보았고, 바이탈 체크를 하였다. 머리에 작은 혹이 난 것 외에는 이상이 없어 보여, 그들이 그녀를 가게 했다.

코너가 물었다. "자기 정말 괜찮은 거지?"

브루클린이 숨을 깊게 들이쉬고, 에비를 안아 올렸다. "멀쩡해. 자, 집에 가는 길에 칙필레(치킨 샌드위치) 먹고 싶은 사람?"

에비가 외쳤다. "저요!"

브루클린이 코너의 입술에 살짝 입을 맞췄다. "괜찮아. 가자."

그녀가 마지막으로 과수원을 한번 둘러보며, 그 낯익은 얼굴을 찾았으나 그는 가고 없었다.

*

댄버스의 과수원에서 정확히 35km 떨어진 곳에 비컨 힐이라고 알려진 보스턴의 고급 주택가가 있었다. 깔끔한 브라운스톤 2층 집 앞에 목수의 아들 목공소라는 회사 이름이 적힌 흰색 작업용 밴이 주차되어 있었다.

위층에서는 가브리엘 매튜스가 벽난로 위 천장의 장식용 몰딩에 신입 직원이 막 손으로 조각을 끝낸 천사들을 경이로운 눈으로 바라보며 서 있었다. 가브리엘은 60대였지만, 사다리 위에 올라가고 마루 위를 기어다니며 목수로 일한 오랜 세월이 그를 훨씬 더 나이 많은 사람처럼 보이게 했다. 그는 쇠약해지기는 했지만, 아직도 최고의 맞춤 제작 목공품을 만들어 주고 있었다.

부유한 사람들이 친구들에게 자랑을 했고, 이제는 목수의 아들이 방문하기를 기다리는 보스턴 상류층의 대기자 명단이 있을 정도였다. 그의 수준 높은 작업에 걸맞는 조수를 얻는 것은 하나님이 주시는 선물일 것이다. 가브리엘은 방금 조수가 나무에 새긴 완벽한 모습의 천사들을 넋 놓고 보면서 말했다. "장난이 아니군, 에드워드. 자네는 정말 끌과 망치로 무엇을 할지를 알고 있어."

에드워드가 그를 향해 돌아섰다. 그는 보통의 키와 체구를 가진 30대 초반의 남자였으며, 어깨까지 내려온 갈색 머리에 짙은 갈색 눈, 그리고 단정하게 다듬은 턱수염을 가지고 있었다. "마음에 드신다니, 다행입니다." 그는 조용히 연장들을 나무 상자에 넣어 두고, 창가로 갔다.

가브리엘이 물었다. "뭘 보고 있나?"

그가 부드러운 말투로 대답했다. "석양(夕陽)이요."

"그게 좋은가?"

"제가 보기에는 모두가 다 좋아요."

"생각해 보니," 가브리엘이 말했다. "내가 자네 성(姓)도 모르는군."

에드워드는 계속 창밖만 내다보았다.

"자네한테 보수를 주려면 필요해서 그러네. 자네 성이… "

돌아보지도 않고, 에드워드가 말했다. "마누엘입니다. 그렇지만 보수는 필요 없어요, 가브리엘. 제게 약속하신 차고 위 방과 식사를 함께하는 것으로 보수는 충분합니다."

"말도 안 돼." 가브리엘이 에드워드가 방금 손으로 조각해 만든 천사들을 다시 쳐다보았다. "이 훌륭한 작품에 뭐라도 보상을 해 주어야 하네."

여전히 대답이 없었다.

가브리엘이 더 가까이 다가갔다. "괜찮은가?"

그가 중얼거렸다. "그 나뭇가지가 그녀를 지탱할 수 없었어."

"무슨 나뭇가지?"

"비가 너무 많이 왔어요." 에드워드가 말했다. "나뭇가지가 약해졌어요."

가브리엘이 더 가까이 다가갔다. "자네 무슨 말을 하는 건가?"

에드워드가 돌아서서 웃었다. 그리고 가브리엘의 어깨에 두 손을 얹었다. "당신은 좋은 분이에요. 집으로 가죠."

제3장

악인은 빌리고도

코너와 에비가 소파에 앉아 함께 시청할 TV 프로그램을 찾고 있었다. 에비가 빠르게 채널을 돌리고 있을 때, 아버지가 말했다. "기다려. 정지! 뒤로 돌려봐."

"우와!" 코너가 소리쳤다. "여인의 향기. 이거 좋아."

에비가 물었다. "항상 갱스터 역할로 나오는 그 배우잖아요?"

"알 파치노, 맞아."

"그럼 나는 못 보겠네요?"

"아냐, 아냐, 이건 봐도 돼. 그는 성질 고약한 눈먼 노인인데, 좋은 사람으로 바뀌어서 어려운 아이를 도와줘."

에비가 물었다. "재밌어요?"

"그럼, 그가 탱고 추는 것을 볼 테니 기다려봐."

"탱고?"

아버지가 웃었다. "그거 춤이야, 자, 보자."

주방에서는, 브루클린이 초강력 타이레놀(진통제) 네 알을 복용하려고 물병을 열었다. 나무에서 사과처럼 떨어진 후로, 그녀의 머리는 베이스 드럼처럼 쿵쾅거렸다.

코너가 주방에 대고 외쳤다. "조리대 위에 당신한테 온 소포 봤어?"

브루클린은 대답하지 않았다. 대신에, 화강암 조리대와 돌로 된 보호벽, 아름다운 식당으로 통하는 아치형 문을 바라보며 생각하고 있었다. 나는 이 집이 참 좋아.

보스턴 외곽의 작은 마을 웨이크필드에 있는 50평짜리 식민지풍 주택은 에비가 태어난 1년 후 그들의 눈을 사로잡았다. 브루클린과 코너는 브루클라인에서 방 한 개의 비좁은 아파트에 월 2,800달러를 지불하고 있었다. 직장을 다니기는 편리했지만, 갓난아기가 있는 부부에게는 큰 부담이었다.

"자기? 내 말 들었어?"

브루클린이 몽상에서 깨어나 조리대 위에 놓인 손잡이 달린 갈색 봉투를 보았다. "알았어."

봉투 안에는 위에 "매사추세츠 출판인 협회"라는 문구가 찍혀 있는 네모난 작은 상자가 있었다. 그리고 그 상자 안에는 크리스탈 유리에 올해의 컬럼니스트라는 문구가 새겨진 상패가 들어있었다. 사과 따고, 나무에서 떨어지고, 칙필레 가게에서 20분간 줄

서고 하는 사이에 브루클린은 그날 오전 보스턴 메리어트 호텔에서 열린 시상식에 가는 것을 까맣게 잊고 있었던 것이다. 이 상은 그녀가 글로브 신문에 쓰는 주간 칼럼 잡았다로 5년 동안에 세 번째로 받은 것인데, 이 칼럼은 비리 정치인들과 그 일당을 폭로하는 내용이었다.

그녀는 상패에 새겨진 글을 읽고, 남편과 딸에게 소리쳤다. "내가 받았다."

아무 반응이 없자, 브루클린은 상패를 들고 거실로 들어갔고, 그제야 그들 둘이 영화에 몰두해있다는 것을 알았다.

둘 다 대형 TV 화면에서 눈을 떼지 않자, 브루클린은 헛기침을 한 다음, 게임 쇼에서 상을 받은 모델처럼 상패를 들고 포즈를 취하였다.

여전히 반응이 없었다. "정말, 당신들 두 사람, 이러기야?"

두 사람이 영화에서 눈을 돌려 그녀의 손에 든 상패를 보자, 벌떡 일어나 브루클린에게로 달려왔다.

"상 받았네요, 엄마!"

"내가 받았어, 아가. 어때, 대박이지?"

에비가 물었다. "대박?"

"그렇게 표현하는 것뿐이야, 아가."

코너가 아내를 자랑스럽게 바라보았다. "잘했어. 아가씨."

브루클린이 상패를 흘깃 내려다보았다. "틀림없이 보스턴에는 이것과 나를 바다에 던져 넣고 싶어 하는 정치인들이 몇 있을 거야."

에비가 말했다. "사람들이 차(茶)를 그랬던 것처럼."

브루클린이 어리둥절한 표정으로 쳐다보았다.

에비가 덧붙였다. "항구의 애국자들."

코너가 말했다. "보스턴 차 사건!(영국 정부의 강압적인 식민지 과세 정책에 반발한 '자유의 아들들'이 보스턴 항의 선박에 실려 있던 홍차 상자들을 바다에 던져버린 사건으로 미국 독립 전쟁의 발단이 되었음) 아주 좋아."

브루클린이 딸의 비유에 피식 웃더니, 해적의 목소리를 한껏 흉내 내며 말했다. "흐흐, 바로 그거야, 친구~, 끈적한 깊은 곳으로 머리부터 풍덩."

에비가 웃었다.

코너가 말했다. "팝콘 만들어 올게. 이리 와서 우리랑 영화, 마저 다 보자. 버터를 듬뿍 넣어서 당신의 승리를 축하하자고."

브루클린이 대답을 하기도 전에 코너는 이미 주방으로 떠났다. 그녀가 소파에 앉았고, 에비는 그녀 왼편에 있었다. 아이가 그녀의 무릎에 발을 걸쳤다. TV에서 자동차 광고가 요란하게 울릴 때, 그녀는 에비를 바라본 다음에 상패를 내려다보았다. 그녀가 속으로 생각했다. *내가 더 행복해야 하는데, 왜 행복하지 않은 거지?*

댄버스에서 두 마을 떨어진 워번(매사추세츠) 에서는 파이퍼 매튜스가 저녁 식사를 하려고 상을 차리고 있었다. 보통은 그녀와 아버지 가브리엘 2인분만 필요했다. 어머니는 암으로, 오빠는 사람들 대부분이 지도에서 찾지도 못하는 전쟁터에서 잃었기 때문이다.

이제 20대 초반인 파이퍼 생각으로는 접시를 거실로 들고 가 소파에서 TV를 보며 먹었으면 좋겠는데, 아버지가 들으려 하지 않았다.

그는 저녁 식사가 하루 끼니 중 가장 존중받아야 하는 시간이라고 고집하곤 했다.

그것은 식탁에서 함께 먹어야 한다는 것을 의미했다. 휴대폰은 금지였다.

처음에는 아버지와의 이 침묵의 시간이 거북했으나, 오빠 폴이 아프가니스탄에서 죽은 후에는 그게 좋아졌다. 그들 간에 간간이 이루어지는 대화라고는 은식기 달그락거리는 소리나 침묵 가운데 서로 나누는 미소뿐이었다. 사랑스러운 눈길은 많은 말을 할 수 있다고 파이퍼는 언제나 생각했다.

그러나 오늘 저녁에는 아버지가 한 낯선 사람을 집으로 초대하였기 때문에 그녀가 3인분의 상을 차리고 있었다. 그녀가 냅킨을 접어 은식기 밑에 깔고 있을 때, 뒷문을 가볍게 두드리는 소리가 들렸다.

"들어와요." 가브리엘이 외쳤다.

파이퍼가 날카롭게 말했다. "먼저 누군지 물어봐야 하는 거 아니에요?"

"왜?"

"아, 아빠. 연쇄 살인범(serial killer) 같은 사람일 지도 모르잖아요."

아버지의 신입 직원 에드워드가 문을 살짝 열고 그 사이로 얼굴을 내밀었다. "나는 살인범(killer)은 아니고, 시리얼(serial)은 좋아해요."

가브리엘이 웃었다. "그 애 말은 신경 쓰지 말게, 에드워드, 들어오게."

에드워드가 주방 싱크대에서 손을 씻을 때, 파이퍼가 냉장고에서 물 세 병을 꺼내어 조리대 위에 필요 이상으로 조금 세게 내려놓았다.

가브리엘이 그녀를 쳐다보았다. "무슨 문제라도 있니?"

파이퍼가 머리로 다른 방 쪽을 가리킨 다음 걸어갔고, 가브리엘이 그녀를 바짝 뒤쫓아갔다. "잠깐 실례하겠네, 에드워드."

문이 닫히고 둘만 있게 되자, 파이퍼가 말했다. "이 사람이 누군지, 왜 그가 우리 집에 사는 건지 다시 설명해 주세요."

가브리엘이 문 쪽을 힐끔 보며, 불안한 표정을 지었다.

그녀가 말했다. "그 사람은 못 들어요."

"우선 목소리를 낮추고, 기왕이면 톤도 좀 줄여라."

파이퍼는 아버지를 무척 좋아해서 아버지가 조금이라도 속상해하는 것을 보는 것이 싫었다. "미안해요. 그냥 알고 싶어서 그래요."

가브리엘이 말했다. "너도 알다시피, 네 오빠가 우리를 떠난 후 내 조수로 세 사람이 일했잖니… "

"죽었어요, 아빠. 오빠는 죽었어요. 우리를 떠난 게 아니에요. 폴은 군복을 입고, 조국을 위해 복무하다가 죽었어요."

가브리엘이 그녀의 목소리 톤에 맞춰 말했다. "나도 알아, 파이퍼. 그렇지만 우리가 폴 이야기를 할 때마다 내게 돌 던지듯이 할 건 없잖니?"

파이퍼는 아버지의 눈에 아픔이 어려있는 것을 볼 수 있었다. "아빠 말이 맞아요. 죄송해요, 아빠. 그런데 아버지랑 일하던 사람에 대해 무슨 얘기를 하고 있었죠?"

"이름이 뭐더라, 버클레이, 내가 그 마지막 사람 얘기를 하고 있었지. 그 사람이 내가 일하고 있는데, 작업 중에 나가버렸어."

"저도 알아요. 그런데요?"

"그런데… 에드워드가 말하기를, 비컨 힐에 있는 집 앞에 작업용 트럭이 있는 것을 보고, 무작정 들어갔는데, 바클레이가 막 나오고 있었다고 하더라."

파이퍼가 목소리 톤을 줄였다. "그래서 아버지는 경력도 없는 낯선 사람을 그 자리에서 고용한 거예요?"

"나 경력 있어요." 살짝 열린 문에서 부드러운 목소리가 들려왔다. "방해해서 미안하지만, 나 경력 가지고 있어요."

파이퍼는 그 남자를 훑어보고, 믿을 수 없는 사람이라고 확신했다. "직업학교? 견습 생활?"

에드워드가 눈을 가린 긴 갈색 머리를 밀어제쳤다. "아니요. 나 옛날식으로 배웠어요."

파이퍼가 이마를 찡그렸다.

그가 말했다. "아버지가 장인(匠人)이었어요. 일종의 목수죠."

"어디서요? 이 부근은 아니죠?" 그녀는 자기가 비난하는 어조로 말하고 있다는 것을 느꼈다.

에드워드가 사람을 무장 해제시키는 미소를 지으며 말했다. "아니요. 여기서 먼 곳이에요."

그녀가 비웃듯 말했다. "그래서, 아버지 직원이 그만둔 순간에 아버지를 우연히 딱 만난 거네요? 그거 좀 공교롭다고 생각하지 않으세요?"

에드워드가 다가와 가브리엘의 어깨에 손을 얹었다. "작업용 밴에 목수의 아들이라고 적혀 있는 것을 보고, 내가 바로 목수의 아들이니까, 주인이 누군지 만나보고 싶었어요."

33

가브리엘이 불쑥 끼어들었다. "그래서 이야기를 나누었고, 자리가 비어 있어서, 이렇게 함께하게 된 것이지."

"잠깐만요." 파이퍼가 말했다. "당신들 직원은 보수도 받고, 집도 있잖아요. 그런데 왜…, 미안하지만. 이름을 잊었어요."

"에드워드."

"왜 에드워드는 차고 위에서 살고, 우리 식탁에 앉아 있는 거죠?"

가브리엘이 말하려 했다. "그건… ."

에드워드가 끼어들었다. "내게 필요한 것은 그게 전부니까요. 음식과 잠시 머물 따뜻한 곳."

파이퍼가 귀를 쫑긋 세웠다. "그럼 계속 있을 건 아니네요?"

"아니요." 에드워드가 말했다. "잠시만이에요."

가브리엘이 굳은살 박힌 손을 마주 비비며 말했다. "그거 유감인데. 자네는 훌륭한 직원이고, 좋은 동료인데."

에드워드가 싱긋 웃었다. "오늘 아침에 말씀드린 대로 당신은 좋은 분이에요, 가브리엘. 악인은 빌리고도 갚지 않지만, 의인은 후하게 베풀죠. 당신은 후하게 베푸는 분이에요."

"토니 로빈스의 명언인가요?" 파이퍼가 비꼬듯 물었다. "그 사람이 틱톡(짧은 동영상)에서 말하는 걸 들은 것 같은데."

에드워드가 어리둥절해서 쳐다보았다. "틱톡이요? 시계 같은 건가요?"

파이퍼가 집에 와 있는 그 낯선 사람을 쏘아보았다. *이 사람이 진심인 거야?*

어색한 침묵이 흐르자, 가브리엘이 말했다. "저녁 식사가 식는다."

파이퍼가 아버지의 말을 못 들은 척했다. "그래서, 당신은 차고 위에서 지내는 것으로… "

"잠시만이에요, 약속할게요." 에드워드가 말했다. "도우려고 왔을 뿐이에요."

가브리엘이 말했다. "내가 미트로프(떡갈비)라고 말해줬나?"

에드워드가 그를 향해 돌아섰다. "맛있겠네요. 먹죠."

그렇게 그들 셋은 저녁 식사를 하려고 식당에 모였다.

파이퍼는 이 낯선 사람에게 더 물어볼 것이 있었지만, 지금은 참기로 했다.

*

거기서 차로 조금 떨어진 곳. 브루클린과 코너와 에비가 영화의 결말을 보면서, 전자레인지용 팝콘 세 봉지를 담은 큰 그릇에 손을 집어넣고 있었다. 알파치노가 의자에서 일어나 상황을 반전시킬 거창하고 과장된 연설을 하려는 참이었다. 파치노가 학교 징계위원회에서 지팡이로 탁자를 내리치는 바로 그때, 브루클린이 벌떡 일어나 말했다. "그 사람 시각장애인이야."

에비가 키득거리며 웃었다. "이제야 눈치챘어요?"

브루클린이 대답하기도 전에 코너가 말했다. 이 영화 전에 봤구나, 자기. "

"내가 그 영화 얘기를 하는 게 아니야."

이제 어리둥절해진 것은 코너였다. "괜찮아?"

TV의 소음이 정신을 산란하게 했다. 브루클린이 리모컨을 집어 DVR을 껐다. "사과 과수원에 있던 그 사람," 그녀가 말했다. "시각장애인이야."

코너가 에비를 쳐다보았다. 그런 다음 다시 브루클린을 쳐다보았다. "어떤 사람?"

브루클린은 앞뒤로 서성거리면서, 조각들을 한데 모으려고 작은 소리로 중얼거리며, 머릿속으로 그것을 풀어보려 애썼다.

"당신이 나를 무섭게 하고 있어, 브룩."

그녀가 고개를 들어보니, 그들이 걱정스런 표정으로 쳐다보고 있었다. "미안해, 그러려던 건 아니고… " 그녀가 다시 소파에 앉았다. "내가 나무에서 떨어지고, 사람들 속에서 한 얼굴을 봤어. 그 남자가 나를 똑바로 쳐다보았고, 나는 그 남자가 나를 알고 있다는 걸 알 수 있었어. 또 그 남자도 내가 자기를 안다는 걸 알았어."

코너가 어깨를 으쓱했다. "오케이. 그래서?"

"그래서, 그는 시각장애인이야. 그 사람은 시각장애인이야."

"이해가 안 돼요. 엄마."

브루클린이 에비의 손을 붙잡고 말했다. "내가 말하려는 건, 그 남자를 보스턴의 패뉴일 홀 밖에서 여러 번 봤다는 거야."

그녀가 코너를 바라보며 말했다. "그는 시각장애인이고, 연필을 1달러에 팔아."

"그런데 과수원에서 당신을 아는 것처럼 쳐다봤다고 했잖아?"

"맞아! 그 남자가 그랬어."

에비가 말했다. "난 아직도 혼란스러워요."

"그 사람 시각장애인이 아니야, 아가. 가장하고 있는 거야."

에비가 물었다. "왜 그런 짓을 해?"

"사람들이 가엾게 여겨서 돈을 주도록 속이려고."

에비가 말했다. "그럼, 그거 별로 좋은 거 아니네요."

"맞아, 아가, 좋은 거 아니지." 브루클린이 딸의 손을 꼭 쥐었다.

코너가 물었다. "분명히 같은 사람이야?"

"확실해. 그가 연필을 팔 때 언제나 입고 있던 그 재킷도 똑같았어. 금색 소매에, 가슴에는 큰 금색 P자가 있는 검은색 재킷."

코너가 휴대폰을 꺼내서 화면에 무언가를 검색하기 시작했다. 그러더니 그녀에게 영상을 보여줬다. "이렇게 생긴 거?"

"그거야."

"그건 파이리츠(해적들)의 재킷이야."

에비가 눈을 동그랗게 뜨고 물었다. "그 사람 해적이에요?"

"아니야, 아가." 코너가 웃으며 말했다. "그건 피츠버그 파이리 츠라는 야구팀 이름이야. 아마 그냥 팬일 거야."

브루클린이 구석에 있는 책상으로 급히 가더니, 서랍을 열고 업 무용 노트패드를 꺼냈다. "퀸시 마켓 밖에서 관광객에게 사기 치 는 사람이 그 사람뿐이 아니야."

코너가 책상 가까이 그녀에게로 갔다. "무슨 뜻이야?"

"잠깐 있어 봐." 그녀가 페이지를 넘겨보았다.

브루클린을 아는 사람이라면 그녀의 이런 모습을 여러 번 보았 을 것이다. 기자인 그녀가 큰 기삿거리의 냄새를 맡았을 때 하는 행동 방식이다.

브루클린이 노트북 컴퓨터의 한 페이지를 열었다. "여기 있어. 아버지와 딸 바이올린 연주자."

"뭐라고?" 코너가 물었다.

"몇 달 전에 누가 나한테 퀸시 마켓 밖에서 연주하는 척하며 기 부를 받는 아버지와 딸을 조사해 볼 필요가 있다고 말해줬어."

"연주하는 척이라고요?" 에비가 또다시 눈을 동그랗게 뜨고 물 었다.

"그래, 척하는 거야. 내가 듣기로는 그들이 음악은 기계로 틀어 놓고, 모든 것을 연기로 하면서, 둘 다 완벽하게 바이올린을 연주 하는 것처럼 보이게 하고 있는 거래."

에비가 물었다. "그 사람들도 가짜네요?"

"맞아, 그들도 가짜야."

코너가 말했다. "당신은 이 두 가지 일 사이에 연관성이 있다고 보는 거야? 그 바이올린 부녀와 과수원에 있던 그 남자?"

"아직." 브루클린이 말했다. "그렇지만 이걸로 관광객들이 힘들게 번 돈을 사취하는 사기꾼들을 폭로하는 좋은 연재 기사를 만들어 신문에 낼 수 있을 거야."

에비가 가서 엄마의 크리스탈 상패를 집어 들었다. "어휴, 상패 또 하나 받을 준비 해야겠네."

코너가 웃었다. "당신이 내일 신문사에 제안해 봐."

브루클린이 소파로 돌아와 TV 리모컨을 집어 들고 "재생" 버튼을 눌렀다.

"그럴게. 하지만 먼저, 당신 친구 파치노가 이 학교를 뒤집어 놓는 걸 보자고."

*

다시 가브리엘과 파이퍼 매튜의 집. 저녁 식사가 끝나고, 그들의 새 하숙인은 차고 위에 있는 그의 방으로 돌아갔다. 그곳은 침대와 욕실, 그리고 진입로가 내려다보이는 하나뿐인 작은 창문 옆에 놓인 조그만 의자 정도만 갖춘 초라한 공간이었다. TV나 책이 가득한 선반도 없었다. 가브리엘은 에드워드가 잠자기 전에 무슨 생각을 하고 어떻게 시간을 보내는지 궁금했다. 생각해 보니, 에드워드는 휴대폰 조차 가지고 다니지 않았다. 상관없었다. 그는 더할 나위 없이 행복해 보였고, 그래서 가브리엘은 내버려두었다.

침실로 내려가는 길에 복도를 지나던 가브리엘은 파이퍼의 방문이 살짝 열려 있고, 한 조각 불빛이 새어 나오는 것을 발견했다.

그가 문손잡이를 잡았다. "문 꼭 닫아줄까?"

침대 옆 작은 책상에 앉아 있던 파이퍼는 대답을 하지 않았다.

"파이퍼?" 가브리엘이 이번엔 더 큰 소리로 불렀다.

파이퍼가 흠칫했다. "어머, 아빠."

"괜찮니?" 그가 물었다.

"예, 우리 새 하숙인이 아까 한 말에 대해 좀 생각하고 있었어요."

"무슨 말?"

그녀가 의자에서 일어나 아버지를 껴안았다. "중요한 건 아니에요. 주무세요, 아빠."

가브리엘이 더 힘을 주어 딸을 껴안으며, 그녀가 하나뿐인 오빠가 전사했을 때 겪었던 마음고생을 떠올렸다. 그는 파이퍼가 현관문을 열고, 계단 위에 부동자세로 서 있는 제복 입은 두 남자를 발견했던 그 순간을 결코 잊을 수가 없다.

"아빠, 밖에 해병대원이 와 있어요." 딸은 그러한 방문이 지니고 있는 끔찍한 의미를 알아채지 못하고 아버지를 불렀다. 가브리엘은 그 순간 슬픈 사실을 알아차렸다. 그는 베트남에서 복무했고, 해병대원들과 초인종 소리, 그리고 언제나 인편으로 전달되던 끔찍한 소식에 대한 이야기를 너무 많이 들었었다.

"아빠, 괜찮아요?" 파이퍼가 걱정어린 표정으로 포옹을 풀었다.

가브리엘이 딸의 볼에 입을 맞추었다. "괜찮아. 좋은 꿈 꿔."

가브리엘이 파이퍼의 침실 문을 닫자, 그녀는 곧바로 책상 앞 의자에 앉아 컴퓨터 화면에서 구글을 검색했다. 그녀는 무언가를 기억해 내려고 할 때의 버릇대로, 천장을 바라보고 나서, 다시 화면과 검색창에서 깜박이는 커서를 응시하였다.

그녀는 글자를 입력하며 속삭이듯 말했다. "악인은 빌리고도 갚지 않지만, 의인은 베푼다… ."

그녀가 잠시 멈추고, 혼잣말로 물었다. "의인은 베푼다… ? 그가 뭐라고 했었지?"

그때 갑자기 떠올랐다. "후하게."

그녀는 빠진 단어를 입력하고, 한 번 더 그것을 읽었다.

악인은 빌리고도 갚지 않지만, 의인은 후하게 베푼다.

파이퍼가 엔터 키를 누르고, 1초도 되지 않아 화면에 다수의 검색 결과가 떴다.

그것들은 모두, 그들이 저녁 식사를 하려고 앉기 전에 에드워드가 했던 말에 대한 다양한 해석들을 제시하고 있었다. 또 그 검색 결과들의 공통점이 하나 있었는데, 그것은 토니 로빈스가 아니었다.

파이퍼는 결코 신앙심 깊은 사람은 아니었다. 과거 어릴 적에는 아버지와 오빠를 따라 워번의 중심가에 있는 교회에 다녔었지만, 오빠 폴이 죽은 후에는 완전히 방황하게 되었다. 사실, 파이퍼는 교회에 다닐 때조차 거의 교회에 가지 않았었다.

가브리엘은 두 아이를 매주 일요일 교회에 가도록 강요했지만, 파이퍼와 폴은 예배가 시작되기 5분 전에 교회에 슬쩍 들어가 주보를 챙긴 뒤, 몰래 빠져나와 재미있는 일을 할 수 있다는 걸 알게 되었다. 그 교회의 주보가 그들이 교회에 갔었다는 증거물이 되어 주었던 것이다.

사랑하는 아내가 세상을 떠난 후, 가브리엘에게는 교회 다니는 것이 작은 위안 거리가 되었다. 그러나 불행히도 자녀들에게는 어머니의 죽음이 정반대의 효과를 가져왔다. 특히 파이퍼는 너무 어릴 때 어머니를 잃고서 하나님과 그 모든 일의 공정성에 대해 의문을 갖게 되었다. 파이퍼는 하나님을 가시투성이 선인장처럼 대했다. 그분이 계신 것은 알지만, 가까이하지는 않았다.

그녀는 컴퓨터 화면에 시선을 고정하고, 에드워드가 인용한 문구와의 관련성을 찾았다.

검색에서 나온 모든 글은 시편 37:21을 언급하고 있었다. *시편*이라는 말은 귀에 익었지만, 그 맥락은 확실치 않았다. 몇 구절을 클릭해 보고, 그녀는 바로 에드워드의 인용문이 구약성경에서 나왔다는 것을 알아챘다.

파이퍼는 일어나 침실 창가로 가서, 차고 위에서 불을 밝히고 있는 하나뿐인 동그란 창을 내려다보았다. 그녀가 그 불빛을 바라보는 순간, 기다렸다는 듯이 불이 꺼졌다.

그녀는 들리지 않는 소리로 그에게 속삭였다. "성경을 인용하다니, 뭐 하자는 거야, 에드워드?"

에드워드 마누엘에 대한 그녀의 심문은 끝날 기미가 보이지 않았다.

제4장

렉싱턴이다

보스턴 글로브의 편집장 렉스 라이어슨은 신문사에서 확고한 원칙을 가지고 있었다. 회의에는 일찍 오거나 늦게 오거나 둘 중에 하나라는 것이다. *정시*에라는 것은 없기에, 오전 9시 직원회의가 열리는 글로브의 회의실은 8시 53분에 가득 찼다.

브루클린이 한 손에는 벤티 사이즈(20온스 대용량)의 커피, 다른 손에는 스타벅스의 빵 봉지를 들고, 입에는 베이글 반쪽을 문채로 들어섰다. 그녀의 동료 한 사람이 일어나 전날 받은 기자상에 찬사를 보내며 천천히 박수를 쳤다. 다른 사람들도 덩달아 기립 박수를 쳐 주었지만, 브루클린에게는 그것이 칭찬 반, 놀림 반인 것처럼 느껴졌다.

그녀가 인사하는 척이라도 하려던 참에, 편집장 렉스가 방으로 뛰어 들어왔다. "됐어! 됐어! 저 친구, 그 빌어먹을 시상식에 얼씬도 안 했어."

비즈니스 섹션의 동료 기자인 앨리스가 말했다. "시상식 오찬에 안 갔단 말이야?"

브루클린이 베이글을 한입 베어 물었다. "에비랑 사과 따러 가느라고."

동료들의 반응을 보니, 그들 같았으면 아침에 아이와 시간을 보내는 것보다는 단상에 올라가 상 받는 것을 택했을 것이라는 걸 알 수 있었다. 그러나 사람들은 브루클린이 태어나면서부터 입양되었고, 어린 시절부터 절대로 아이와 시간 보내는 것을 대수롭잖은 일로 여기지 않겠다고 다짐했다는 사실을 대부분 알지 못하고 있었다. 그녀는 생모가 어떻게 그녀를 버릴 수 있었는지가 아직까지 머릿속에 의문으로 남아 있었다.

"아이디어 있어요?"렉스가 말하며, 공식적인 회의를 시작했고, 브루클린을 축하하는 시간은 끝났다.

"퀸시 마켓에서 관광객들을 속이는 사기꾼들이 기승을 부리고 있습니다."브루클린이 말했다.

"기승을 부린다, 얼마나?"그가 되받아쳤다.

"바이올린을 못 켜면서 연주하는 척하는 부녀와 시각장애인이 아니면서 장애인 척하며 연필을 파는 남자가 있어요."

그가 말했다. "그거 두 건인 것 같은데, 기승을 부리는 게 아니라."

"분명히 더 많이 있을 거예요."

"이걸 연재물로 보는 거야?"

"예. 두어 건의 사기 행위를 더 찾아낼 수 있다면, 독자들의 관심을 끌 수 있을 겁니다."

"좋아," 그가 말했다. "어서 시작해 봐."

브루클린이 미소를 짓는 것을 보더니, 그가 말했다. "벌써 시작했군, 그렇지?"

"예. 3년 전에 보스턴 심포니에 대해 제가 쓴 기사 기억나세요?"

"어렴풋이."

"그런데, 그쪽 홍보 담당자한테 전화했더니, 자기네 수석 바이올리니스트 연락처를 알려줘서, 10시 30분에 퀸시 마켓 밖에서 만나기로 했어요."

렉스가 말했다. "수석이 뭔진 모르겠지만, 일이 잘 되어가고 있는 것 같군."

"예, 잘 되고 있어요. 사실, 그 가짜 시각장애인이 연필을 팔러 나오면, 그자도 잡아낼 참이에요."

"하루에 두 건," 렉스가 말했다. "좀 공격적인데?"

그래요. 그녀가 속으로 생각했다. *저를 아시잖아요.*

"좋은 사진이 필요해요. 그리고 대결을 두려워하지 않는 사람. 제게 바스를 붙여줄 수 있어요?"

바스는 매트 바스를 말하는데, 보스턴 마라톤 폭탄 테러에서 찍은 사진으로 퓰리처상을 수상한 글로브 최고의 사진기자였다.

그는 다른 기자들보다 나이가 많고 느리기는 했지만, 진정한 예술가였다.

또 연차가 있어서 브루클린의 요청을 거부할 수도 있었다.

"그 사람 요즘 꽤 퉁명스럽던데." 렉스가 말했다. "꼭 그 사람에게 부탁하고 싶어?"

브루클린이 손에 든 스타벅스 봉지를 흔들었다.

"그래서 이걸 준비했죠."

렉스가 싱긋이 웃었다. "맞혀볼게. 블루베리 스콘, 가장 뻑뻑한 거."

브루클린이 웃었다. "너무 뻑뻑해서 목이 멜 거예요."

렉스가 손짓으로 그녀를 보냈다. "가서 한 건 해 와."

*

다시 매튜의 집.

파이퍼가 주방 창가에 서 있었는데, 그 창문은 거의 600평에 달하는 뒷마당을 향해 있었다. 우거진 잔디와 돌로 된 산책로, 그리고 배나무 아래 놓인 벤치가 있었는데, 그 배나무는 파이퍼가 어머니를 추모하여 심은 것이었다. 봄에 하얀 꽃이 필 때마다 파이퍼는 그것을 어머니가 인사하는 것이라고 생각했다.

마당 주위에는 울타리가 없어서 야생 동물들이 매일 찾아와 가브리엘이 새들을 위해 친절하게 바닥에 뿌려준 곡식과 씨앗을 먹어댔다.

가브리엘은 주방으로 들어와, 파이퍼가 뜨거운 커피 담긴 머그잔을 들고 창가에 미동도 하지 않고 서 있는 것을 보았다. "뭘 보고 있니, 아가?"

그녀는 시선을 거두지 않고, 빈정대듯 대답했다.

"아, 아무것도 아니에요. 그냥 우리 새 하숙인이 사슴이랑 얘기하고 있어서요."

"뭐랑 얘기한다고?" 그가 창가에 있는 그녀에게로 갔다.

에드워드는 벤치에 앉아 작은 새끼 사슴과 마주 보고 있었다. 그가 무슨 말을 하고 있는지는 들리지 않았지만, 분명히 그 동물에게 얘기를 하고 있었다.

파이퍼가 그것을 보며 말했다. "그를 무서워하지도 않네요."

가브리엘이 말했다. "나가볼게."

그가 문손잡이를 돌리는 순간, 딸깍하는 소리가 났다. 새끼 사슴이 숲속으로 달아났다.

"미안하네." 가브리엘이 에드워드에게 다가가면서 말했다. "놀라게 하려는 건 아니었네."

에드워드가 자리에서 일어났다. "베이컨 냄새가 나네요?"

"맞아. 들어가서 함께 식사하세."

에드워드가 가브리엘에게 친근하게 눈짓을 하며, 문을 향해 걸어갔다.

집안에 들어가 세 사람이 주방 식탁에 앉은 지 30초도 채 되지 않아, 파이퍼가 불쑥 말했다. "아, 진짜, 내가 그 말까지 해야 하나?"

에드워드가 베이컨을 한입 베어 물고, 눈썹을 치켜올렸다.

"그 사슴,"파이퍼가 말했다. "그 빌어먹을 사슴이요."

"사슴이 왜요?"에드워드가 물었다.

파이퍼는 마치 자기만 농담을 모르는 사람이 된 듯 두 손을 공중에 내던지더니, 아버지를 바라보고 한숨을 크게 내쉬었다.

"내 생각에는, 에드워드, 자네가 그 사슴한테 무슨 말을 했는지를 파이퍼가 궁금해하는 것 같네만."

에드워드가 일어나 냉장고에서 오렌지 주스를 꺼냈다. "그런데, 사실 그 사슴은 암컷이에요. 어미랑 떨어져서 먹을 걸 찾고 있던 참이었죠."

파이퍼가 비웃었다. "그래서 당신이 '어서 와요, 사슴 아가씨, 식당을 열었어요.'라고 말했나요?"

에드워드가 어깨를 가볍게 으쓱했다. "음... 대충 그런 얘기."

파이퍼는 다시 할 말을 잃었다.

가브리엘이 헛기침을 했다. "내 생각에, 우리가 궁금한 건, 왜 그 사슴이 자네를 무서워하지 않았냐는 거네. 대부분의 사슴은 그런 식으로 행동하지 않거든."

에드워드가 통에 든 주스를 유리컵에 따르더니 다시 식탁에 앉았다. "그 사슴이 아침 식사 거리를 찾으려고 나무 사이로 머리를 내밀길래, '어서 와'라고 말했어요."

"그래서 그 사슴이 자네에게 제 어미 얘기를 한 게 그때였나?" 가브리엘이 물었다.

에드워드는 주스를 마시고 있다가 거의 사레가 들릴 뻔했다. "아니에요, 가브리엘. 사슴은 말을 못 해요."

가브리엘이 멋쩍은 듯 미소를 지었다. "그럼…"

에드워드가 토스트 한 조각을 집어 들었다. "보나 마나 어미를 잃어버린 게 뻔하잖아요?"

이 말에 파이퍼가 식탁에서 벌떡 일어나 옷걸이에서 재킷을 잡아챘다.

"닥터 두리틀(동물과 대화하는 의사). 우리가 함께 살고 있는 사람이 그런 사람이군요."

"의대에는 가본 적이 없어요,"에드워드가 말했다. "나는 목수의 아들이라니까요, 기억나죠?"

파이퍼가 물었다. "뭐라고요?"

"나는 의사가 아니에요,"에드워드가 대답했다. "목수예요."

파이퍼가 눈을 흘기더니, 차 키를 집어 들고 문 쪽으로 갔다.

가브리엘이 말했다. "직장에서 좋은 하루 보내도록 해, 아가,"

"그런 일은 일어나지 않을 것이라는 거 우리 다 알잖아요."그녀가 어깨너머로 소리쳤다.

에드워드가 물었다. "왜요?"

파이퍼가 이 이상한 낯선 사람을 돌아보았다. "나는 보험회사에서 청구서를 처리하니까요, 에드워드."

"그 일이 보람 있지 않나요?"

"아니요, 없어요. 내가 나가기 전에 더 물어볼 거 있어요?"

그가 물었다. "딴 직업은 없어요?"

"왜요, 있죠, 에드워드. 하지만 대학을 중퇴한 사람들에겐 없어요."

그녀는 생각을 가다듬고, 숨을 고르려고, 말을 멈추었다.

이 남자랑 뭐 한 거야, 스무고개야?

가브리엘이 말했다.

"그 애는 오빠가 아프가니스탄에서 전사한 후, 내 생계를 도우려고 중퇴했어."

"참 이타적이군요."에드워드가 말했다. "자신을 낮추는 자들은 높여질 것이다."그가 아침 식사를 하러 돌아가, 탄 토스트를 요란한 소리를 내며 씹었다.

파이퍼가 아버지를 바라보았다. "이 모든 게 이상하지 않아요?"

"뭐가?" 그가 물었다.

파이퍼는 부엌 식탁에서 게걸스럽게 먹고 있는 에드워드를 가리켰다.

"그가 난데없이 불쑥 나타나, 돈도 바라지 않고, 수수께끼 같은 말을 하고, 이젠 밤비랑 얘기하고 있어요."

에드워드가 냅킨으로 턱을 닦았다. "나는 당신 아버지를 보스턴에서 만났고, 돈은 아무 문제 없어요. 내가 말할 때는 진실을 얘기하는 거고, 당신이 밤비라고 부른 아기 사슴은 말하지 않았어요. 내가 그냥 인사를 했을 뿐이에요."

에드워드와 가브리엘이 함께 파이퍼를 향해 웃었고, 파이퍼는 짜증을 내며 고개를 흔들었다. "두 분 함께 좋은 하루 보내세요."

파이퍼의 차가 멀어지는 소리가 들리자, 가브리엘이 말했다. "오늘은 바쁘네. 브루클라인에서 하던 일 끝내야 하고, 오늘 늦게 렉싱턴에 잠깐 들러야 하네."

"렉싱턴요?"

"응. 지난주에 일해준 거 돈 받아와야 하네."

에드워드가 주방을 가로질러 가서 싱크대 위 창문 밖을 내다보았다.

"맑은 날이네요." 그가 말했다.

가브리엘이 더러운 접시를 개수대에 넣으며 말했다. "그래, 아름다운 아침이군."

"오늘은 눈부신 햇빛을 조심해야 해요." 에드워드가 말했다.

"그게 무슨 소리야?"

"너무 눈부신 햇빛은 위험할 수 있어요."

가브리엘이 재킷을 집으며 물었다. "무슨 말을 하는 거야?"

에드워드가 가브리엘에게 다가가 두 어깨에 단단히 손을 얹고 말했다.

"우리 렉싱턴에 지금, 오전에 가야 해요. 늦게 말고요."

가브리엘이 대답했다. "점심 먹고 돌아오는 길에 돈을 받는 게 더 쉬울 텐데—"

"지금요."에드워드가 다시 말했다. "바로 지금요."

가브리엘이 새 친구를 유심히 바라보며 물었다. "괜찮은가?"

"괜찮을 거예요."

어색한 침묵이 흘렀다. "좋아, 에드워드. 렉싱턴이다."

제5장

서랍 뒤에

사진기자 매트 바스는 일주일에 세 번 출근하는데, 똑같은 빛바랜 보스턴 레드삭스 셔츠를 입었다. 오늘 아침 그 셔츠에는 브루클린이 함께 일해달라며 준 뇌물의 부스러기가 잔뜩 묻어 있었다.

바스는 예순세 살이었고, 눈에 띄게 다리를 절었다. 평소 같았으면, 브루클린이 그에게 걷는 일이 많은 취재를 부탁하지 않았겠지만, 특별히 오늘은 사진 찍어야 할 사람이 도망칠 경우에 놓치지 않고 촬영을 할 사람이 필요했다.

"스콘 고마워." 바스가 말했다.

브루클린은 그의 셔츠에 묻은 부스러기를 보고 물었다. "그중에 입으로 들어간 게 있었어요?"

"계속 그러면, 수족관 바다표범 우리에 내려놓을 거야."

"좋아요." 브루클린이 말했다. "저 바다표범 좋아하거든요."

차를 몰던 바스가 물었다. "솔티 도그 식당 밖에서 그녀를 만날 거지. 맞나?"

"맞아요. 퀸시 마켓 서쪽 끝이요."

교통은 혼잡했지만, 보스턴 도로에서 40년 운전 경력이 있는 바스는 올림픽 스키 선수처럼 요리조리 빠져나갔다.

그들이 약속 장소에 도착하니, 김하준이라는 한국인이 손에 바이올린 케이스를 들고 기다리고 있었다. 그녀는 버클리 음대 장학생으로 미국에 온 사람이었다.

"서둘러요." 그녀가 말했다. "그들이 구찌 매장 옆에서 연주하고 있는 걸 봤어요."

"하준, 이쪽은 사진기자 바스예요. 바스, 이분은 하준. 미시시피강 동쪽에서 최고의 바이올리니스트예요."

"대단하군요." 바스가 무뚝뚝하게 대답했다. "자, 갑시다."

바스가 아무리 무례하게 보일지라도, 브루클린은 그가 그렇게 결연한 표정을 짓는 것이 좋았다. 그녀는 그게 그들에게 필요할 것이라는 느낌이 들었다.

세 사람이 패뉴일 홀 밖 동쪽에서 걸어갈 때, 하준이 말했다. "제가 일찍 와서 그들이 연주하는 것을 봤는데, 당신 말이 맞았어요, 브루클린. 그 사람들 완전히 사기꾼이에요. 손가락은 바이올린 위에서 움직이면서 연주하는 척했지만, 스피커에서 나오는 음악은 그들 것이 아니라, 녹음된 것이었어요."

이 말은 사기꾼들을 향한 그들의 발걸음을 더욱 빨라지게 하였다.

*

거기서 10마일 떨어진 렉싱턴. 가브리엘과 에드워드가 메리엄 힐이라는 아름다운 동네에 도착했다.

이 지역은 다양한 형태의 가족들과 젊은 전문직 종사자들이 사는 동네였다.

가브리엘은 오크몬트 서클에 차를 세웠는데, 이 이름은 그래니 폰드라는 작은 연못 둘레에 원형으로 만들어진 도로였기 때문에 그에 맞춰 붙여진 것이다. 가브리엘은 그래니 폰드에 면해 있는 2층짜리 연방형 주택에 맞춤 제작 캐비닛을 설치했고, 오늘 여기 잔금을 받으러 온 것이었다.

"같이 올라가세." 가브리엘이 말했다. "내가 완성한 작품을 보여주고 싶네."

에드워드가 밴에서 내려 주위를 둘러보았다. 그의 얼굴에 불편한 기색이 보였다.

가브리엘이 물었다. "괜찮은가?"

"그럼요."

두 사람이 계단을 올라가던 바로 그때, 두 집 아래에서 한 소년이 현관문을 열고 나오면서 그들에게 손을 흔들었다.

제이든 랭카스터는 열한 살이었는데, 여가 시간 거의 전부를 그래니 폰드에서 낚시하는 데 보냈다. 어떤 고기든 잡히면 좋았겠지만, 진짜 목표는 그가 점보라고 부르는 거대한 잉어를 잡아내는 것이었다.

집 앞 계단에서 자전거로 연못까지 가는 짧은 거리는 위험하지 않았다. 그래서 제이든의 어머니는 그가 낚싯대를 들고 급히 떠나도 걱정하지 않았다. 그녀는 또한 제이든이 규칙을 이해하고 엄격히 따른다는 것을 알고 있었다. 도로에서는 절대 자전거를 타지 않는다.

제이든이 자전거에 올라타고 떠났다.

주택 2층에서는 에드워드가 가브리엘이 설치한 맞춤 제작 캐비닛을 손가락으로 쓰다듬고 있었다. "좋은 작품이네요, 가브리엘. 아름다워요."

베르사체 드레스에 귀걸이와 벨트를 매치시켜 입은 부유한 여인이 모퉁이를 돌아오더니, 가브리엘이 볼 수 있도록 돈을 흔들었다.

그녀가 그에게 돈을 건넸다. "전액 지불했어요."

"정말 감사합니다, 마님." 가브리엘이 대답했다.

그 여인이 움찔했다. "어머! 방금 나한테 마님이라고 했어요?"

가브리엘이 실수를 정정하려고 했다. "미스라고 부르려던 거였습니다."

"그냥 장난이에요. 당신 친구는 누구죠?"

에드워드가 대답했다. "에드워드라고 부르시면 됩니다." 그가 주방을 가로질러 가더니, 구석에서 보초를 서고 있는 고풍스러운 장식장 앞으로 가서. 전면의 빛바랜 황동 자물쇠를 만졌다. "부인의 할머니 거군요." 그는 묻는 것이 아니라, 알고 있는 것처럼 말했다.

여인의 눈이 휘둥그레졌다. "맞아요! 어떻게 알았어요?"

에드워드는 대답하지 않았다. 대신에 자물쇠를 만지며 물었다. "봐도 될까요?"

여인이 고개를 끄덕였다.

에드워드는 파란색 꽃무늬를 가장자리에 두른 흰색 팔츠그라프(미국산 고급 도자기) 샐러드 접시를 집어 들더니 말했다. "특별한 날 쓴다는 생각은 잊어버리세요. 가족이 오면, 그때마다 특별한 날이에요."

가브리엘은 건성으로 듣고 있었지만, 그 여인의 얼굴은 꼭 유령이라도 본 것처럼 얼어붙었다. 침묵이 흐르는 가운데, 에드워드가 접시를 조심스럽게 다시 장식장에 넣고, 유리문을 조심스럽게 닫았다.

"가야겠어요, 가브리엘." 그가 말했다.

*

연못에서 십 분 동안 낚시를 던지고 감아올리기를 계속했지만, 오늘 아침엔 물고기가 전혀 입질을 하지 않았다. 아침을 안 먹은 제이든의 배속에서는 작은 음악대라도 들어있는 듯, 소리가 나기 시작했다.

소년은 탁한 물을 바라보며 소리쳤다. "다음에 보자, 점보." 그리고 낚싯대를 챙겨 들고 빨간 슈윈 자전거에 올라탔다.

그래니 폰드 맨 끝에서 집까지는, 특히 배가 고프고 페달을 급히 밟을 때는 2분도 걸리지 않았다. 그렇게 급히 서두르다 보니, 그는 어머니가 정해준 규칙을 까맣게 잊어버렸다.

제이든은 언제나 보도(步道) 위에서 자전거를 타야 한다고 들었다. 유일하게 그가 도로에 들어가야 하는 때는, 집에 들어가기 위해 자전거를 끌고 도로를 건너갈 때뿐이었다. 어머니는 그 지점에서 아주 분명했다. *걸어야 한다. 자전거를 타고 도로를 건너지 마라. 걸어라.*

인도를 따라 페달을 밟아 조금씩 집에 가까워지고 있을 때, 제이든이 혼잣말로 흥얼거렸다. "왜 닭은 도로를 건넜을까? 도무지 모르겠네. 왜 제이든은 도로를 건넜을까? 팬케이크를 먹으려고."

아마도 그를 그렇게 하게 만든 것은, 따뜻한 아침 식사에 대한 생각이었거나, 그가 규칙을 어기는 것을 볼 부모가 집에 없다는 것을 알았거나였을 것이지만, 이날 아침 제이든은 자전거를 멈추고 내려, 도로를 걸어서 건너지 않았다. 이날 아침, 그는 도로 경계석을 뛰어넘어 곧바로 오크몬트 서클을 건너갔다.

*

카산드라 마샬은 렉싱턴에 있는 크래프티 양키 선물 가게의 주간 매니저였다. 그녀의 임무는 오전 10시 정각에 예외 없이 가게 문을 여는 것이었다.

카운터 뒤에는 작은 무선 카메라가 설치되어 있었는데, 이는 그녀가 지각하는지를 주인이 감시하기 위한 것이었다. 카산드라는 한 번 더 늦으면 직장을 잃게 된다는 것을 알고 있었다.

윈체스터에 있는 그녀의 집에서 렉싱턴까지는 불과 10km 거리였지만, 카산드라가 늦을 때는 지름길로 메리엄 힐 동네를 이용하곤 했다.

오크몬트 서클의 제한 속도는 시속 50km였지만, 오늘 카산드라는 거의 그 두 배 속도로 달렸다.

설상가상으로, 그래니 폰드 부근의 굽은 길을 돌아갈 때, 아침 햇살이 전면 유리를 위험한 각도로 비추며, 그녀는 눈이 부셔 앞이 전혀 보이지 않게 되었다.

가브리엘이 방금 돈을 받은 집의 2층에서는 그와 에드워드가 떠나려고 복도로 들어섰다.

"안녕히 계십시오, 다시 한번 감사드립니다." 가브리엘이 말하며, 계단으로 향했다.

에드워드는 그의 바로 뒤에 서서, 계단의 맨 윗단에 발을 올려놓았다.

"기다려줘요." 집주인이 말했다.

에드워드가 그녀를 향해 돌아섰다. "저를 아시나요, 선생님?" 그녀가 얼굴에 결연한 표정을 지으며 물었다.

에드워드가 대답했다. "우리 방금 만났잖아요."

"제 이름은 에밀리 존슨이에요."

"다시 인사드립니다, 에밀리."

그가 돌아서 가려 하자, 그녀가 다시 물었다. "저를 아시나요?" 그녀의 눈에는 눈물이 가득했다. "제가 묻는 이유는, 그 장식장이 할머니 것이라는 걸 안다는 것, 그리고 더 중요한 것은 당신이 말한 것 때문이에요."

에드워드가 대답하려는 것처럼 보이다가, 마치 비밀을 감추려는 사람처럼, 자제하였다.

에밀리가 그의 팔을 잡았다. "할머니가 돌아가신 지 이제 30년이 됐어요. 우리가 어렸을 때 부모님은 저랑 오빠들을 할머니 댁에 맡기러 오곤 하셨죠."

에드워드는 그녀의 눈을 바라보며, 그녀가 이야기하는 것이 놀랍지 않은 듯했다.

에밀리가 계속해서 말했다.

"할머니는 평소에는 값싼 접시를 쓰셨는데, 손주들이 찾아오면 우리가 구운 치즈를 먹든 땅콩버터와 젤리를 먹든 상관없이…"

에드워드가 부드럽게 미소를 지으며 말했다. "할머니가 '특별한 날 쓴다는 생각은 잊어버려. 가족이 오면 그때마다 특별한 날이지. 좋은 접시 쓰자.'라고 말씀하셨겠죠."

그 여인의 눈은 이제 눈물바다가 되어, 눈물 줄기가 뺨을 타고 흘러내렸다.

"맞아요. 그걸 어떻게 아셨어요, 선생님?"

"에드워드!" 계단 밑에서 가브리엘이 외쳤다. "빨리 오게! 밖에 무슨 일이 생겼어!"

에드워드가 에밀리를 돌아보며 말했다. "가봐야겠어요." 그리고는 그녀의 손을 잡아 꼭 쥐었다. "날 보세요. 할머니는 행복하세요. 그리고 당신을 자랑스러워하고 계세요."

에밀리가 그를 응시했다. 그는 마치 그곳에 없는 누군가의 말을 듣고 있는 듯이 보였다. "당신은 잃어버리지 않았어요," 그가 말했다. "서랍 뒤를 보세요."

그와 함께 그는 그 여인의 손을 놓고 긴 나선형 계단을 달려 내려가, 그녀의 시야에서 사라졌다.

*

같은 시간, 다시 퀸시 마켓.

브루클린은 10대 소녀와 함께 연주하고 있는 나이 든 남자에게 다가갔다. 그들은 붐비는 상점 앞에서 완벽하게 바이올린을 연주하는 것처럼 보였다. 음악은 바닥에 놓인 휴대용 스피커에서 마당 가득 울려 퍼졌다.

돌길 위에 놓인 조악한 골판지 팻말에는 빨간색으로 *어려움에 처한 가족*이라고 적힌 메시지가 있었다. 팻말 옆에는 바이올린 케이스가 열려 있었고, 그 안에는 적어도 50달러는 족히 될 동전과 1달러, 5달러 지폐가 흩어져 있었다. *아주 운수 좋은 날이군요.* 브루클린이 속으로 생각했다. *지금 바로 끝내 드리죠.*

하준을 바라보니, 그들을 열심히 지켜보고 있었다.

"어때요?" 브루클린이 물었다.

하준이 대답했다. "완전 가짜예요."

브루클린이 그들에게 다가갔다. 바스는 걸어가면서 맹렬하게 사진을 찍어댔다.

"그만, 그만, 그만." 브루클린이 연주자들을 무시하듯 손사래를 치며 말했다.

관광객 무리는 왜 그녀가 그토록 완벽한 공연을 중단시키려 하는지 의아해하며 웅성거리기 시작했다.

나이 든 남자는 여전히 바이올린 줄 위에서 활을 움직이고 있었지만, 당황한 표정을 지으며, 딸에게 고개를 끄덕였다.

소녀가 몸을 굽혀 스피커의 스위치를 돌렸고, 그 순간 음악이 뚝 끊기며 멎었다.

관중들의 소음은 점점 커졌다.

"저는 보스턴 글로브의 브루클린 스털링 기자입니다. 이쪽은 하준 씨, 보스턴 심포니 오케스트라의 *진짜* 바이올리니스트입니다. 그리고 당신 둘은 가짜입니다."

소녀는 몸을 숙여 황급히 돈이 가득한 바이올린 케이스를 닫으면서 거의 울음이 터지기 직전이었다. 서두르다 보니 지폐 몇 장이 보도로 떨어졌다.

"사기 쳐서 번 돈인데 안 가져가요?" 브루클린이 떨어진 돈을 가리켰다.

그 소녀가 브루클린을 바라보았고, 그 순간 뭔가 묘한 느낌이 들었다. 브루클린은 이전의 잡았다 취재를 할 때 수많은 사람들과 맞닥뜨렸는데, 언제나 부인(否認), 분노, 죄책감의 세 가지 중 하나의 반응을 보였었다. 이 십대 소녀는 달랐다. 그녀의 표정에는 심한 수치심이 역력했다.

바스가 계속해서 두 사람의 사진을 찍어대자, 하준이 말했다. "됐어요, 됐어요. 이제 된 것 같아요."

바스가 되받아 소리쳤다. "브루클린이 됐다고 할 때까지 찍을 거야."

"됐어요." 브루클린이 말했다. "이제 됐어요."

그녀가 부녀를 다시 바라보았다. 그들은 이제 고개를 떨군 채 함께 서 있었다. 남자의 왼쪽 신발은 낡아 벌어져서 양말이 드러났다. 가냘픈 몸집의 소녀는 블라우스에 얼룩이 묻어 있었다.

이게 연기라면… 브루클린이 속으로 생각했다. 정말 끝까지 몰입하는군.

남자는 눈을 아래로 깔고 초조하게 안절부절못했다. "이거 신문에 나오나요?"

브루클린이 대답했다. "유감이지만, 그렇습니다."

남자가 스피커를 집어 들어 바이올린과 함께 가슴에 안았다. 그리고 말했다. "우리 이제 가도 될까요? 다시는 안 올게요."

그러자 바스가 모두를 대신해 말했다. "그냥 가요."

두 사람이 슬그머니 사라졌다. 적은 무리의 구경꾼들도 흩어졌다.

브루클린은 몇 장의 달러 지폐가 아직도 바닥에 남아 있는 것을 지켜보았다.

하준이 자기 바이올린 케이스를 집어 들었다. "이런 일은 다시는 하고 싶지 않네요." 그녀가 말했다. "그리고 내 이름은 당신 기사에 넣지 마세요." 그러더니 떠나갔다.

브루클린이 바스를 쳐다보았다. "그들에게 그렇게 한 건 유감이에요. 그렇지만 그들은 사기를 쳐서 사람들 돈을 챙기고 있었잖아요."

바스가 고개를 끄덕였다. "이봐, 나도 다 알아. 이제 끝난 거지?"

브루클린은 시각장애인인 척하며 광장에서 연필을 파는 남자를 보러 가려 했지만, 이런 만남은 하루 아침이면 충분했다. "그 사람은 내일 잡죠."

그들이 떠나갈 때, 만(灣)에서 발생한 사나운 동풍이 퀸시 마켓으로 불어와 돌길 위에 버려진 돈을 사방으로 흩어놓았다. 더럽고 구겨진 달러 지폐 한 장이 브루클린과 바스가 탄 차를 뒤쫓아오며, 마치 그들이 가는 한 걸음 한 걸음을 비판하는 듯했다.

*

제이든에게로 가장 먼저 간 것은 가브리엘이었다. 그는 빠른 속도로 달려오는 자동차가 어린 소년의 자전거에 부딪히는 것을 아래층 창문 너머로 공포감 속에서 속수무책으로 지켜보았다.

소년의 구겨진 몸은 부딪힌 곳에서 6m 떨어진 곳으로 날아가 떨어져, 헝겊 인형처럼 보도를 따라 미끄러지다가 주택 진입로 앞에서 멈췄다. 충격이 얼마나 컸던지, 소년은 신발이 벗겨져 있었다.

가브리엘이 소년의 곁에 무릎을 꿇고 앉았다. 피는 예상한 것만큼 많지는 않았다. 그는 그 정도로 끔찍한 사고라면, 틀림없이 내부에 손상이 있을 거라고 판단했다.

그는 소년이 의식은 없지만, 아직 숨은 쉬고 있다는 것을 작은 가슴이 오르락내리락하는 것으로 알 수 있었다.

도로 한가운데에서는 카산드라 마샬이 망가진 차에서 흐느껴 울며 나왔다. 그녀가 도로를 보지 못한 건 한순간뿐이었다고, 이미 모여든 목격자들에게 소리쳤다. 햇빛에 눈이 부셔 보지 못했다고 그녀가 말했다. 햇빛이 전면 유리에 정확한 각도로 부딪혔다고 했다. 가브리엘은 그녀가 도로에서 무릎을 꿇고 주저앉는 것을 한참 쳐다보았다.

"구급차가 오는 중입니다!" 한 UPS(택배) 운전기사가 소리쳤다. 그는 카산드라를 쳐다보며 덧붙였다. "경찰도 올 거예요."

가브리엘은 소년의 가슴이 오르락내리락하는 것이 점점 느려지는 것을 지켜보며, 시선을 고정하고 있었다. 가브리엘은 아이가 숨을 내쉬면 다시 숨을 들이쉴 수 있기를 기도하며 기다렸다. 숨과 숨 사이 2초가 2시간처럼 느껴졌다. 가브리엘은 제이든이 다시 숨을 들이쉴 때까지 자기 폐에 산소를 끌어들일 수가 없었다.

사람들이 제이든 주위에 반원 모양으로 둘러서자, 도로 건너편에 사는 한 여인이 제이든 앞에 무릎을 꿇고 기도하기 시작했다. *하늘에 계신 우리 아버지…*

다른 사람들도 그녀와 함께 주기도문을 외웠다. 그것은 상황이 그토록 비극적이지 않았더라면, 참으로 아름다웠을 사랑의 단체 행동이었다.

카산드라가 계속 주체할 수 없이 흐느끼고 있을 때, 가브리엘이 도로 가운데를 보니. 조금 전만 해도 소년이 타고 있던 자전거가 있었다. 프레임은 V자 모양으로 구부러졌고, 앞바퀴는 부서졌으며, 기어와 체인은 무슨 그로테스크한 벼룩시장의 물건처럼 도로 위에 널브러져 있었다. 잔해들 옆에는 소년의 부러진 낚싯대가 놓여 있었다.

멀리서 애처롭게 울리는 사이렌 소리가 가까워지고 있었다. 한 대 이상의 구급차가 오고 있는 듯한 소리였다. *있는 대로 다 보내 줘.* 가브리엘이 속으로 생각했다. 설령 그런다고 해도 그것으로 부족할까 봐 걱정스러웠다. 보스턴에 있는 의사를 다 데려와도 이걸 치료하기에는 부족할 것 같았다. 소년이 바로 그 앞에서 죽어가고 있었다.

바로 그때, 에드워드가 양팔을 뻗어 사람들 사이를 가르며, 조심조심 차에 치인 소년에게로 가까이 다가왔다. "실례합니다, 자매님." 그가 제이든 위에서 기도하던 여인에게 말했다.

그녀가 일어나 에드워드가 소년에게 가도록 비켜주었다.

에드워드가 제이든 옆에 무릎을 꿇었다. 가브리엘은 에드워드의 얼굴이 잘 보이는 곳에 있었는데, 그는 거의 담담한 듯 보였다. 이 상황의 심각성과는 전혀 맞지 않는 표정이었다.

거리가 죽은 듯 조용해졌고, 점점 가까워지는 사이렌 소리만 들려왔다.

그때, 에드워드가 친구를 안아 주려는 것처럼 몸을 숙이고, 오른손을 제이든의 가슴 위에 올렸다.

가브리엘이 물었다. "아직 숨은 쉬고 있나?"

그 질문은 무시한 채, 에드워드가 몸을 숙이고 제이든의 오른쪽 귀 옆에 입을 가져갔다. 가브리엘이 알아들을 수는 없었지만, 에드워드가 죽어가는 소년에게 무언가를 속삭이고 있었다.

그 순간, 아이의 눈이 잠시 깜박였다. 에드워드가 일어서더니 바로 뒤에서 지켜보고 있던 사람들을 보려는 듯 시선을 돌렸다.

구급차가 끼익 소리를 내며 제이든 랭커스터가 아직도 꼼짝 않고 누워있는 진입로 바로 앞에 멈춰 섰다.

가브리엘이 물었다. "그 아이에게 뭐라고 했나?"

에드워드가 대답했다. "우리 가야 해요."

응급구조원들이 소년을 돌볼 수 있도록 가브리엘과 다른 사람들에게 물러나라고 하였다. 가브리엘은 그 아이를 알지 못했지만, 이 일이 어떻게 끝날지는 의심의 여지가 없다는 것을 생각하고 가슴이 무너졌다.

가브리엘과 에드워드가 작업용 밴에 올라탔을 때, 보스턴의 한 TV 방송국에서 온 소형 위성 중계차가 길모퉁이에 멈춰 섰다. 가브리엘은 그 차에서 뛰어내린 여성 리포터를 알아보았는데, 그녀가 이미 손에 들고 있는 마이크에는 WCVB라는 TV 방송국의 로고가 검은 글자로 찍혀 있었다.

그녀의 이름이 *베로니카… 뭐였더라?* 가브리엘이 속으로 생각했다. 그러나 그건 중요하지 않았다. 그의 손이 떨렸다. 속이 안 좋았다. 그는 전쟁터에서 죽은 자기 아들과 지금 발밑에 있는 이 소년을 떠올렸다. 죽음은 너무 많고, 기적은 너무 적다.

"오늘은 일 못 하겠어." 그가 말했다. "집에 가고 싶네."

"괜찮을 거예요." 에드워드가 그의 어깨에 손을 얹었다. "모든 일이 잘될 겁니다."

*

에밀리 존슨은 더 이상 지켜볼 수가 없었다. 구급대원들이 소년 옆에 무릎을 꿇고 있을 때, 그녀는 2층 창문에서 돌아서서 주의를 딴 데로 돌리려고, 그 남자의 수수께끼 같은 말을 생각하였다.

당신은 잃어버리지 않았어요. 서랍 뒤를 보세요.

그녀가 집 뒤쪽에 있는 침실로 들어갔다. 그 안에는 위에 작은 서랍 두 개가 달린 커다란 옷장이 있었다. 한쪽 서랍에는 중요한 서류들이 들어있었고, 다른 쪽은 장신구를 보관하는 데 쓰고 있었다.

에밀리의 할머니는 그녀의 재킷 바깥에 다는 루비 브로치를 가지고 있었다. 에밀리는 그것을 좋아했고, 할머니도 그것을 알고 있었다.

할머니가 돌아가신 후, 에밀리의 어머니가 놀랍게도 그녀에게 그 브로치를 건네주며 간단히 말했다. "할머니는 네가 갖길 바라셨을 거야."

에밀리는 그 유품을 소중히 다루어 일 년에 두 번 크리스마스와 부활절 예배에 참석할 때만 착용했다.

몇 년 전 그녀는 서랍을 열어보고 그것이 없어진 걸 발견했다. 서랍 두 개를 모두 뒤져보았으나 그 브로치는 없었다. 그녀는 가슴이 철렁 내려앉았다. 그녀는 할머니의 일부분이 또다시 돌아가신 것처럼 느끼지 않을 수 없었다.

그런데 이 이상한 남자가 찾아왔고, 그 장식장과 고급 접시, 그리고 그녀의 할머니에 대한 얘기를 알고 있었던 것이다.

당신은 잃어버리지 않았어요. 서랍 뒤를 보세요.

"그가 말한 것이…? 그럴 리가 없어."

그녀는 안에 장신구가 들어있는 서랍을 잡고 최대한 멀리 빼냈다. 그리고 나서 들어 올린 다음 힘껏 잡아당겼더니 그 작은 서랍이 레일에서 빠져나오며 옷장에서 분리되었다.

에밀리는 서랍이 들어 있었던 어두운 곳을 들여다볼 수 없었지만, 손을 빈 곳에 넣어 이리저리 더듬었다. 과연 무언가 둥글고 매끄러운 것이 손가락에 쥐어졌다. 그녀가 그 소중한 것을 밝은 곳으로 꺼냈다. 할머니의 루비 브로치였다! 그녀는 손으로 그것을 감싸 쥐고, 마음속으로 에드워드의 얼굴을 떠올렸다. 그리고 말했다. "고마워요."

*

아래 거리에는 적은 무리의 사람들이 제이든 랭카스터 주위에 남아 있었다. 경찰관이 도착하여, 전면에 큰 손상을 입은 차량과 도로 위의 심하게 훼손된 자전거를 보았다.

그가 속으로 중얼거렸다. 하나님, 예수님, 성령님.

"누가 운전자를 봤나요?" 그가 외쳤다. 아무도 대답하지 않았다.

카산드라 마샬은 가버렸다.

*

그날 저녁 늦게, 브루클린이 소파에 털썩 주저앉으며 지친 한숨을 내뱉었다.

코너가 말했다. "당신 오늘 어떻게 됐는지 전혀 말하지 않았어."

브루클린이 대답을 안 하자, 에비가 물었다. "가짜들 잡았어요?"

브루클린이 선반 위에 자랑스럽게 놓인, 이틀 전에 받은 상패를 바라보았다.

"가끔은 누가 가짜인지 궁금해져."

코너가 그녀의 손을 만졌다. "말하고 싶어?"

"오늘 밤은 아니야. 그냥 앉아 있고 싶어."

그가 고개를 끄덕였다. "그래, 난 아이스크림 먹을 건데, 함께 먹을 사람?"

"저요! 저요!" 에비가 외쳤다.

브루클린이 말했다. "나는 그 대신 안아줘."

코너가 그녀를 껴안았다. 브루클린이 그의 등 뒤로 손깍지를 끼고, 힘주어 껴안았다. 그녀는 속으로 생각했다. 민트초콜릿 칩보다 이게 더 좋아.

*

거기서 차로 멀지 않은, 가브리엘과 파이퍼의 집. 저녁 식사가 조용히 끝났다. 에드워드는 식사 후 바로 일어나, 차고 위에 있는 자기 방으로 올라갔다.

가브리엘은 TV 리모컨을 집어 들고, WCVB의 오후 6시 뉴스를 틀었다.

오크몬트 서클에서 자전거를 타던 소년의 사망이 톱뉴스가 되어야 할 것이다. 만일 그 아이가 죽지 않았다면, 기껏해야 간신히 목숨이 붙어 있을 것이다.

그런데 그 대신 톱뉴스는 앞으로 내릴 비와 홍수 가능성에 관한 이야기였다. 그다음은 범죄 소식과 주 정부의 정치 뉴스였다. 오크몬트 서클에서의 비극이 거기 있어야 했으나 아무런 언급이 없었다.

그가 말했다. "이해가 안 돼."

"뭐가요?" 파이퍼가 물었다.

그는 TV를 끄고, 휴대폰을 집어 들어 조그만 화면에 타이핑을 하기 시작했다.

"뭐예요, 아빠?"

그는 휴대폰의 통화 버튼을 누르고, 스피커를 켰다.

"WCVB 뉴스룸입니다. 무엇을 도와드릴까요?"

"예," 가브리엘이 말을 시작했다. "오늘 아침 한 소년이 차에 치인 메리엄 힐에서 당신네 뉴스팀을 봤어요. 나는 그것을 뉴스에서 볼 것으로 생각했는데, 아무런 언급이 없네요."

"잠시 기다려주십시오." 남자 목소리가 말했다.

잠시 후, 여자 목소리가 들려왔다. "그 소년은 괜찮습니다."

가브리엘이 의자에서 벌떡 일어났다. "뭐라고요?"

"그 소년은 괜찮습니다. 그래서 뉴스에 안 나온 겁니다."

"잠깐만요. 메리엄 힐, 오크몬트 서클. 우리가 그 사건에 대해 말하고 있는 거죠?"

"네, 선생님. 저는 베로니카 스노우입니다. 현장 리포터였어요. 그 아이는 괜찮습니다. 다른 문의 사항 있으신가요?"

가브리엘은 거의 전화기를 떨어뜨릴 뻔했다.

"선생님? 아직 통화 중이신가요?"

그는 의자 끝을 붙잡고 몸을 가누었다. "으-음, 예. 알려주셔서 감사합니다."

그와 함께 통화가 끝났다.

파이퍼가 그를 응시했다. "무슨 일이에요?"

"아무것도 아니야."

"아빠. 저녁 식사 때 두 마디 말씀도 안 하시더니, 이제는 이 전화 통화."

가브리엘은 그녀가 걱정하는 것을 알았다며 손을 들고 고개를 끄덕였다. 그리고 천천히 방을 가로질러 가서 창문을 내다보았다.

반쯤 열린 커튼 사이로 그는 차고 위의 방을 응시하였다. 그 방에는 새 하숙인이 머물고 있었다.

"아빠, 괜찮으신 거예요?"

그가 깊게 숨을 들이쉬었다. "에드워드에 대해서는 네가 맞는 거 같구나." 그가 돌아서서 그녀와 눈을 맞추었다. "그에게는 우리가 아는 것보다 더 많은 것이 있어."

제6장

애통하는 자

브루클린은 욕실 세면대 위 약장에서 거의 비어 있는 이부프로펜(진통제) 병을 꺼내 흔들어보았다.

네 알이 필요한데. 이거 네 알 소리 맞나?

열어보니 세 알이 있었다. 그것을 물 한 컵으로 넘기는데, 문에서 노크 소리가 났다. 문이 살짝 열리더니, 코너가 문틈으로 얼굴을 내밀었다.

"또 두통이야?"

"그냥 조금." 그녀가 그에게 살짝 입을 맞추고 옆을 지나 주방으로 갔다.

"오늘 뭐 할 거야?" 코너가 물었다.

"글로브에 들러서 내가 제안한 기사에 대해 편집장하고 얘기 좀 해야 해."

"그 관광객 등쳐먹는 사기꾼들? 무슨 문제 있어?"

브루클린이 냉장고에서 크림 한 통을 꺼내고, 큐리그(커피 머신)에 커피 캡슐을 넣어 전원을 눌렀다.

"문제없어, 정말이야. 일이 계획대로 안 되어서, 렉스가 뭐라는가 듣고 싶어서."

코너가 식탁 의자에 앉았다. "내가 다그쳐 묻지는 않았지만, 어젯밤에 당신 안 좋아 보였어."

그녀가 스플렌다(인공 감미료) 한 봉지를 크림과 함께 그녀의 아침 묘약에 넣어 저으며 말했다.

"바스하고 내가 그 부녀와 맞닥뜨렸거든. 정말 부녀인지는 모르지만. 내 말은 누가 아냐 이거야, 안 그래? 그들은 가짜로 바이올린을 연주하고 있었고, 우리가 현장에서 잡았어."

"그게 당신이 하려던 거였잖아, 그렇지?"

"맞아. 그런데 그것이 나를 신경 쓰이게 했어."

"어떻게 신경 쓰이게 했는데?"

그녀가 식탁에 있는 그에게로 왔다. "사람들이 사기 치거나 거짓말하다 잡히면 보통은 부인하거나 방어적으로 나오잖아."

"그런데 이번엔?"

"수치심. 그들의 눈에는 수치심 말고는 아무것도 없었어."

코너가 잠시 있다가 말했다. "그런데, 당신은 그들이 사기 치는 걸 잡았잖아. 그들이 부끄러워해야지, 안 그래?"

브루클린은 그 어린 소녀의 슬픈 표정을 떠올렸다. 나는 왜 그 아이의 얼굴을 떨쳐버릴 수가 없는 거지?

"브룩?"

그녀가 다시 코너에게 주의를 돌렸다. "그래, 당신 말이 맞아. 그런데 나는 쓰레기통에서 음식을 꺼내 먹는 사람을 맞닥뜨린 기분이었어."

코너가 식탁 위로 손을 뻗었다. "무슨 일이 있어도, 당신은 분명히 해낼 거야."

브루클린이 어깨를 으쓱했다. "그래, 두고 보자."

그녀가 잠시 멈췄다가 말했다. "강단 있는 기자가 기가 죽는다면 웃기지 않겠어? 어때, 내 말이 맞지?"

코너는 그녀가 대답을 바라고 묻는 게 아닌 것을 알기에 잠자코 있었다.

브루클린이 시계를 힐끗 보고 말했다. "어머, 가야 해." 그녀가 문 옆 옷걸이에서 재킷을 집어 들고 남편을 돌아보았다. "고마워."

"뭐가?"

"그냥, 들어줘서. 가끔은 당신도 누군가가 그냥 들어주기를 바라잖아."

코너가 따뜻한 미소로 답했다.

그녀가 현관문을 열었다. "에비에게 나 대신 키스해 줘."

"걱정 말아."

그녀가 차의 시동을 거는 소리가 나자, 에비가 눈을 비비며 침실에서 나왔다.

"엄마 놓친 거예요?"

"방금."

코너가 일어나 찬장을 여니, 시리얼 박스가 가득한 선반이 보였다.

"레즌 브랜, 프로스트 플레이크, 아니면 라이스 크리스피?"

에비는 엄마가 방금 앉았던 의자에 앉았다. "흐-음… 따닥따닥, 바삭바삭, 톡톡 소리 나는 것으로 할래요."

코너가 상자를 집어 들었다. "알았다, 꼬맹아."

그가 라이스 크리스피를 담은 그릇에 우유를 부으며 말했다. "에비야. 어제 엄마가 두통 때문에 무슨 약 먹는 거 보았니?"

에비가 시리얼을 한 스푼 가득 입에 넣고, 우유를 입가로 흘리면서 대답했다. "그런 것 같아요. 저녁 먹고 나서요."

코너는 커피잔을 들고 창가로 가서 마당의 단풍나무에 매달린 새집을 내다보았다.

사흘 연달아 약을 먹고 있잖아.

그 사람 두통이 이렇게 오래 간 적이 없는데.

"아빠?"

코너가 돌아보았다. "아빠 불렀니, 아가?"

"예. 엄마가 괜찮은지 묻는 거예요."

그가 주방으로 가서 딸을 껴안았다. "그럼. 말처럼 건강해."

"말?"

"아주 예쁜 말이지." 코너가 덧붙였다.

에비가 포옹에서 몸을 빼고, 그의 눈을 들여다보며 눈치를 살폈다.

"약속할게, 아가. 엄마는 괜찮아."

*

거기서 몇 마일 떨어진 곳, 가브리엘과 파이퍼가 아침 식사 중 옥신각신하고 있었다.

"가고 싶으면 가세요. 하지만 저는 끌어들이지 마세요." 그녀가 날카롭게 말했다.

가브리엘이 서랍에서 버터 칼를 꺼내며 서랍을 쾅 닫는데, 마침 에드워드가 밖에서 들어왔다.

"방해했다면 미안합니다." 그의 자애로운 갈색 눈이 아버지와 딸 사이를 오갔다.

"괜찮네." 가브리엘이 말했다. "하드롤, 계란, 시리얼이 있네. 알아서 먹게, 에드워드."

"시리얼이 좋겠네요." 에드워드가 찬장에서 접시 하나, 스푼 하나, 그리고 캡틴 크런치 시리얼 박스를 꺼냈다.

아버지와 딸 사이의 침묵이 방을 감싸자. 에드워드가 그릇에 우유를 부었다. "그 사람이 정말로 캡틴이라고 생각해요?" 그가 물었다.

파이퍼가 그를 날카롭게 쳐다보았다. "누가요?"

에드워드가 시리얼을 스푼에 가득 펐다. "캡틴 크런치요."

어색한 침묵이 흐른 뒤, 가브리엘이 웃음을 터뜨렸다.

파이퍼가 의자를 밀치고 일어났다. "가야겠어요."

"파이퍼, 제발." 가브리엘이 말했다. "우리 말하던 거 있잖아, 마무리 지을 수 있을 것 같은데."

파이퍼가 주방 조리대에서 차 키를 집어 들었다. "저는 하나님을 싫어하지 않아요, 아빠. 정말이에요. 단지 폴에게 그런 일이 생긴 뒤로 그분을 찬양할 기분이 들지 않는 것뿐이에요."

가브리엘이 지친 듯 한숨을 쉬며, 이마를 천천히 문질렀다.

"폴이 제게 말씀하셨던 그 아들인가요?" 에드워드가 조용히 물었다. "그 해병대원?"

가브리엘이 연민으로 가득한 눈으로 올려다보았다. "그렇다네. 내 외아들. 전투 중에 죽었지."

파이퍼가 허리에 손을 얹었다. "아버지가 일요일에 교회에 함께 가자고 하셔서, 내가 거절하고 있는 거예요."

"그렇군요." 에드워드가 말했다.

그녀가 덧붙였다. "당신이 들어올 때 옥신각신하던 게 그거였어요.”

“알겠어요.”

“괜찮아, 파이퍼.” 가브리엘이 말했다. “그냥 내 생각이었을 뿐이야.” 그가 에드워드를 돌아보았다. “오늘 오전은 쉬겠네. 내가 볼일 좀 보고, 열한 시에 데리러 올게.”

“알겠어요, 가브리엘.”

가브리엘이 잠시 망설이더니 말했다. “그리고 어제 그 소년과 무슨 일이 있었는지 얘기 좀 했으면 하네.”

파이퍼가 에드워드를 바라보며, 그의 반응을 기다렸다.

그가 대답했다. “예. 이따가 얘기하죠.”

가브리엘이 주방에서 나가다가 멈추어 섰다. “파이퍼, 우리 다툰 거 미안해. 나는 교회에서 위로를 얻지만…, 네 감정도 이해해. 네 분노도.”

파이퍼가 대답을 안 하자, 그가 떠나갔다.

파이퍼는 에드워드가 눅눅해진 오렌지색 시리얼 조각을 스푼으로 이리저리 젓는 것을 지켜보았다.

“하나님께 화난 거예요?” 에드워드가 물었다.

“그건 당신이 참견할 일이 아니죠.”

에드워드가 미소를 지었다. “그렇게 생각해요?”

“예, 그래요.” 그녀가 쏘아붙였다.

예고도 없이 에드워드가 시리얼 박스를 엎어 주방 식탁 위에 시리얼 조각들을 쏟았다. 그러고는 손가락으로 그것들을 이리저리 젓기 시작했다.

"이제 우리 음식으로 노는 거예요?" 파이퍼가 물었다.

"그건 당신이 참견할 일이 아니죠." 그가 장난스럽게 윙크를 했다.

파이퍼가 과장된 한숨을 내뱉더니 문으로 걸어 나갔다.

잠시 후, 에드워드가 다른 방에 있는 가브리엘을 향해 외쳤다.

"산책 갔다 올게요."

"잘 다녀오게." 가브리엘이 대답했다.

샤워를 하고 옷을 갈아입은 가브리엘이 주방을 치우려고 돌아왔다가 눈앞에 벌어진 광경을 보고 멈춰 섰다. 우유는 냉장고에 다시 들어가 있었고, 더러워진 그릇과 스푼은 식기세척기에 들어가 있었으며, 조리대는 말끔히 닦여 있었다. 식탁 위에 흩어져 있는 시리얼 조각들 말고는 모두 깨끗했다.

가브리엘이 개수대에서 행주를 적셔, 아침 식사 흘린 것을 쓰레기통에 쓸어 넣으려다가 그것을 보았다. 시리얼 조각들은 처음에 보였던 것처럼 제멋대로 뿌려져 있는 것이 아니었다. 자세히 살펴보니, 그 조각들은 일곱 글자의 단어와 두 개의 숫자를 적은 것이었다. *MATTEW 5:4*

"파이퍼? 아직 있니?" 그가 외쳤다. "에드워드?"

대답이 없었다.

시리얼을 손대지 않은 채, 가브리엘은 큰 책장이 있는 서재로
갔다.

그가 눈을 부릅뜨고 수십 권의 책 제목들을 훑어보았다. 어떤
책들은 아내가 오랫동안 즐겨 읽던 수십 년 된 것들이었다. 그가
찾고 있었던 것은 이 퍼즐을 푸는 데 도움이 될 듯싶은 한 권의
책이었다.

"저기 있군." 그가 그 책을 찾아내고 말했다.

그가 검은색 가죽 표지의 책을 꺼내어, 옆으로 돌려, 책등을 따
라 KING JAMES BIBLE(킹 제임스 성경)이라는 글자를 확인하였
다. 그 책의 옆 선반에는 아내의 사진 액자가 있었는데, 그 사진은
그들이 가장 좋아했던 곳들 가운데 하나인 케이프 코드의 채텀에
서 찍은 것이었다.

두 사람은 만난 지 얼마 되지 않아 프로빈스타운에서 고래 관찰
크루즈를 했고, 채텀의 해변 모닥불 옆에서 갓 잡은 바닷가재를
먹으며 하루를 마무리했다.

가브리엘은 미소를 지으려 했지만, 그러기에는 아내에 대한 그
리움의 아픔이 너무도 컸다. 그는 이 방에서 지난날의 흔적과 기
억들을 더듬으며, 며칠이고 머무를 수 있을 것 같았다.

그는 정신을 가다듬고, 속으로 말했다. "Mattew 5:4가 뭐였더
라? 그래 마태복음 5장 4절."

그가 낡은 성경책을 넘기기 시작했고, 마침내 마태복음의 해당

구절을 찾아냈다.

　애통하는 자는 복이 있으니, 그들이 위로를 받을 것이기 때문이다.

　성경책을 손에 든 채로, 가브리엘은 주방으로 돌아와 식탁 위의 시리얼을 한참 동안 서서 응시하였다.

　이거 에드워드가 한 거지, 그렇지? 틀림없이 에드워드야.

　그가 휴대전화를 충전기에서 떼어내, 연락처 목록을 열고, E자를 찾아 내려갔다.

　잠깐. 그 친구는 휴대전화가 없잖아.

　가브리엘은 시리얼을 한 움큼 집어서 먹었고, 나머지는 식탁에서 쓸어 쓰레기통에 버렸다. 그런 다음 다시 전화기를 들고 파이퍼에게 전화를 걸었다.

　"예, 아빠?"

　"일하는데 귀찮게 해서 미안하구나."

　"괜찮아요. 무슨 일이에요?"

　"네가 그 보험회사에서 하는 일 말이야. 혹시 DMV(차량관리국) 기록에 접속할 수 있니?"

　"예, 저희는 DMV, 사회보장번호, 전과 기록 같은 것에 특별히 접속할 수 있어요. 그렇지만 업무용으로만 사용하게 되어 있어요. 왜요?"

　"아, 알겠어. 그러면 됐다. 신경 쓰지 마라." 그는 다른 방법을 생각해야 했다.

"아빠, 무슨 일인데요?"

그는 대답하지 않았다.

"에드워드의 이름을 조회해 보고 싶으세요?" 파이퍼가 물었다.

"네가 곤란해지게 하고 싶진 않다."

그녀가 목소리를 낮추었다. "아빠, 만약 에드워드가 걱정되신다면, 그냥 떠나라고 하세요."

가브리엘이 미소를 지었다. "완전히 그 반대야, 아가. 그 친구가 우리를 도우러 온 것 같아."

전화기 속에서 침묵이 흘렀다.

"파이퍼?"

"이름 조회는 해볼게요. 그런데. 왜 그런 말씀을 하시게 된 거예요?"

"뭐가?"

"그 친구가 우리를 도우러 왔다는 거요." 파이퍼가 대답했다.

가브리엘이 식탁을 바라보았다.

"너, 벽에 적혀 있었다(징조가 있었다는 의미)라는 말, 알지?"

"그럼요. 왜요?"

"그냥 주방 식탁에 적혀 있었다고 해두자."

제7장

멀쩡해요

보스턴 글로브의 편집장이 되면, 중앙 출입문 밖에 특별 주차 구역을 갖는다. 작은 흰색 표지판에 검은 글씨로 그곳이 누구 차의 자리인지를 알려주고 있다.

브루클린은 렉스의 표지판 아래 보도에서 그가 들어가기 전에 만나려고 앉아 있었다. 바스가 함께 기다리고 있었다.

"분명히 잘되고 있군." 렉스가 차를 세우고, 열린 창문을 통해 말했다.

"아무 문제 없어요." 그녀가 말했다.

렉스가 차에서 내리며 웃음을 터뜨렸다. "내 말 좀 들어 봐. 누가 *아무 문제 없다*라는 말로 시작한 대화 중에 아무 문제가 없었던 적은 인간 대화 역사상 결코 없었지."

"그 사기꾼들 찾았어요." 그녀가 말했다. "바이올린을 가지고 다니는 사람들."

"잘했군."

"그런데, 사람들 앞에서 그들을 폭로했더니 제 기분이... "

"만족스러웠지?" 그가 물었다.

"안 좋았어요."

렉스가 멍하니 쳐다보았다.

"제 말은, 그 부녀를 폭로했더니, 뭔가 이상했다는 거예요."

그가 차를 잠그려고 전자키를 눌렀다.

"언제부터 그렇게 감성적이 되었나?"

"알아요, 알아요. 그런데 이번엔 그냥 다른 기분이었어요."

"잘 들어, 브루클린. 이런 게 바로 기자 일이야. 더러운 사람들을 쫓다 보면 때론 더러운 데로 들어가야만 하지."

그녀가 땅바닥만 응시하였다.

렉스가 말했다.

"지금 내가 대학을 갓 졸업한 스물두 살 신입 사원을 상대로 말하고 있는 것은 아니지, 안 그래?"

브루클린이 고개를 들었다. "아닙니다, 편집장님."

"내게 당신 이력을 다시 이야기해 봐."

브루클린이 어깨를 똑바로 폈다.

"바드 대학 학사 학위. 화이트홀 타임스, 버크셔 이글, 그리고 나서 이곳에 왔습니다."

"그러니, 처음 해보는 일은 아니군?"

"예, 편집장님."

그가 노새처럼 말없이 서 있는 바스에게 주의를 돌렸다. "바스 생각은 어때요?"

바스가 브루클린을 쳐다보더니, 다시 상사를 쳐다보았다.

"브룩 말이 맞아요. 그 사람들 사기꾼 느낌을 주지는 않았어요. 우리가 단호한 행동을 취하면서도 안쓰럽게 느끼지 않을 수가 없었어요."

렉스가 팔짱을 꼈다. "당신들 두 천재에게 '저것도 사기의 일부다.'라는 생각이 들지는 않던가? 잡히게 될 때마다 눈물부터 짜내는… ."

브루클린은 부끄러움을 감추던 그들을 다시 떠올렸다. 그녀는 렉스가 뭘 말하는지 알았지만, 이번엔 느낌이 달랐다.

"바스?" 렉스가 물었다. "내가 질문했잖아."

"그럴 수도 있겠죠."

"좋아, 그럼," 렉스가 말했다. "하나는 끝났고, 두어 명 더 남았군. 다음 대상은 누구지?"

브루클린은 말이 없었다.

내가 이 일을 할 마음이 있는 건가? 이게 정말 좋은 기삿거리이기는 한 건가?

"다음은 누구냐고 묻잖아."

바스가 대답했다. "그 시각장애인인 척하는 사내요. 맞지, 브루클린?"

브루클린이 다시 정신을 차렸다.

"예, 그 연필 파는 사기꾼요."

렉스가 시계를 흘낏 보았다.

"늦었네. 자, 이렇게 합시다. 당신들 둘이 그 가짜 시각장애인을 만나고 와서 내게 말한 다음에, 이건 기삿거리가 아니다 싶으면, 그걸로 접읍시다. 됐어요?"

브루클린이 고개를 끄덕였다. "알겠습니다, 편집장님."

*

같은 시간, 보스턴의 메리엄 힐 마을.

에밀리 존슨이 볼일 보러 나가기 위해 현관 계단을 내려오고 있었다.

"존슨 부인?" 누가 그녀를 불렀다.

그녀가 돌아보니, 가브리엘이 옆면에 목수의 아들이라고 적힌 흰색 작업용 밴에 기대고 있었다.

"작업이 끝난 걸로 생각했는데요?" 그녀가 말했다.

가브리엘이 다가왔다. "끝났습니다, 존슨 부인. 어제 그 아이에 대해 여쭤보려고 왔습니다."

에밀리가 말을 잃고, 어리둥절한 표정을 지었다.

"자전거 타던 아이." 가브리엘이 말했다. "그 아이가 차에 치였죠."

그녀의 얼굴이 환해졌다. "정말 놀랍지 않아요? 찰과상과 몇 군데 멍든 거 가지고 그 법석을 떨었으니."

가브리엘이 자기 귀를 의심했다. "그래서, 괜찮은가요?"

"괜찮아 보이던데요."

그가 되물었다. "괜찮다고요?"

"예, 그 애가 응급구조원에게 말하고 있는 것을 내가 창문으로 봤어요."

가브리엘은 이 모든 걸 이해해 보려고 이마를 문질렀다. "그 애가 근처에 있나요? 그 애를 보셨나요?"

에밀리는 조용한 거리를 내려다보았다. "이 시간엔 아마 학교에 있을걸요."

맞아. 그 애가 다치지 않았다면 학교에 있겠지. 말이 되네. 그렇지만… "그 애가 다치지 않았다고 하셨죠? 그걸 직접 눈으로 봤다고 하셨죠?"

"봤어요. 정말 운이 좋았어요."

가브리엘이 작은 소리로 말했다. "운 때문만은 아닌 것 같아."

"예? 뭐라고요?" 그녀가 물었다.

"아무것도 아닙니다. 죄송합니다. 더 이상 붙잡지 않겠습니다.

감사합니다." 그가 밴으로 돌아갔다. 키를 돌리자, 엔진이 끙음을 내며 시동이 걸렸지만, 그는 그대로 앉아 있었다. 생각이 빠르게 돌아가고 있었다.

정말 괜찮은 걸까? 부인이 괜찮았다고 했고, 그 애를 봤다고 했다. 부인이 거짓말을 하지 않는 이상은… . 왜 거짓말을 하겠어? 거짓말은 아닐 거야. 그럼, 그 애는 분명히 괜찮은 거야?

"톡, 톡, 톡."

가브리엘이 깜짝 놀랐다. 에밀리가 그의 주의를 끌려고 손톱으로 창문을 두드리고 있었다.

그가 창문을 내렸다.

"놀라게 했다면 미안해요. 부탁 좀 할게요. 당신네 조수, 에드워드에게 고맙다고 전해줘요."

"무슨 일로요?"

"그에게 할머니의 브로치를 찾았다고 전해주세요. 그러면 알 거예요."

가브리엘은 그 말이 무슨 뜻인지 감을 잡을 수 없었지만, 대답했다. "할머니 브로치요, 알았습니다."

그녀가 돌아서 가려고 할 때, 가브리엘이 말했다. "존슨 부인?"

"예?"

"계속 여쭤봐서 죄송하지만, 그 차에 치였던 아이, 정말로, 진짜 괜찮은가요?"

"멀쩡해요."

가브리엘이 믿을 수 없다는 듯 고개를 흔들었다. "알겠습니다."

*

한편, 퀸시 마켓에서는 바스와 브루클린이 항상 차를 대던 곳에 주차를 하고, 야외 광장의 북쪽 끝으로 가고 있었다. 그곳은 전에 브루클린이 그 연필 파는 시각장애인을 여러 차례 봤던 장소였다.

그들이 점점 가까이 가면서, 브루클린은 광장에서 누군가를 초 승달 모양으로 둘러싸고 있는 수십 명의 사람들을 발견했다. 공연 이 벌어지고 있다는 분명한 표시였다. 사람들의 웃음소리가 들려 오자, 브루클린은 그가 누군지를 알았다.

프레스토는 날랜 손놀림과 우스꽝스러운 개그로 사람들을 사로 잡는 거리의 마술사였다. 그는 15분마다 마술 공연을 하고 나서, 근처 커피숍으로 들어가 몸을 식히거나 덥히곤 했는데, 그것은 어 느 계절이냐에 달려 있었다. 그의 공연은 겨우 6분으로 끝났고, 광장 근처 교회의 차임벨이 15분마다 울리면, 그는 무대로 돌아 갈 시간이라는 것을 알았다.

브루클린과 바스는 사람들이 흩어지고 나서 그에게 다가갔다. 프레스토는 키가 크고 마른, 40대 중반의 남자였으며, 헐렁한 모 자 밖으로 탁한 색깔의 금발 머리가 삐져나와 있었다. 브루클린은 그가 들판에서 길을 잃고 헤매는 허수아비 같다고 속으로 생각했다.

그가 갈색 가죽 가방에 카드와 마술 도구들을 챙기며 말했다. "공연이 방금 끝났어요. 그러나 기다릴 수 있다면…" 그가 시계를 보았다. "8분 17초 후에 다시 돌아옵니다."

"저는 공연 보러 온 게 아니에요." 브루클린이 말했다. "하나 물어볼 게 있어서요."

마술사가 브루클린과 바스를 쳐다보았다. "경찰인가요?"

"전혀 아니에요." 바스가 대답했다. "아무도 당신을 귀찮게 하려는 게 아니에요."

프레스토가 광장 가까이 있는 언커먼 그라운즈 커피숍 쪽으로 걸어갔다.

"카푸치노 하나 사준다면, 무엇이든 물어봐도 좋아요."

*

보스턴 외곽.

가브리엘이 아침에 즐겨 먹는 소시지 에그 비스킷 샌드위치를 사기 위해 맥도날드 드라이브스루에 들렀다. 그는 콜레스테롤 약을 먹고 있어서, 맥도널드의 황금색 아치 로고는 특별히 딸의 눈에는 절대 금기였다.

그 애가 모르면, 문제 될 게 없지.

그가 겨우 두 입을 먹었는데, 휴대전화에 파이퍼의 이름이 떴다. 그는 범행을 감추려고 급히 삼켰다. "여보세요?"

"앉아 계세요?" 그녀가 말을 시작했다.

가브리엘이 텅 빈 차 안을 둘러보고, 의기양양하게 대답했다.

"정말 잘 앉아 있지."

"좋아요. 그럼 들어보세요. 제가 에드워드 마누엘이라는 이름으로 DMV(차량관리국), 사회보장국, 교정청 등 모든 자료를 검색해 봤어요."

"그래서?"

"그런 사람 없어요."

가브리엘이 샌드위치를 콘솔 위에 내려놓았다. "여기에 없다는 거지? 매사추세츠주에."

"어디에도 없어요, 아빠."

그가 턱에 난 수염을 긁적였다. "그거 이상하네."

"그 사람한테 보수는 어떻게 주셨어요? 그 사람이 어떤 개인 정보나 은행 계좌 번호 같은 거 준 거 있어요? 뭐라도?"

"아니. 그 친구의 보수는 차고 위 방과 우리 식탁에서 먹는 음식이야. 내가 신분 확인을 한 적이 없었지."

"그럼, 그 사람이 뒷마당에 나타난 새끼 사슴처럼 우리 삶에 불쑥 나타난 거네요." 파이퍼가 말했다.

"너는 그의 절반도 모르고 있는 거야."

"이제 또 뭐예요, 아빠? 그 사람이 다람쥐와 대화라도 하는 거예요?"

가브리엘은 그동안 일어났던 일들을 이야기할지 말지 곰곰이 생각했다.

"아빠?"

"파이퍼, 내가 어제 목격한 일보다는 야생 동물과 대화한다는 것이 더 이해하기 쉬울 거다."

침묵이 흐르고 나서, 그녀가 말했다. "뭘 보셨는데요?"

가브리엘이 짧은 운전을 마치고, 집 앞에 차를 세웠다.

그가 운전석에서 자세를 고쳐 앉았다. "네게는 말을 안 했었는데, 어제 보스턴에 있는 작업 현장에서 한 아이가 차에 치였어."

"오, 맙소사! 그것 때문에 어젯밤 뉴스에 그렇게 집착하셨군요?"

"그래. 내 말은… , 파이퍼, 그 아이가 의식을 잃었고, 상태가 정말 나빴다는 거야."

"끔찍하네요." 그녀가 말했다.

가브리엘이 샌드위치를 조금 베어 물었다. "그런데 실제로는 별로였어."

"무슨 말씀이세요?"

"오늘 아침에 거기 들렀는데, 그 애가 괜찮더라고. 내가 보진 않았는데, 모두 그 애가 다치지 않았다는 거야.”

“그럼, 운이 좋았군요.” 그녀가 말했다.

“아무도 그렇게 운이 좋을 수는 없어, 얘야.”

다시 침묵이 흐르고 나서, 파이퍼가 말했다. “그 아이가 에드워드랑 무슨 상관이 있는데요?”

파이퍼가 그 말을 할 때, 가브리엘은 아침 산책에서 돌아오는 에드워드를 보았다. 그가 아주 기쁜 얼굴로 손을 흔들며 인사를 했다.

“아빠? 아직 거기 계세요?”

가브리엘이 샌드위치를 크게 베어 물어, 입에 가득한 채로 말했다. “가야겠어.”

“어머, 기다려요! 뭐 잡수시는 거예요? 드라이브스루인가요? 맥도날드는 아니었으면 좋겠네.”

파이퍼가 말을 다 하기도 전에 가브리엘이 전화를 끊었다.

가브리엘이 차에서 내리자, 에드워드가 말했다. “따님이 눈치챈 것 같은데요.”

“어?”

에드워드가 가브리엘의 어깨를 가볍게 두드렸다. “신경 쓰지 마세요. 일 시작할까요?”

가브리엘이 에드워드의 눈을 유심히 살펴보니, 자기를 쳐다보고 있는 그 남자가 다르게 보였다. 처음으로, 전에는 보지 못했던 무언가를 보았다.

차분한 안도감. 삶이 돌발적으로 치르는 중요한 쪽지 시험이라면, 에드워드는 모든 정답을 미리 알고 있는 것처럼 느껴졌다.

용기였는지, 아니면 순전히 호기심이었는지, 가브리엘은 에드워드를 계속 응시하며 며칠 동안 생각의 주변을 맴돌던 질문을 던졌다. "에드워드, 왜 여기에 있는 건가?"

"그 모든 것을 알게 되실 거예요. 약속합니다."

가브리엘이 얼굴을 찌푸렸다.

"제 대답이 마음에 안 드시나요?"

가브리엘이 대답했다. "어려운 질문은 아니잖나."

"이건 어떤가요?" 에드워드가 말했다. "제가 여기 있는 것은 제가 목공용 연장을 드는 이유와 같습니다. 부서진 것을 고치기 위해서. 아름다운 무언가를 만들어 내기 위해서예요."

가브리엘은 그 난해한 대답에 대해 곰곰이 생각하고 나서 말했다. "내 딸은 자네가 다람쥐랑 대화한다고 생각한다네."

에드워드가 웃었다. "그들이 먼저 제게 말을 걸어온다면요."

두 사람이 일을 하러 차를 타고 떠날 때, 가브리엘은 속으로 생각했다.

이 친구가 농담을 하고 있는 건지 뭔지 모르겠네.

제8장

약속 지켜요

"이것 좀 봐요, 이것 좀 봐요." 프레스토가 브루클린과 바스에게 말했다.

그 세 사람은 퀸시 마켓의 커피숍 판매대에 서서 커피가 나오기를 기다리고 있었다.

브루클린이 말했다. "내가 몇 가지 좀 물어볼 게 있어요."

그가 대답했다. "질문은 두 번 째고, *진짜* 마술이 먼저예요."

바스가 브루클린을 보며 어이없다는 듯 눈동자를 굴렸다.

"저기 여자가" 프레스토가 카운터 너머의 젊은 여인을 가리키며 말했다. "진정한 예술가예요."

바리스타가 커피 위의 하얀 거품 속에 장미가 완벽하게 그려진 머그잔을 마술사에게 건넸다.

그가 말했다. "와, *저게* 마술이잖아요."

세 사람이 구석에 있는 테이블에 자리를 잡았다.

프레스토는 뜨거운 커피를 테이블 위에 내려놓고 시계를 힐끗 보았다.

"다음 공연까지 6분 51초 남았어요. 물어보시죠!"

브루클린이 말했다.

"1분도 안 걸려요. 이 광장에서 연필을 파는 시각장애인이 있죠? 그 남자를 아세요?"

프레스토가 커피를 한 모금 마셨다. "앗, 뜨거."

바스가 좀 더 단호하게 물었다. "알아요?"

마술사가 교활한 눈길로 그를 쳐다보았다. "말투가 마음에 안 드네요. 어떻게 분위기를 밝게 할 수 있는지 알아요?" 그가 바스의 귀 뒤로 손을 뻗었다. "큰 빨간 공." 그러면서 그가 난데없이 플라스틱 공 하나를 만들어 냈다.

바스가 그의 손에서 공을 빼앗으려고 가자, 프레스토가 손을 움츠렸다. "아, 아, 아, 내 도구는 누구도 못 만져요."

바스가 고개를 흔들었다. "나는 이 멍청이하고는 그만할래. 밖에 있을게." 그가 코트의 지퍼를 올리고 커피숍을 나갔다.

브루클린이 말했다. "프레스토?"

"5분 29초 남았습니다."

"질문은 간단해요." 그녀가 말했다. "그 사람을 알아요, 몰라요?"

그가 자신의 카푸치노를 가리켰다. "그들이 어떻게 커피 위에 장미를 그리는지, 놀랍지 않아요?"

"좋아요." 그녀가 의자에서 일어나 문 쪽으로 갔다. "커피 맛있게 들어요."

"이봐요, 이봐요, 이봐요." 그가 그녀를 부르며 쫓아 왔다. "미안해요. 앉아봐요."

"프레스토, 시간이 다 됐어요."

"에즈라."

"뭐라고요?"

"내 이름은 에즈라. 에즈라 프렌티스." 그의 말투가 겸손하게 바뀌었다.

"만나서 반가워요, 에즈라." 그녀가 손을 내밀어 악수를 하고, 다시 앉았다. "저는 브루클린이에요, 그 다리 이름처럼요. 그리고 연필 파는 시각장애인을 찾으려 하고 있어요."

에즈라가 커피를 한 모금 마셨다. "예, 그 사람 알아요. 이름은 스튜예요."

"스튜? 감자, 당근, 소고기를 넣고 끓이는 그 요리처럼요?"

마술사가 웃었다. "그런 식으로 생각해 본 적은 없지만, 맞아요."

"그 사람을 어떻게 찾을 수 있는지 알려줄 수 있나요?"

에즈라가 멈칫했다. "왜 그 사람과 얘기하려고 하죠?"

"저는 보스턴 글로브의 기자라서, 단지… "

에즈라가 갑자기 시계를 보았다. "4분 있으면 올라가야 해서, 돌아가는 게 좋겠어요" 그가 의자에서 일어나, 남아 있던 커피를 크게 한 모금 꿀꺽 마시고는, 바리스타에게 외쳤다. "언제나처럼 완벽해요, 아가씨. 다음에 봐요."

심하게 얼룩진 초록색 앞치마를 두른 그 여인이 손을 흔들며 작별 인사를 했다.

브루클린은 마술사를 따라 출입문을 나갔다. 프레스토가 그녀의 사진기자 옆을 지나갈 때, 그녀가 큰 소리로 말했다. "바스, 당신이 옳았어요. 그 사람, 시간 낭비고, 돈 낭비예요."

에즈라가 갑자기 멈추더니 돌아서서 화난 표정으로 브루클린을 쳐다보았다.

"당신을 돕고 싶지 않은 것은, 스튜가 내 친구이기 때문이에요. 당신이 그를 해치게 하고 싶지 않아요."

"내가 왜 그를 해치겠어요?"

에즈라가 이제 더 강조하듯이 시계를 바라보았다. "늦겠어요. 공연에서 가장 중요한 건 절대로 늦지 않는 거예요."

브루클린이 에즈라에게 한 발짝 다가가 그의 팔을 가볍게 만지며 말했습니다. "이봐요, 나를 봐요."

그가 그의 값싼 시계에서 눈을 들어 그녀를 흘깃 쳐다보았다.

"내가 왜 그를 해치겠어요?" 그녀가 속삭였다. "그가 속이고 있기 때문에?"

에즈라가 웃으며 고개를 저었다. "당신들, 모르고 있죠, 그렇죠?"

바스가 말했다. "우리는 그가 시각장애인인 척했다는 걸 알고 있어요. 그런데 아니잖아요."

"*정말로?*" 에즈라가 반박해 물었다.

"예." 브루클린이 말했다. "우리는 바이올린을 연주하는 척하며 돈을 벌던 부녀를 알고 적발하기도 했어요."

"잘했군요." 에즈라가 빈정대듯 말했다.

"맞혀볼까요." 바스가 계속 몰아붙였다. "우리가 푼돈을 구걸하는 사기꾼들을 취재 중이라는 말이 돌자, 연필 팔던 당신 친구가 갑자기 숨은 거죠?"

에즈라가 날카롭게 대답했다. "*내가 사기꾼이에요, 내가, 됐죠?*"

"무슨 뜻이죠?" 브루클린이 물었다.

"나는 납을 박은 주사위, 표시된 카드, 이중 바닥 상자를 사용하는 사람이에요. 하지만 아무도 사기를 당하지는 않아요. 관객들은 아무도 그게 진짜라고 생각하지 않아요. 그건 그냥 우스꽝스러운 쇼일 뿐이에요."

"그럼 당신 친구 스튜는요?" 브루클린이 물었다. "그 사람도 그냥 우스꽝스러운 쇼인가요?"

"내가 말해도 믿지 않을 거예요."

바스가 말했다. "말해봐요."

"내 친구 스튜는 시각장애인이었는데, 이제는 아니에요. 그리고 당신들이 그걸 망치는 걸 바라지 않아요."

"우리가 그걸 어떻게 망친다는 거죠?" 브루클린이 물었다.

교회 차임벨이 울리기 시작하며, 프레스토의 공연 시간이라는 것을 알렸다.

"내가 하는 말 들어요. 스튜는 시각장애인이었어요. 어떤 사람이 그를 도와서 이제 보게 되었어요. 그래서 더 이상 연필을 팔지 않는 거예요. 그가 볼 수 있으니까요. 그런데 이제 나 정말 가야 해요."

"어떤 사람이요?" 브루클린이 물었다. "누가 그를 도왔죠?"

"솔직히 나는 몰라요. 사람들이 기다리고 있어요. 제발요."

"당신이 우리가 그걸 망치기를 바라지 않는다는 게 무슨 뜻이죠?" 바스가 물었다.

에즈라가 기다리고 있는 사람들을 바라보더니 말했다. "가짜가 많은 세상에서, 스튜의 경우는 진짜 기적이에요. 그리고 기적이 일어났을 때는, 그걸 의심하지 마세요. 그걸 조사하지도 말고, 그에 대해 쓰거나 그걸 비판하지도 마세요. 그저 감사하다고 말하는 거예요."

그러고 나서, 마술사는 다음 공연을 시작하려고 달려갔다.

그가 작은 무대로 올라가자, 브루클린이 소리쳤다. "당신 친구를 해치지 않을 거예요. 하지만 그와 이야기하고 싶어요."

에즈라가 소리쳐 대답했다. "찰스타운 보호소에 가보세요. 그 친구 거기 자주 들러요."

브루클린이 무대로 더 가까이 갔다. 그러자 그녀와 에즈라가 눈이 마주쳤다.

그가 말했다. "커피 고마워요. 이제, 약속 지켜요."

그녀가 고개를 끄덕여 대답했다.

바스가 그녀 곁으로 쭈빗쭈빗 다가왔다. "지금 이 기사 어떻게 되어가는 거지?"

"솔직히요?" 브루클린이 대답했다. "나도 모르겠어요."

*

다시 가브리엘과 파이퍼의 집. 에드워드가 개수대 옆에서 그릇에 참치 샐러드를 섞고 있었다.

"조금 만들어 드릴까요?" 그가 가브리엘에게 물었다.

"고맙지만 싫네. 맥도날에 다녀오는 바람에 내 다이어트가 깨져버렸어."

에드워드가 참치 샐러드에 전념하고 있을 때, 가브리엘이 말했다. "아침에 시리얼로 내게 남긴 메모 흥미롭더군."

"도움이 되었기를 바랍니다."

가브리엘이 말했다. "뭐 좀 말해도 될까?"

"물론이죠." 에드워드가 섞던 일을 멈추었다.

"내 아들 폴이 죽은 이래로 무거운 쇠사슬이 내 심장을 휘감고 있는 느낌이었네. 그리고 매일 쇠사슬이 조금씩 조여 오면서 내 상실감을 상기시켰다네."

에드워드가 깊은 연민을 가지고 가브리엘을 바라보며 말했다. "내게 그 말을 해줘서 고마워요, 친구."

가브리엘이 주방을 가로질러 와서 에드워드의 손을 꼭 쥐었다. "자네가 내게 알려준 성경 구절이 도움이 되었네."

에드워드가 대답 대신 목수의 손아귀로 그의 손을 꼭 쥐었다. 그는 참치 샌드위치 만드는 일을 끝내고 나서, 그 반을 집어 들고 창가로 갔다.

잔잔한 10월의 산들바람이 나무 한 쌍의 가지들을 흔들고 있었다.

"춤을 추고 있는 것 같네요." 에드워드가 말했다. "저 나무들 말이에요."

가브리엘도 창가로 와서 함께 바라보았다. "아내를 춤추는 데서 만났네."

에드워드가 샌드위치를 창가의 작은 탁자 위에 내려놓았다. "그날 얘기 좀 해주세요."

가브리엘이 몇 년 만에 처음으로 그날 일을 모두 다시 떠올릴 수 있었다. "기독교 학교 옆에 있는 큰 강당에서 교회가 주최했어. 새디 호킨스 댄스라는 행사였지."

"새디 호킨스가 누구죠?" 에드워드가 물었다.

"나도 몰라. 하지만 새디 호킨스 댄스는 여자가 남자에게 춤을 신청하는 게 특징이었지."

"어렸었나요?" 에드워드가 물었다. "천만에. 아니었지. 다들 성인이었고, 알잖아, 그냥 재미있게 놀려고 모인 거였지."

"거기에 그녀가 있었나요? 당신 미래의 아내?"

가브리엘이 고개를 끄덕였다. "친구랑 같이 왔더라고. 토요일 밤에 할만한 일이었지."

에드워드가 미소를 지었다. "그녀가 춤추자고 요청했고, 나머지는 아는 대로군요."

"그래. 그랬을 거야."

에드워드가 눈을 감았다. "그녀는 물방울무늬가 있는 연보라색 드레스를 입었고, 그 드레스에는 목을 따라 하얀 레이스 장식이 달려 있었죠."

가브리엘은 놀라서 숨이 막히는 것 같았다. "맙소사! 그날 밤 그녀가 입었던 것이 정확히 그랬던 것 같네." 그가 잠시 멈추었다. "자네가 그걸 어떻게 아나?"

에드워드가 대답은 하지 않고, 미소를 지었다. 그가 샌드위치를 집어 들고 주방 식탁으로 돌아가 앉았다.

"자네에게 말해주는 걸 잊었군." 가브리엘이 말했다. "오늘 아침, 에밀리 존슨을 만났어. 그 부인이 할머니의 브로치를 찾았다고 자네에게 말해달라더군. 자네가 무슨 뜻인지 알 거라고 말했어."

에드워드가 샌드위치를 한입 베어 물었다. "잘됐네요."

가브리엘은 무슨 말이든 더 하기를 기다렸다. 그러나 이 미스터리한 남자는 그에 대해서도 자세히 설명하지 않으려는 것이 분명했다.

점심 식사를 마치자, 에드워드가 말했다. "오늘 작업으로 바빠지기 전에, 부탁 하나 해도 될까요?"

"물론이지."

"당신 아들 폴과 그를 잃은 데 대한 파이퍼의 분노에 관한 문제요."

가브리엘이 물었다. "그게 왜?"

"제가 그녀를 도울 수 있을 것 같아요."

가브리엘이 적당한 말을 찾는 것처럼 턱을 문질렀다.

그는 에드워드를 좋아해서 그의 기분을 상하게 하고 싶지 않다. 그러나⋯ "자네 뜻은 잘 알겠네, 에드워드. 그렇지만 이건 캡틴 크런치나 성경 구절을 가지고 해결할 수 있는 그런 문제가 아니라네."

"저도 동의해요." 에드워드가 말했다. "내일 그녀에게 저와 함께 드라이브를 하자고 해주실 수 있겠어요? 도움이 될 거라고 약속할게요."

가브리엘은 그 제안을 곰곰이 생각하더니 말했다. "두 가지가 있네."

"예, 말씀하세요."

"첫째, 그 애가 간다고 약속은 할 수 없네. 하지만 물어는 볼게."

"그리고 둘째는요?"

"파이퍼와 그런 시간을 갖기 전에, 그 애가 상당히 화가 나 있다는 것을 알아야 하네." 가브리엘이 말했다. "그래, 자네가 봤잖나. 들었고."

에드워드가 고개를 끄덕였다. "그녀가 누구에게 화내고 있는 거죠?"

가브리엘이 두 손을 공중으로 내던졌다. "원 세상에, 뭐든 다라네. 해병대, 전쟁, 지원을 한 폴, 허락해 준 나, 가게 한 자신. 그리고 하나님, 그분을 잊지 말게. 명단이 있다면, 맨 위가 하나님이네."

에드워드가 앉아서 조용히 듣고 있다가 말했다. "파이퍼는 폴의 인생에 어떤 목적이 있을 거라 생각했어요. 그런데 그가 해병대에 입대하고, 집에서 멀리 떨어진 산기슭에서 외로이 죽는다. 그건 비극이고, 의미 없는 결말이죠."

"맞아. 그 애는 정확히 그렇게 여기고 있어."

"하지만 그건 진실이 아니에요."

"어느 부분이?"

"전부 다요." 에드워드가 대답했다. "그의 인생에는 위대한 목적이 있었어요. 그리고 그가 마지막 숨을 내쉴 때, 그는 절대로 혼자가 *아니었어요.*"

가브리엘이 친구를 뚫어지게 바라보았다. "에드워드, 자네가 그걸 어떻게 아는가?"

에드워드는 말없이 가만히 있었다.

"자네가 그걸 어떻게 알 수 있는 건가, 내 아내가 30년 전 댄스 파티에서 어떤 드레스를 입었는지, 우리 마당에서 돌아다니던 새끼 사슴이 무슨 생각을 하고 있었는지, 차에 치인 소년에게 무슨 일이 있었는지, 에드워드?"

에드워드가 그와 시선을 마주쳤다. "중요한 질문들이네요."

"그렇네."

"그 얘기는 다음에요." 에드워드가 대답하며 식탁에서 일어났다.

그게 다였다. 적어도 지금으로서는… 가브리엘은 아쉬움을 감추기 힘들었다. "자. 이제 일하러 가야 할 것 같네요." 그도 자리에서 일어나며 말했다. "자네가 파이퍼를 도울 수 있다고 생각한다면, 내가 그 애한테 드라이브 하자는 얘기를 해보겠네."

"고마워요."

"어디로 갈 건지 물어봐도 되겠나? 그것도 비밀인가?"

에드워드가 더러워진 접시를 개수대에 넣었다. "글로스터요."

가브리엘이 재킷과 열쇠를 집어 들고 현관으로 향했다. 그가 놋쇠로 된 문손잡이를 잡고 잠시 멈추었다.

"그 애가 글로스터에서 뭘 보게 될지 물어봐도 되겠나?"

"아, 그건 아주 쉬운 질문이에요, 가브리엘. 그녀는 진실을 보게 될 거예요."

제9장

길에서 한두 굽이만 돌면

보스턴의 찰스타운 보호소에서 월요일은 구운 치즈 샌드위치가 나오는 날이었다. 오늘 온 손님들은 심지어 샌드위치를 찍어 먹을 뜨거운 토마토 수프를 보너스로 받았다.

"옷차림과 배를 보아하니, 당신들 두 사람은 노숙자는 아닌 것 같군." 한 남자가 말했다.

브루클린과 바스가 돌아보니, 멀리서 보았으면 20대라고 믿을 정도로 몸매가 좋은 노신사였다.

바스가 자신의 배를 툭툭 쳤다. "무례하지만 틀린 말은 아니니, 어쩌지 못하겠군요. 게다가 그 셔츠 좋네요."

그 남자가 자신의 티셔츠를 내려다보았다. "Journey. 맞아요. 1982년 댈러스 공연에서 샀죠."

바스가 대답했다. "틀림없이 멋진 공연이었겠네요."

"그럼요. 오프닝 밴드가… , 음, 잠깐만요."

브루클린이 말했다. "그건 중요하지 않고요, 선생님. 저희는 운영자를 찾고 있어요."

"잠깐만, 생각났어요." 그가 대답했다. "Blue Öyster Cult였어요."

브루클린이 다시 물었다. "책임자가 어디에 계시나요?"

그 남자가 노래를 부르기 시작했다. "*I'm burning, I'm burning for you~* 그 노래 기억하세요?"

"기억하죠." 바스가 말했다. "좋은 노래예요. 아, 보세요, 나는 바스고, 여기는 브루클린이에요. 우리는 글로브에 있습니다."

"보스턴 글로브? 당신들이 몇 년 전에 교회 스캔들 기사를 전했죠."

브루클린이 고개를 끄덕였다. "맞습니다, 선생님."

"잘했어요. 밝혀져야 할 일이었어요." 그가 잠시 멈추었다.

"그래서, 당신들이 보호소 운영자를 찾는다고 했나요? 잘생긴 목사, 칼훈 목사일 텐데."

"그분과 얘기 좀 할 수 있을까요?" 브루클린이 물었다.

그 남자가 장난스럽게 눈썹을 씰룩거렸다. "이미 얘기하고 있잖아요."

"그 목사님이시라고요?" 바스가 피식 웃으며 물었다.

"예수님 말씀대로, 육신을 입고." 그러면서 오른손을 바랜 청바지에 닦고, 손을 내밀었다. "리프입니다. 리프 칼훈 목사. 환영합니다."

브루클린이 그와 악수를 했다. "리프요? 재미있는 이름이네요."

목사가 생기가 돌았다. "본명은 잭이에요. 그러나 신학교를 졸업한 첫해에 담임목사님 앞에서 설교하는데, 멋있게 보이고 싶었죠. 알다시피, 담임목사님이니까. 그래서 좋아하는 바지를 빨았는데, 찬물 대신 뜨거운 물로 헹굼 설정을 했어요. 무슨 일이 일어났는지 절대 못 맞힐걸요."

"줄어들었겠죠," 브루클린이 말했다.

"맞았어요." 그가 대답했다. "설교 중에 내가 매우 깊숙이 절해야 하는 부분이 있었는데—"

"바지가 RIP(찢다), 찢어졌군요." 바스가 말했다.

목사가 배꼽을 잡고 웃었다. "교회 뒷줄에서도 들릴 정도였죠."

"정말 재미있는 얘기네요, 목사님," 브루클린이 말했다.

"그런데 저희가 온 이유는요—"

"보세요, 농담 하나 들어볼래요?" 목사가 말했다.

음식 접시를 들고 지나가던 손님 가운데 한 여인이 심한 보스턴 말씨로 말했다. "또 그 썰렁한 농담하지 마세요, 목사님."

목사가 그녀를 향해 미소를 지었다. "쉿. 이분들은 그 얘기 안 들었어요."

칼훈 목사가 브루클린을 향해 돌아섰다. "사람들이 교회에 일찍 오는 이유가 뭔지 알아요?"

브루클린이 장단을 맞추어주었다. "모르겠는데요, 목사님. 왜
죠?"

목사가 활짝 웃으며 말했다. "맨 뒷자리에 앉으려고요."

아무도 웃지 않았다. "말했잖아요, 목사님." 그 여인이 말했다.
"썰렁하다니까요."

목사가 두 명의 새로 온 관객을 쳐다보았다.

"이해 안 돼요? 교회에서 앞자리에는 아무도 안 앉으려고 하니
까, 일찍 가야 그 자리에… 아, 됐어요."

바스가 말했다. "그런데, 목사님. 우리는 스튜라는 노숙인을 찾
으려고 하고 있어요."

브루클린이 덧붙였다. "시각장애인인 척하던 사람이에요."

그녀가 그 말을 하는 순간, 칼훈 목사의 친근하던 표정이 심각
하게 변하였다. 그가 몸짓으로 브루클린과 바스를 분주한 급식 줄
에서 떨어지게 하였다.

"따라오실래요."

그가 그들을 데리고 문을 나가 보호소 밖의 골목으로 갔다.

"척했다고요?" 그의 목소리가 공격적으로 바뀌었다. "스튜어트
는 척한 것이 *아니에요.*"

브루클린이 손을 들고, 회개의 표시로 손바닥을 목사에게 보
였다.

"알겠습니다, 진정하세요. 기분 상하시게 하려던 건 아니었습니다."

"미안해요." 목사가 말했다. "나는 사람들이 신성을 조롱할 때면 화를 내게 돼요."

바스가 브루클린을 쳐다보았다가 목사에게로 시선을 옮겼다. "신성이라니요, 무슨 뜻이죠?"

목사가 대답하기 전에 브루클린이 말했다.

"그 사람을 스튜어트라고 부르셨는데, 우리가 동일한 인물에 대해 얘기하고 있는 건가요?"

목사가 고개를 끄덕였다. "맞아요, 스튜어트. 모두 그를 스튜라고 불렀죠. 그는 시내에서 연필을 팔았고, 수년간 여기 다니다가, 그의 시력을 회복했죠."

바스가 고개를 끄덕였다. "아, 그러니까 그가 시각장애인이었는데, 수술을 받고 나서 볼 수 있게 되었다는 거군요?"

목사가 말했다. "반만 맞아요."

브루클린이 물었다. "어느 쪽이요, 목사님?"

"예, 그는 시각장애인이었어요. 하지만 어떤 수술도 없었어요."

"그럼 어떻게 그 사람이 갑자기 보게 된 거죠?"

보호소의 옆문이 쾅 소리와 함께 휙 열리며, 붉고 긴 레게 머리를 망으로 감싼 젊은 여인이 말했다. "목사님, 들어오셔서 도와주실 거죠? 우리가 정신을 못 차리겠어요. 그들은 항상 구운 치즈 샌드위치 때문에 몰려와요."

"그래요, 지금 갈게요, 몰리." 목사가 말했다. "가야겠어요."

"잠깐만요… 목사님… 그가 어떻게 갑자기 보게 된 거예요?" 브루클린이 두 번째로 물었다.

목사가 문손잡이를 잡더니 말했다. "나는 솔직히 모릅니다. 그는 그걸 기적이라고 불렀어요."

바스가 브루클린에게 속삭였다. "우리는 사기에 대한 기사를 쓰고 있는 거지, 기적은 아니잖아."

브루클린이 *그러게 말예요* 하는 표정으로 그를 쳐다보았다.

칼훈 목사가 떠나기 전에 말했다. "닥터 데본 포스터와 얘기해야 할 거예요. 몇 블록 떨어진 하이 스트리트의 응급진료소에서 일하고 있어요."

"왜요?" 바스가 물었다.

"그녀는 한 달에 두 번씩 이곳에 와서 내 양들에게 무료 진료를 해줍니다."

브루클린이 물었다. "스튜도 치료했나요?"

"예, 그럼요." 칼훈 목사가 말했다. "다른 질문 있나요?"

브루클린이 성직자의 헝클어진 머리, 근육, 그리고 빈티지 록 티셔츠를 바라보았다. "기분 상하시게 하려는 건 아니고요." 그녀가 웃으며 말했다. "그렇지만 저는 목사님이 목사님일 거라고는 전혀 생각하지 못했어요."

그가 대답했다. "예수님께서는 따르는 자를 그가 어떻게 생겼는 지를 가지고 판단한 적이 없으세요. 또 우리를 가장 필요로 하는 곳으로 가라고 말씀하셨죠."

브루클린이 대답했다. "그래서 그게 이 보호소라는 건가요?"

"이곳을 폄하하지 말아요." 칼훈 목사가 대답했다. "인생길에서 한두 굽이만 돌면, 우리 누구나 저 급식 줄 안에 설 수 있을 겁니다."

*

한편 보스턴의 다른 쪽에서는, 가브리엘과 에드워드가 케임브리지 출신의 유복한 변호사의 책장을 제작하는 작업에 견적을 내느라 바빴다. 가브리엘은 변호사의 서재에 서서, 변호사가 케네디 가문 사람들과 함께 찍은 사진들을 바라보며 감명을 받았다.

존(존 F. 케네디)과 바비(로버트 케네디)가 희생된 이후, 케네디라는 이름은 매사추세츠에서 왕족의 명칭이 되었다.

가브리엘이 변호사에게 자신이 전에 만든 책장 사진들을 보여주자, 그 자리에서 계약이 이루어졌고, 수일 내로 새 책장 설치 작업을 시작하기로 약속했다. 두 사람이 밴을 타고 보스턴 시내를 지나는데, 가브리엘이 속도를 줄였다.

"정차할 건가요?" 에드워드가 물었다.

가브리엘이 크게 하품을 했다. "카페인 한 잔이 필요해." 그가 친구를 흘깃 쳐다보았다. "개인적으로 뭐 좀 말해도 될까?"

에드워드가 말없이 느긋한 자세로 그의 다음 말을 기다렸다.

"교회나 폴을 잃은 것에 대해 파이퍼와 다툴 때마다 진이 빠지는 기분이네."

"그리고 밤에는 그 일을 생각하느라 잠을 못 이루시고요." 에드워드가 말했다.

"그렇다네."

에드워드가 말했다. "이사야서를 읽어보신 적 있으세요?"

"최근에는 안 읽었네. 왜?"

에드워드가 말했다. "지친 자에게는 힘을 주시며, 약한 자에게는 능력을 주시나니."

가브리엘이 미소를 지었다. "그리고 그 사이 사이에는 커피가 있느니라."

그가 운전을 계속했다. 잠시 후, 그는 보일스톤 스트리트의 스타벅스 앞에 밴을 세웠다.

에드워드는 커피를 안 마시겠다고 했지만, 그래도 차에서 내렸다.

커피숍 앞에는 1×2m 크기의 작은 테이블이 놓여 있었고, 거기에 같은 운동복을 입은 두 여성이 앉아 있었다. 셔츠에는 위스커스라는 글자가 아래에 새겨진 새끼 고양이 그림이 그려져 있었다.

고객들이 지나갈 때면, 그들이 외쳤다. 위스커스 동물 보호소. 금주 토요일, 입양 수수료 전액 면제.

가브리엘이 매장 문 손잡이를 잡고 안으로 들어가려 하자, 에드워드가 테이블 옆에 가서 밝은 분홍색 전단지 한 장을 집어 들었다.

"우린 개 안 키울 거네, 에드워드." 가브리엘이 단호하게 말했다.

"알고 있어요."

"고양이도 마찬가지야."

"알았어요. 동물은 안된다는 거죠."

가브리엘이 농담 삼아 말했다. "사슴이랑은, 그들을 저녁 식탁에서 만나지만 않는다면, 맘껏 얘기해도 좋네."

에드워드가 이 중대한 입양 논쟁이 끝났음을 알리듯 말했다. "가서 커피 사 오세요."

가브리엘이 커피숍 안으로 들어가자, 에드워드가 분홍색 전단지 한 장을 접어 재킷 주머니에 넣고 밴으로 돌아갔다. 잠시 후, 가브리엘이 커피를 손에 들고 그에게로 왔다.

그들이 집으로 운전하며 가는데, 도로 오른편에 작은 아이스크림 가게가 보였다. 그곳에는 아버지와 딸처럼 보이는 두 사람이 외롭게 테이블에 앉아 아이스크림을 먹고 있었다.

학교가 수업 중인 때라, 가브리엘은 예닐곱 살 또래의 여자아이가 칠판에 있는 숫자 대신 아이스크림 주걱 수를 세고 있었을 것을 생각하니, 이상하다는 느낌이 들었다.

에드워드가 가브리엘의 팔을 툭 쳤다. "차 좀 세워주세요."

"자네 배고픈가?" 가브리엘이 밴을 세우며 물었다.

"누굴 좀 도와주려고요. 금방 올게요."

에드워드가 밴의 문을 열고 단번에 가뿐한 동작으로 뛰어내렸다.

그는 아이스크림 가게 주위의 콘크리트 바닥과 도로를 분리하는 잔디밭을 가로질러 걸어갔다. 그의 긴 갈색 머리가 걸을 때마다 어깨 위에서 출렁거렸다.

밴의 창문이 닫혀 있어 가브리엘은 그들이 말하는 것을 들을 수 없었지만, 에드워드가 아버지와 딸에게 다가가 테이블에 앉는 것을 지켜보았다.

에드워드가 그 아이와 대화하는 동안 아버지는 말없이 앉아 있었고, 에드워드의 손은 마치 그 소녀에게 이야기보따리를 풀어주고 있는 것처럼 공중에서 이리저리 움직였다. 가브리엘은 그 어린 소녀가 가끔 미소를 짓거나 고개를 끄덕여 동의하는 것을 보았다.

몇 분 후, 에드워드가 가브리엘이 동물 보호소 홍보 테이블에서 봤던 것과 같은 분홍색 전단지를 주머니에서 꺼냈다. 에드워드가 그것을 어린 소녀에게 주고 일어나 아이의 아버지와 악수하였다. 그 아버지의 얼굴은 깊은 고마움을 드러내고 있었다.

에드워드가 어린 소녀를 내려다보고, 머리에 지그시 손을 얹은 다음, 밴으로 돌아왔다.

그가 차 문을 닫더니, 가브리엘에게 고개를 돌렸다. "차 세워주셔서 고마워요. 이제 가시죠"

가브리엘이 시동을 껐다. "아니야, 친구. 어떻게 된 일인지 내게 말해주지 않으면 떠나지 않겠네."

에드워드가 말했다. "그 애 이름은 안나예요. 오늘 아버지가 학교를 쉬게 하고 아이스크림을 사주었어요. 몇 주 전에 아이의 고양이가 죽어서 슬퍼하고 있었기 때문이죠."

"저런, 그 말을 들으니 안타깝군."

에드워드가 말했다. "안나가 태어났을 때, 그 고양이는 이미 여덟 살이었어요. 그래서 그 아이는 그 고양이가 없는 삶을 살아본 적이 없는 거죠."

"잠깐만. 내가 물어봐도 되겠나? 자네 이 사람들을 알고 있는가?"

에드워드가 말했다. "오늘 막 만났어요. 그러나 그 질문에 사실대로 대답하자면, 그래요, 그들의 전체 삶을 알고 있어요."

가브리엘이 잠시 멈칫했다. "그게 무슨 뜻인지 이해를 못 하겠네."

"약속할게요, 가브리엘. 언젠가는— "

"알겠네. 알겠어. 나중에 그에 대해 얘기할 거라는 거지."

에드워드가 부드럽게 대답했다. "그럴 거예요."

가브리엘이 한숨을 쉬었다. "좋아. 아까 얘기 계속해 보게."

에드워드가 계속했다. "제가 안나에게 말해줬어요. 실베스터는 잘 있다고. 그는 지금 천국에서 하나님과 함께 있으니, 아주 먼 훗날, 다시 만나게 될 거라고."

가브리엘이 싱긋 웃었다. "『모든 개들은 천국에 간다』(영화 제목), 맞나?"

에드워드가 진지하게 대답했다. "실베스터는 고양이예요. 그렇지만 맞아요. 우리 반려동물들은 천국에 갑니다."

"금붕어도?" 가브리엘이 물었다. "내 말은, 저 높은 곳에도 물이 있냐는 거야."

에드워드가 웃으며 말했다. "하나님께서는 우주를 창조하셨어요, 가브리엘. 그분이 어항 하나쯤은 만들 수 있을 것 같지 않으세요?"

가브리엘이 아까 일을 생각하더니, 물었다. "그리고 자네가 그 아이에게 준 그 분홍색 종이, 그거 스타벅스 밖에서 가져온 전단지였나?"

"그래요. 그리고 이게 제일 잘된 일인데요, 지금 마침 그 보호소에 주황색 얼룩 고양이 새끼 한 마리가 있어요. 그래서 안나가 토요일에 가면—"

"공짜겠군." 가브리엘이 어린 소녀를 바라보니, 여전히 아이스크림을 먹고 있었다. 에드워드와의 짧은 만남 이후, 그녀의 모든 행동이 한층 밝아진 듯했다.

가브리엘이 밴을 출발시켜 집으로 차를 몰았다. "대단한 우연의 일치로군. 어떻게 자네가 동물 보호소에서 고양이 분양 전단지를 집어 들고 5분 만에 고양이를 잃고 상심하는 어린 소녀를 만난단말인가."

늘 그렇듯, 에드워드는 대답하지 않았다.

가브리엘은 생각이 꼬리에 꼬리를 물었다. *그가 어떻게 고양이에 대해 알았을까? 그 소녀는? 다른 것들은?*

가브리엘이 농담으로 말했다. "복권 사본 적 있나?"

에드워드가 창밖을 응시하였다. 붉고 노란 나무들이 가을 색을 뽐내고 있었다.

"듣고 있나?"

"저는 이미 충분히 부자예요, 가브리엘. 우리 모두 그래요."

가브리엘은 더 이상 캐묻지 않았다. 마음속에서 무엇인가가 에드워드의 말이 옳다고 말해주고 있었다.

집이 시야에 들어오자, 그가 말했다. "자네에게 말한다는 걸 잊었네. 파이퍼가 내일 자네와 드라이브하는 걸 꺼리더군. 그 애가 자네를 신뢰하는 것 같지 않아. 미안하네."

에드워드가 웃음을 터트렸다. 그것은 가브리엘이 방금 전한 얘기에 대한 반응으로는 이상한 듯했다.

"내가 뭐 웃기는 말이라도 했나?"

에드워드가 대답했다. "파이퍼가 남자라면, 도마(의심이 많았던 제자)라고 부를 수 있었을 겁니다. 늘 의심이 가득해요."

가브리엘이 진입로에 차를 댔다. "그 애가 자네와 그 자동차 여행을 가게 되겠지, 그렇지 않은가?"

"그럼요. 제 손의 상처(못 자국)를 보여줘야 하더라도요."

"무슨 상처?"

에드워드가 말없이 밴에서 내렸다.

가브리엘이 말했다. "자네는 참 미스터리야, 친구."

에드워드가 대답했다. "그보다 더 진실한 말은 없죠."

제10장

만일 그게 사실이면 어쩌죠?

다음 날 아침, 파이퍼가 욕실에서 나오니, 아버지가 팔짱을 끼고, 묘한 표정으로 기다리고 있었다.

"왜요?"

그가 대답했다. "에드워드가 밖에 앉아서 너랑 드라이브하는 것에 대해 얘기하고 싶어 하는데."

"왜 그게 그렇게 중요한 거예요?"

"그 사람이 널 돕고 싶어 하는 것 같더구나."

파이퍼가 아버지를 스치고 지나가며 말했다. "제가 도움이 필요한 줄은 몰랐네요."

그녀가 주방 창밖을 흘깃 내다보니, 에드워드가 근처 나무에서 떨어진 주황색 나뭇잎을 만지작거리고 있었다.

그녀는 에드워드를 의심하고 싶었지만, 지금 그를 지켜보니, 그에게는 부인할 수 없는 기품이 있었다.

"2분이에요, 아빠. 더는 안 돼요."

*

두 마을 건너 에비의 집. 브루클린이 주방으로 가는 길에 잠시 멈춰 에비의 방을 들여다보았다. 침대는 어질러져 있었고, 담요는 버려져 있었으며, 베개는 바닥에서 돌아다니고 있었다.

브루클린이 굴러다니는 베개를 주워 들고, 벽에 걸린 에베레스트산의 아름다운 사진을 바라보았다.

세계 최고봉을 따라 이름을 지은 아이가 침대 가까이에 이 포스터를 걸어놓는 것은 잘 어울리는 일이었다.

또 얘기해줘요, 또 얘기해줘요. 에비는 자기 이름을 짓게 된 사연을 듣고 싶어서 부모에게 조르곤 했다.

10년 전, 결혼한 지 불과 며칠 만에 브루클린과 코너는 *버킷 리스트* 목록 가운데 하나를 실행하기로 했다. 많은 신혼부부가 파리나 로마로 신혼여행을 꿈꾸지만, 그들은 에베레스트산 베이스 캠프 하이킹을 꿈꾸었다.

캠프까지 왕복하고 카트만두로 돌아오는 데는 15일이 걸렸는데, 그 여행이 끝났을 때, 두 가지 일이 실현되었다. 즉 코너의 카메라는 숨 막히는 사진들로 가득 찼고, 브루클린의 뱃속에는 이제 막 자신의 모험을 시작한 아주 작은 여행자가 둥지를 틀었다.

브루클린은 에비의 침실 문을 닫고, 주방으로 가서 구운 베이글 빵과 차 키를 집어 들었다. 그녀가 다음으로 들를 곳은 보스턴 남부의 응급진료소로, 거기서 닥터 데본 포스터와 대화하는 것이었다. *여성 과학자라면 분명히 스튜의 시력에 대한 진실을 얘기해 주고, 이런 말도 안 되는 기적 이야기를 일축할 것이다.*

*

파이퍼는 칸막이 문을 세차게 닫고, 마당에 있는 에드워드와 얘기하려고 밖으로 나왔다. 웬일인지 그는 쾅 소리에도 놀라지 않고, 벤치에 홀로 앉아서 여전히 손에 든 주황색 나뭇잎을 바라보고 있었다.

그가 말했다. "나와 함께 가고 싶지 않군요."

파이퍼가 그의 옆자리에 앉았다. "개인적인 감정은 아니에요. 그냥 당신을 몰라서 그래요."

에드워드가 나뭇잎을 풀밭에 올려놓고 나서, 그녀의 눈을 들여다보았다. "

"내 생각에 당신은 알고 있어요. 다만 모른 척하기로 한 것뿐이죠."

파이퍼가 고개를 저으며, 그를 가리켰다. "*그거예요! 거기에 바*

로 내가 당신을 따라가지 않으려는 이유가 있는 거예요. 이런 모호하고, 이상한 대답들… 당신이 이곳에 온 순간부터 당신의 입에서 끊임없이 나오는 수수께끼 같은 말들."

에드워드는 동요하지 않는 듯했다. "당신 오빠, 폴…"

파이퍼가 맞받아쳤다. "오빠가 왜요?"

"당신은 오빠에게 대단히 화가 나 있어요, 왜죠?"

어디서 감히? 그녀가 발끈했다. 그녀는 이 이상한 남자에게 *당신이 틀렸어!* 라고 말하고 싶었다. 그러나 그녀의 마음속 깊이 어딘가에서 그의 말이 진실인 것처럼 들렸다. 그리고 그 말들이 마치 삐죽삐죽한 돌처럼 상처를 주었다.

"왜 그를 탓하나요?" 그가 물었다.

그녀가 말은 하지 않았지만 머릿속에서 수많은 생각들이 맴돌았다. 그녀는 폴을 탓했었다. 왜 굳이 해병대에 지원했나? 왜 가족을 떠나, 바보 같은 전쟁에서 그의 인생을 위험에 빠뜨렸나? 왜 그런 식으로 그의 인생을 허비했나?

에드워드가 말했다. "그는 그러지 않았어요, 파이퍼."

"뭐라고요?"

"그의 인생을 허비하지 않았어요. 완전히 반대였죠."

파이퍼가 놀라서 말도 못 하고, 그를 바라보았다. "내 생각을 어떻게 알죠?"

"그 모든 것을 곧 알게 될 겁니다." 그가 부드럽게 말했다. "약속해요."

그녀는 집으로 돌아가고 싶었지만, 이 사람에게 있는 어떤 것, 곧 눈에 보이는 진실함, 목소리에 담긴 친절함이 그녀를 꼼짝 못하게 했다. 마치 그의 온 존재가 그녀를 끌어당기는 듯했다. 어망처럼 사람들을 끌어당겼다. 로맨틱한 방식은 아니었다. 이것은 무언가 달랐다. 떠난지도 몰랐던 집으로 돌아온 것을 환영받는 듯한 느낌이었다.

그러고 나서 그가 물었다. "왜 기도하지 않죠?"

파이퍼가 쓸쓸하게 웃었다. "왜냐고요? 기도는 효험이 없으니까요, 에드워드."

"왜 그렇게 말하죠?"

"기도가 효험이 있었다면, 이 벤치에 앉아 있는 사람은 제 오빠였을 테니까요. 당신이 아니라."

그가 하늘을 올려다보았다. 파이퍼가 그의 시선을 따라 아름다운 10월 하늘을 바라보았다. 북쪽에서 휘몰아치는 거센 바람에 크고 하얀 뭉게구름이 코발트빛 캔버스 위를 가로질러 밀려가고 있었다.

곧 추워질 것이다. 그러면 겨울이다. 우리가 원하든 말든, 모든 것은 변한다.

에드워드가 침묵을 깼다. "완벽한 직장을 원했던 여성에 관한 이야기를 들어봤나요?"

"아니요. 내가 곧 듣게 되나요?"

그가 웃었다. "하나님께서는 분명히 당신에게 날카로운 혀를 주셨군요."

그녀는 그의 비꼬는듯한 칭찬을 무시했다. "당신 이야기는요?."

에드워드가 말했다. "한 여성이 완벽한 직장을 기다렸고, 결국 그것을 얻게 되었어요."

"내가 맞춰보죠." 파이퍼가 말을 가로막았다. "그 여자가 기도를 했고, 직장을 얻었다. 기도가 효험 있음이 입증됨. 끝."

에드워드가 또 싱긋 웃었다. "아니요. 그렇게 된 건 아니에요. 내가 끝낼까요?"

그녀가 팔짱을 꼈다. "기대되네요."

"인터뷰 날." 그가 계속했다. "그 여자가 절대로 늦지 않으려고 한 시간 일찍 떠났어요. 그런데 그녀가 가는 내내 지체가 되었어요. 교통사고, 적색 신호등, 모든 것이 그녀에게 불리하게 작용했어요."

파이퍼가 다시 말을 가로막았다. "그래서 그녀는 인터뷰를 하지 못했거나 직장을 얻지 못했군요. 그것이 제 오빠나 기도와 무슨 상관이 있죠?"

"다 돼가요," 에드워드가 말했다. "그녀가 1분을 남겨 놓고 건물에 도착했지만, 주차할 공간이 없어서 늦게 되었어요. 그래서 그녀는 몇 년 만에 처음으로 기도했어요. '사랑하는 하나님, 저를 도우실 수 있으시면, 이 인터뷰를 제시간에 할 수 있게 해주세요. 제가 착한 사람이 되고, 절대 죄를 짓지 않겠으며, 더 나은 사람이 되는데 인생을 바치겠습니다.'라고요."

"그래서요?"

"바로 그 순간, 이 아름다운 기도를 드리는 도중에, 건물 바로 앞에서 차 한 대가 빠져나갔어요. 그 순간 그녀는 기도를 멈추고 말했어요. '어머나, 하나님, 신경 쓰지 마세요. 도와주지 않으셔도 돼요. 자리가 막 났어요."

파이퍼가 말없이 앉아 있다가 물었다. "당신의 말은 하나님이 우리 기도에 응답하시는데, 우리가 그걸 깨닫지 못한다는 건가요?"

"내 말은, 파이퍼, 사람들이 하나님과 천국과 믿음의 존재를 의심한다는 거죠. 심지어 그것이 바로 앞에 있는데도, 기도가 응답되었는데도 말이에요."

그녀는 위에 있는 나뭇가지들이 흔들릴 때, 바람이 노래하는 소리를 들었다.

"그래서, 오늘 아침 나를 어디로 데려가고 싶은 건가요?"

"글로스터." 그가 대답했다. "당신이 봤으면 하는 사람이 있고, 만났으면 하는 사람이 있어요."

그가 온 이후 처음으로, 파이퍼가 그를 보고 미소를 지었다. "어떤 남자와 만남을 주선해 주려는 건 아니겠죠, 안 그래요?"

"세상에, 아니에요. 그렇지만 찾지 않다가 뜻밖에 무얼 발견하게 될지는 알 수 없는 거죠."

"또 수수께끼 같은 대답이네요, 에드워드. 당신은 그런 말을 잘해요, 알고 있어요?"

"한 가지는 약속할 수 있어요." 그가 말했다.

"오늘은 당신에게 좋은 날이 될 거예요."

*

보스턴 하이 스트리트에 있는 응급진료소는 오전 8시에 문을 열었다. 닥터 데본 포스터는 말도, 일도 빠르게 해서 모든 사람이 그녀를 선호했다. 봉합이 필요한 아이는 왔다가 10분도 안 되어 돌아갈 수 있었다.

대기실은 이미 붐비고 있었다. 한 남자는 다리를 올리고 있었고, 한 할머니는 손에 자상(刺傷)이 있었으며, 대학생 나이의 청년은 얼굴에 피 묻은 하얀 수건을 대고 있었다.

코에 안경을 매달고 있는 여자가 컴퓨터에서 시선을 돌려 올려다보더니 작은 창구로 손짓해 불렀다.

"은행에 온 것 같은 느낌이네요." 브루클린이 농담 삼아 말했다. "입금이라도 해야 할 것 같아요."

접수 직원이 그녀에게 클립보드를 내밀었다. "앞뒤로 모두 작성해 주세요. 모르는 항목은 넘어가고요. 보험 카드 가지고 있으면 주세요."

브루클린이 클립보드를 살며시 돌려주었다. "저는 진료가 필요 없어요. 그냥 얘기만 할 거란 말이죠."

때마침 하얀 가운을 입은 매력적인 금발 여성이 다급하게 여닫이문을 밀고 나오며 외쳤다. "마이클 펠프스!"

모두 고개를 돌려 쳐다보았지만, 의사의 호출에 대답하고 일어서는 사람이 아무도 없었다. 브루클린은 그녀의 가슴에 *Dr. Foster*라는 글자가 수놓아져 있는 것을 보았다.

그 의사가 손에 든 파일을 내려다보았다. "이렇게 불러볼까. 마크?" 그러자 코에 수건을 대고 있던 대학생 청년이 대답했다. "접니다."

닥터 포스터가 누구에게랄 것 없이 말했다. "아무도 내 유머 감각을 이해하지 못하는군."

마크가 진료실 쪽으로 가자, 브루클린이 말했다. "닥터 포스터, 잠깐 얘기 좀 할 수 있을까요?"

"순서를 기다리세요."

브루클린이 더 가까이 다가섰다. "저는 아프지 않아요. 시각장애인인 척하던 노숙자 스튜에 관해 잠깐 여쭤볼 게 있습니다."

그 의사가 휙 돌아섰다. "*척이라고요?*" 그녀가 되물었다. "누구시죠?"

"저는 브루클린 스털링이라고 합니다. 보스턴 글로브의 기자예요."

데본 포스터가 그녀를 떠보았다. "보스턴 글로브의 브루클린, 기적을 믿나요?"

"아니요."

데본이 말했다. "나도 안 믿어요."

"의사 선생님, 이거 정말 아파요." 마크가 얼굴에 수건을 댄 채 대화를 가로막았다.

닥터 포스터가 그를 향해 돌아섰다. "네 얼굴을 치료하면서 이 여자분과 얘기해도 되겠니?"

"그럼요, 상관없어요."

"그럼 두 사람 다, 3호 진료실."

그녀가 그들을 따라 복도를 걸어갔다. 문을 닫은 후 그녀가 말했다. "한 사람은 테이블, 한 사람은 의자."

두 사람 다 시키는 대로 했다.

"왜 절 마티 펠프스라고 부르셨어요?" 마크가 물었다.

"마이클 펠프스." 그녀가 대답했다. "마이클. 그 사람은 유명한 수영선수야. 올림픽에서 금메달을 땄지."

"이해가 안 되는데요."

브루클린이 말했다. "나도요."

닥터 포스터가 기록지를 내려다보며 말했다. "여기 보니 수영장에 뛰어들다가 코를 찢었다고 돼 있구먼."

그의 얼굴이 환해졌다. "아하! 이제 이해했어요." 그가 브루클린을 보고 말했다. "동아리 친구들이 제가 발코니에서 물로 절대로 뛸 수 없을 거라고 했거든요."

브루클린이 미소를 지으며 물었다. "그래서 어떻게 됐어?"

의사가 상처를 소독하며 브루클린에게 말했다. "거기 수술 약제 튜브 좀 줘요."

브루클린이 옆에 있는 선반에서 그것을 찾아 건네주었다.

"마크, 네 코가 깨끗하게 찢어져서, 상처를 다시 접합할 수 있겠어."

"정말요?" 그가 되물었다.

그녀가 튜브에서 약제를 짜서 상처에 발랐다. "따끔할 거야. 가만히 있으면 곧 끝나."

"뭘 좀 물고 있어야 하나요?"

닥터 포스터가 윙크하며 웃었다. "그건 영화에서만 그런 거야, 꼬마야."

단번의 재빠른 동작으로, 그녀는 청년의 피부를 꼭 집어서 모았다.

그녀가 그것을 잡고 있으면서 벽에 있는 시계를 지켜보았다.

"이게 힘든 부분이야, 마크." 그의 뺨을 따라 눈물이 흘러내리자, 그녀가 말했다.

"그냥 가만히 있어. 거의 다 됐어."

그리고 잠시 방안이 쥐 죽은 듯 조용해지고 나서 의사가 천천히 손을 풀었다.

"짜~잔!"

그의 얼굴은 새것처럼 말끔해 보였다. 닥터 포스터가 작은 거울을 들어 그가 볼 수 있게 하였다.

"세상에!" 마크가 말했다. "됐네요."

그녀가 그와 악수했다. "더 이상 수영장에서 백조 다이빙은 금지."

그가 그녀에게 과장된 동작으로 다시 악수했다. "좋아요."

그가 가려고 문을 열자, 그 의사가 말했다. "마지막 한 가지, 마크. 아주 중요한 것."

그가 기다렸다.

"재채기— 하지— 마—"

"영원히요?"

닥터 포스터와 브루클린이 둘 다 웃었다. "앞으로 며칠 동안만."

마크가 시야에서 사라지자, 데본이 말했다. "앞으로 크게 될 녀석이야."

브루클린이 펜과 노트패드를 꺼내, 일을 빨리 끝내려고 했다.

"그래서요? 스튜와 그의 시력에 대해 말해주세요."

"잠깐만." 데본이 말했다. "몇 가지 기본 원칙이 먼저예요. HI-

PAA(건강보험환자 개인정보보호법)에 대해 들었을 것으로 믿어요."

"물론이죠."

"환자에 대한 비밀을 누설하면 내 의사 면허 잃어버려요."

"이해합니다. 그럼 몇 가지 일반적인 질문은 해도 될까요?"

"봐서요." 그녀가 대답했다. "해보세요."

브루클린이 펜을 딸깍 눌렀다. "스튜는 지금 볼 수 있나요?"

"예."

"그렇지만, 보지 못하던 적이 있었죠?"

"예."

브루클린은 원칙을 깨지 않는 질문을 찾아내려고 노력하며, 무릎 위에 펜을 톡톡 두드렸다.

"의사가 그의 눈을 고쳤나요?"

"그 사람에 따르면 아니에요."

"그러면… "

"그 사람이 어떻게 시력을 되찾았느냐고요?" 데본이 물었다. "이 부분은 의학과는 상관이 없으니, 내가 얘기할 수 있어요."

"오케이. 좋아요. 감사합니다."

"당신이 스튜라고 부르는 스튜어트는 한때 이곳 보스턴에서 존경받는 엔지니어였어요."

"한때요?"

"그래요. 그는 아내도 있었고, 인생의 모든 걸 갖춘 사람이었어요."

브루클린이 자리에서 몸을 앞으로 기울였다. "무슨 일이 있었나요?"

"그의 시력을 잃게 한, 일종의 산업 재해가 있었어요."

"원인은요? 다른 사람들도 다쳤나요?"

"그건 다 말할 수 없어요. HIPAA, 잊지 마세요."

그녀가 발로 의자를 끌어당겨 브루클린 맞은편에 앉았다.

"그는 시력을 잃고 한동안 사라졌다가, 결국 거리 신세가 되었죠."

브루클린이 말했다. "저는 그가 퀸시 마켓에서 한때 연필을 파는 걸 봤어요."

"맞아요. 나는 그를 보호소에서 만났죠."

"그분이 저를 여기로 보냈어요, 리프 목사님이요."

데본이 웃었다. "참 *개성 있는* 분이죠!" 그녀의 웃음이 사라지자, 방 안은 교회처럼 조용해졌다. "그는 몇 년 동안 시각장애인이었어요," 그녀가 마침내 말했다. "그러다가… " 그녀가 마치 단어 하나하나의 무게를 재듯 말을 멈췄다.

"그러다가 뭐죠?" 브루클린이 다그쳤다.

"그러던 어느 날, 그가 이 사무실로 걸어 들어왔고, 보게 되었어요."

"어떻게요?"

"어떻게요? 그렇죠, 거기에 핵심적인 의문이 있는 거죠."

다시 침묵.

"닥터 포스터, 제게 무언가 말을 안 하고 계신 거죠?"

그녀가 자세를 고쳐 앉았다.

"HIPAA에 저촉될 위험이 있지만, 스튜의 눈에 입은 손상은 의학적인 방법으로는 고칠 수 없는 상태였다고만 말해두죠."

"그러면 어떻게?" 의사가 바로 대답을 하지 않자, 브루클린이 말했다. "저는 그분이나 당신에게 해를 끼치려는 게 아니에요. 약속합니다. 진실이 알고 싶을 뿐이에요."

데본이 천천히 숨을 내쉬었다. "스튜에 따르면, 사실은 그가 어떤 남자를 만났는데, 그 사람이 그를 강으로 데리고 내려가서 눈에 물을 뿌려 그의 시력을 돌아오게 해주었다는 거예요."

브루클린은 입을 다물지 못했다. 그녀가 어떻게 이걸 이해할 수 있었겠는가?

똑, 똑, 똑. 한 간호사가 진료실 문을 열었다. "죄송합니다, 의사 선생님. 사람들이 선생님을 찾고 있어요."

"가야겠어요," 데본이 의자에서 일어나며 말했다.

"기다려주세요. 제발요. 앞서 선생님이 제게 기적에 대해 물어보신 이유가 이건가요?"

데본이 대답했다. "당신은 기적을 믿지 않는다고 했었죠."

"맞아요. 그리고 선생님도 그것을 믿지 않는다고 하셨죠."

그녀가 어깨를 으쓱하며 미소를 지었다.

"거짓말하신 건가요? 이걸 기적이라고 부르시나요, 선생님?"

"나는 이걸 뭐라고도 부르고 있지 않아요." 그녀가 대답했다.

"그러면 제가 놓치고 있는 게 뭔가요?"

닥터 포스터가 문에 멈춰 서서 말했다. "그는 자기 눈을 만져 시력을 회복시켜 준 그분이 하나님이었다고 말했어요."

브루클린이 놀라서 다시 말문이 막혔다.

데본이 말했다. "그런 치료법은 어떤 의학서에서도 찾지 못할 거예요. 하지만, 그런 기적을 보여주는 책을 하나 생각할 수는 있어요."

맞아. 브루클린이 속으로 생각했다. "무슨 말씀을 하시는 거죠, 닥터 포스터? 진짜 기적이라는 건가요? 제가 이에 관한 기사를 쓰면, 선생님의 그 말씀을 인용해도 될까요?"

데본이 싱긋 웃었다. "내년 여름 마서스비니어드섬에서 열리는 칵테일 파티에 가서 무신론자 친구들에게 놀림 받고 싶지는 않네요. 그러니, 안 돼요. 내 말을 인용하면 안 돼요."

의사가 문을 열자, 브루클린이 말했다. "제가 한 가지 더 부탁드려도 될까요?"

그녀가 쓴웃음을 지으며 대답했다. "부탁이 꽤 많군요."

"그 사람과 얘기 좀 해야겠어요. 전화번호나 주소 가지고 계시나요?"

데본이 과장되게 한숨을 내쉬고는 주머니에서 휴대폰을 꺼냈다. 그녀가 화면을 움직이더니 문자를 보내기 시작했다.

"그 사람이 당신을 만나고 싶어 하는지 물어보고 있어요." 잠시 후 그녀의 전화기 신호가 울렸다. 그녀가 그것을 들어 올려 브루클린이 화면을 볼 수 있게 하였다. 그것은 행복한 얼굴의 이모티콘과 보스턴의 주소였다. 브루클린이 그것을 그녀의 노트북에 적어넣었다.

둘이 대기실을 향해 복도를 걸어 내려가면서, 브루클린이 말했다. "질문 하나 더 해도 될까요?"

그녀가 대답했다. "정말 욕심이 많군요."

"알아요. 그러나 의학적으로 설명이 안 된다면, 여기서 무언가 신적인 일이 일어났을 수 있나요?"

"그 말에는 대답하기가 두렵군요."

"왜죠?"

데본이 그녀를 보고 웃었다. "그 노래 기억나요? 우리 중 한 사람이 하나님이라면 어땠을까."

"그럼요. 조앤 오스본. 몇 년 전에 크게 히트했잖아요."

"맞아요. 그 가사 중에, '하나님을 믿는다면, 천국과 지옥, 예수님과 선지자들도 모두 믿어야 한다.'라는 내용이 있어요."

브루클린이 그녀의 말에 담긴 의미를 곰곰이 생각했다. "선생님은 과학자시죠?"

"예."

"그래서 모든 일은 설명이 가능하다고 생각하시죠?"

데본이 대답했다. "언제나 그렇게 생각했죠."

"하지만, 이번 경우는요?"

긴 침묵이 있었다. "까놓고 말할까요?" 데본이 물었다.

"물론이죠."

의사가 말했다. "무서워요."

"왜요?"

그녀가 대답했다. "만일 그게 사실이면 어쩌죠?"

브루클린이 그 질문을 곰곰이 생각하며 잠시 멈췄다.

데본이 그녀와 눈을 마주쳤다. "솔직해지자고요. 우리 행동에 대한 대가가 없다면 인생은 훨씬 더 살기 쉽잖아요. *심판의 날이 없다면* 말이죠."

브루클린이 말했다. "그러나 만일 하나님이 계신다면… "

데본이 억지로 웃으며 말했다. "바로 그거예요."

"솔직하게 말씀해 주셔서 감사해요, 닥터 포스터."

"천만에요."

브루클린이 대기실 문에서 잠시 멈춰 섰다.

의사가 물었다. "뭐 다른 거 있나요?"

"아니에요." 브루클린이 웃으며 말했다. "그냥 생각해 봤어요.

의사인 선생님이나 기자인 저나 직업상 온갖 끔찍한 일들을 보는데… 어쩌면 요즘 세상에는 기적도 좀 있어야 하지 않을까요."

닥터 포스터가 브루클린과 악수를 했다. "그 말에는 아멘이에요."

제11장

그는 평온하였다

워번에 있는 파이퍼의 집에서 글로스터까지는 차로 멀지 않았다. 에드워드가 파이퍼에게 안나 기독초등학교의 주소를 주고, 함께 출발했다. 차의 스피커에서 아델이 가슴 아픔에 대해 노래하고 있을 때, 파이퍼는 에드워드가 말없이 창밖의 아름다운 단풍을 응시하고 있는 것을 보았다.

그는 평온해. 늘 평온해. 어떻게 그렇게 아무 걱정이 없는 듯 인생을 유유자적할 수 있는지, 나는 상상도 할 수 없어. 그는 어떻게 그러는 걸까? 그 비결이 뭘까? 그녀는 궁금했다.

폴의 죽음에 대한 분노, 어린 나이에 어머니를 잃은 것—인생은 그녀에게 유난히 가혹했다. 천장을 노려보며 "왜?"라고 묻던 잠 못 이루는 수많은 밤이 있었다. 그 같은 평온함으로 이르는 길이 있다면, 파이퍼는 오래전에 그 길을 잃어버렸다. 어쩌면 그녀가 그 길을 다시 찾는 데 에드워드가 도움을 줄 수 있을지도 모르겠다.

한 시간 후 그들은 목적지에 도착하여 밤나무 그늘 밑에 주차를 하였다. 교문에서는 떨어져 있었지만, 눈에 보일 정도로 가까웠다. "여기네요," 파이퍼가 말했다. "안나 초등학교."

에드워드가 긴 붉은 벽돌 건물을 바라보았다. "곧 나올 거예요."

"누가요?"

때마침, 학교 종이 울리고, 두 짝 문이 활짝 열렸다. 교복을 입은 수십 명의 아이들이 운동장으로 달려 나왔다.

그네와 미끄럼틀 옆의 아스팔트 바닥에는 누군가 하얀 분필로 안쪽에 숫자가 적힌 네모 칸들을 그려놓았다. 아이들이 이 칸에서 저 칸으로 건너뛰는 것을 파이퍼가 지켜보았다. "사방치기? 아이들이 아직도 저 놀이를 하는 줄 몰랐네."

에드워드가 한 무리의 여자아이들 쪽을 가리켰다. "저기 갈색 머리 어린 소녀 보여요? 참을성 있게 자기 차례를 기다리고 있죠?"

파이퍼가 그 아이를 찾아냈다. "그 아이가 왜요?"

"그 아이는 마야예요. 당신 오빠는 지금 그 아이가 살아있는 이유예요."

그 말이 벼락 치듯 파이퍼를 때렸다.

도대체 뭔 소리를 하는 거야? 폴은 저 아이가 태어나기도 전에

죽었는데.

에드워드가 말했다. "저 아이의 목을 봐요, 왼쪽이요."

"왜요?"

"자세히 보세요. 잘 안 보이지만, 있어요."

"무슨 말이에요? 오빠가 저 아이의 살아 있는 이유라니—"

"보라니까요," 에드워드가 말했다.

파이퍼가 일곱, 여덟 살도 안 된 어린 소녀에게 눈을 고정시켰다. 그 아이는 반짝이는 검은색 구두를 신고, 흰색 상의에 파란색 스커트를 입고 있었다. 그녀가 아이의 목을 자세히 쳐다보았다.

"보이나요?"

"아니요."

바로 그때, 산들바람이 불어와 어린 소녀의 얼굴을 가리고 있던 머리카락을 들어 올려 목선이 드러나게 하였다.

"뭔가 보이는데 분간할 수가 없어요, 에드워드."

"흉터예요. 턱에서 목까지 이어져 있죠," 그가 말했다.

"그래서요. 그게 폴과 무슨 상관이 있다는 거죠?"

에드워드가 주머니에서 하얀 쪽지를 꺼냈다. "이 주소로 가봐요."

"먼저 내 질문에 답해 줄 수 있어요?"

"나 믿을 수 있어요?" 그가 대답했다. 그의 표정은 차분했다. 평소처럼. "약속할게요. 그곳에 가보면 모든 답이 있어요."

"있잖아요, 에드워드. 나도 당신에게 잘하려고 노력했어요. 그런데—"

"서두르지 않으면 그 사람을 놓쳐요."

"누구요?" 그녀가 물었다. "이제 그만 숨기고요."

에드워드가 그녀의 손에 들린 쪽지를 가리켰다. 파이퍼가 한숨을 내쉬며, 주소를 GPS에 입력하고, 3마일 떨어진 목적지로 차를 몰았다. 그곳은 전면에 글로스터 아이스링크라는 간판이 붙은 커다란 타원형 건물이었다.

에드워드가 먼저 차에서 내렸다. "안에 들어가면 모든 답이 있어요."

하지만 정문은 잠겨 있었고, 창문에 붙은 스티커엔 스케이트장이 몇 시간 후에 열릴 거라고 적혀 있었다.

"헛수고했네." 파이퍼가 말했다. 그녀는 온다고 하지 말 걸 그랬다고 생각했다.

"믿음이 적은 자여." 에드워드가 싱긋 웃으며 말했다. "따라와요." 그가 건물 옆으로 돌아갔고, 파이퍼는 마지못해 뒤따라갔다. 하얀색 큰 돌을 괴어 열어놓은 녹슨 철문이 있었다. 안쪽에서 로큰롤 음악이 쾅쾅 울렸다.

둘이 힘껏 당기자, 문이 마치 노인이 의자에서 일어나는 것처럼 삐걱거리며 열렸다.

곧바로 "Carry On Wayward Son"(계속 나아가렴, 방황하는

아들아) 라는 노래가 귓속을 가득 채웠다. "지금 해야 할 일에 딱 맞는 노래군요." 에드워드가 미소를 지으며 말했다.

파이퍼가 고개를 저었다. 링크 위에서 한 남자가 잠보니(정빙기)를 몰며 빙판을 청소하고 있었다. 그가 방향을 돌릴 때, 그녀는 그의 얼굴을 언뜻 보았다. 멀리서 봐도 잘생긴 것을 알 수 있었다.

예상치 못한 손님들을 발견한 그가 기계를 멈추고, 작은 리모컨을 들어 음악을 껐다. "링크는 안 열었어요." 그가 외쳤다.

"알아요." 에드워드가 맞받아 외쳤다. "우리는 스케이트 타러 온 게 아니에요."

이십대의 남자는 잠보니에서 내려와 조심스럽게 빙판 위를 미끄러지듯 지나 작은 문으로 가서 링크 밖으로 나왔다. "뭘 도와드릴까요?" 그가 계단을 한 번에 두 개씩 뛰어 올라오며 물었다.

그가 그들 앞에 오자마자, 파이퍼는 그가 놀란 듯 재차 쳐다보는 것을 알아챘다. 사람들은 종종 그녀가 매력적이라고 말했지만, 그녀는 그렇게 주목받는 것을 좋아하지 않았다. 그래서 그녀는 일부러 화장과 옷차림을 수수하게 했다. 그녀는 늑대들로부터 자신을 지키는 데는 항상 헐렁한 옷이 더 낫다고 생각했다. 그러나 그녀가 애써 노력했음에도 불구하고, 이 젊은 남자는 그녀가 감추고 있는 것을 꿰뚫어 보는 듯했다. 그가 아무 말 없이, 그녀를 쳐다보았다.

파이퍼는 주목받는 것이 쑥스러워 눈을 내리깔았다. 그러다가 스스로 놀라서, 고개를 들어 그를 다시 쳐다보았다. 그는 짙은 머리카락에 밝은 푸른색 눈, 그리고 현장 노동자의 탄탄한 몸을 가지고 있었다. 갈색 부츠에 낡은 청바지, 그리고 칼하트 재킷(작업복)을 걸친 그는 그녀의 아버지가 말하는 *사내다운 사내*였다. 보나 마나 그의 손에는 굳은살이 박혀 있을 터였다.

에드워드가 말했다. "나는 물러날 테니 둘이 얘기하세요."

파이퍼가 그를 향해 돌아섰다. "무슨 얘기요? 우린 서로 알지도 못해요."

잠보니에서 온 남자가 물었다. "무슨 일입니까, 선생님?"

에드워드가 미소를 지었다. "선생님? 매우 공손하군요. 그거 군대에서 배웠군요." 그가 파이퍼를 돌아보았다. "그에게 당신이 누군지 말해요, 그리고 학교에서 내가 당신에게 무얼 보여주었는지 말해요." 그가 걸어 나가기 시작했다. "바로 바깥에 있을게요." 그가 어깨너머로 외쳤다. 그러고는 그들이 방금 들어온 문 뒤로 사라졌다.

그 잘생긴 낯선 남자가 그녀에게 손짓으로 앉으라고 했고, 그가 둘 사이에 빈자리 하나를 남겨두고 앉았다. "그래서요? 누구신가요?" 그가 공손히 물었다.

파이퍼가 닫힌 문 쪽을 바라보았다. 에드워드에게서는 아무 신호도 없었다.

그가 왜 나를 여기 데려왔지? 이게 무슨 일이야?

"미스?" 그가 말했다. "무례하게 굴려는 게 아니라, 할 일이 있어서요."

"제가 일을 못 하게 하고 있나요? 죄송해요."

"괜찮아요. 하지만 사람들이 뭐라고 하는지 알아요?"

파이퍼가 그의 얼굴을 유심히 보며 말했다. "아니요, 몰라요. 뭐라고 하는데요?

그가 환한 미소를 보냈다. "빨리 시작할수록 빨리 끝낼 수 있다."

파이퍼가 웃었다. "그거 좋네요."

그가 다시 시작했다. "당신 이름으로 시작하는 게 어때요?"

"예?" 그녀는 얼굴이 붉어지는 것을 느꼈다.

"이름은 가지고 있잖아요, 그렇죠?"

파이퍼가 킥킥 웃었다. 그녀는 킥킥 웃어본 적이 없었다.

나 지금 시시덕거리고 있는 거야? 말도 안 돼, 있을 수 없어. 저 잘생긴 남자한테 어서 대답해. 어머, 내가 방금 그를 잘생겼다고 한 거야?

"파이퍼, 파이퍼 매튜스." 그녀가 간신히 대답했다.

"이곳 사람인가요? 글로스터에서 왔냐는 말이에요."

"아니에요. 저는 보스턴 외곽의 작은 마을, 워번에서 왔어요."

그의 얼굴이 얼어붙었다.

"*파이퍼 매튜스?*"

"예."

"매튜스?"

"예."

"워번에서 온?"

"맞아요."

그는 눈에 띄게 목이 메고, 입술이 떨리기 시작하였다.

"괜찮아요?" 파이퍼가 물었다.

그가 잠시 바닥을 응시하였다. 그가 눈을 들었을 때는 눈물에 젖어 있었다. "오빠가 폴이었고, 해병대원이었죠?"

그녀는 숨이 턱 막혔다. "그걸 어떻게 알아요?"

"아프가니스탄에서 죽었죠?"

그녀가 대답할 필요는 없었다. 그녀의 얼굴에 북받치는 슬픔이 그것을 확인해 주고 있었다.

"내 이름은 루크 딜레이니에요. 파이퍼. 오빠가 내 생명을 구해줬어요."

그녀는 방금 들은 말을 이해하려고 애쓰며, 아무 말도 할 수 없었다. 마침내 그녀가 얘기했다. "언제요? 어떻게요?"

루크가 말했다. "오빠와 나는 투(2) 에잇(8)에서 만났어요."

"투 에잇?"

"미안해요. 노스캐롤라이나 르쥰 캠프 제8해병연대 제2대대. 우리는 기초 훈련에서 만났고, 아프가니스탄에 배치되었어요."

파이퍼가 잠시 생각했다. "잠깐요. 당신 이름이 루크 딜레이니. L.D. 오빠가 당신을 L.D.라고 불렀나요?"

그가 미소를 지었다. "예, 사람들이 모두 나를 L.D.라고 불렀죠. 오빠는 내 가장 친한 친구였어요."

"오빠가 이메일에 당신에 관해 썼어요." 파이퍼가 말했다. "전화할 때도 당신에 대해 말했고요."

루크가 다시 미소를 지었다. "예, 우리 가족들도 모두 내게서 당신 오빠에 대해 들었어요."

파이퍼가 의자에서 자세를 고쳐 앉았다. "오빠가 당신의 생명을 구했다는 게 무슨 말이에요?"

"무슨 일이 있었는지 몰라요?"

"아니요. 정부가 우리에게 말해준 게 다였고, 그것도 많지 않았어요."

그가 천천히 고개를 저었다. "우리는 아프가니스탄에서 인도적 임무를 수행하고 있었어요. 누사이 마을에 가려는 의료진을 호위하는 임무였죠. 도로를 따라 두 대의 험비 차량이 엄호를 하고 있었는데, 그 도로는 사실 염소나 다니는 길에 가까웠어요." 그가 마치 나쁜 기억이 되살아나는 듯 표정이 변하면서 잠시 멈췄다.

"우리가 IED에 맞았어요." 그가 말했다. "급조폭발물(사제폭탄)." 그의 이마에 땀방울이 맺히기 시작했다. "첫 번째 차량에 타고 있던 사람들은 그 순간에 사라졌어요. 우리 차량은 뒤집혀서 세 명이 부상을 입었어요. 당신 오빠도 그 중 하나였죠."

파이퍼가 숨을 깊게 들이쉬고 내쉬며 마음을 다잡으려 애썼다.

"미안해요. 우리가 이런 이야기까지 할 필요는 없는데."

"아니에요. 해주세요. 알고 싶어요."

루크가 그녀의 손을 가볍게 만졌다. "당신 오빠는 오른쪽 어깨와 옆구리에 파편을 맞았지만 조금은 움직일 수 있었어요."

"그래서요." 그녀가 자세한 이야기를 들으려고 마음을 다잡았다.

"매복 공격이었어요. 우선은 IED, 그 다음엔 10여 명의 탈레반이 남은 사람들을 해치우려고 언덕을 넘어왔어요."

"그러고 나서 무슨 일이 있었죠?" 파이퍼가 재촉했다.

"폴이 50구경 M2 기관총을 집어 들어 전복된 우리 트럭 옆에 설치했어요. 나는 뇌진탕으로 누워 있었는데, 귀가 윙윙거리고 연기가 자욱했어요. 나는 무슨 일이 일어나고 있는지 알 수가 없었어요. 그때 폴이 외쳤어요. '루크!' 그 말이 나를 흔들어 깨웠어요. 왜냐하면 폴이 내 이름을 그렇게 부른 적이 결코 없었거든요."

파이퍼가 한마디도 놓치지 않고 듣고 있었다.

"그가 말했어요. '루크, 부상자들을 의료진 트럭에 싣고 돌아가. 내가 저놈들을 막을게.'"

루크가 두 손을 움켜쥐었다. "나는 그의 곁을 도저히 떠날 수가 없었지만, 폴의 그 표정. 세상에, 그는 정말 용감했어요."

파이퍼가 눈물을 삼켰다. "맞아요. 오빠는 그랬어요. 언제나."

루크가 말했다. "그 순간 그의 표정은— "

파이퍼가 손을 그의 손 위에 얹었다. "말해줘요."

"미친 소리 같겠지만, 파이퍼, 나는 그의 눈빛에서 그가 나를 사랑한다는 것, 그리고 내가 가서 다른 사람들을 구해주기를 바란다는 것을 알 수 있었어요." 그가 잠시 멈췄다. "나는 그의 말대로 했고, 우리는 위험으로부터 급히 빠져나왔어요. 빠져나오는 내내 오빠가 기관총을 쏘며 놈들을 막고 있는 소리를 들었어요."

"해병대가 당신에게 이건 말해주지 않았겠지만, 폴은 총알을 여섯 발이나 맞았어요. 그러고 나서… "

그녀가 말했다. "죽었군요."

"우리가 그를 데리러 돌아갔을 때" 그가 목멘 목소리로 말했다. "폴은 험비 차량 앞에 눈을 감고 바닥에 앉아 있었어요. 나는 그가 정말 자는 줄 알았어요."

그녀의 눈이 눈물로 충혈되었다. "오빠가 고통스러웠을까요?" 그녀가 물었다.

그가 고개를 저었다. "문제는 그거예요. 당신 오빠는 농담하려고 할 때나 좋은 기억이 생각났을 때 짓곤 하던 그런 미소를 짓고 있었어요."

그녀는 그것을 알 수 있었다. 그 미소를 모두가 좋아했었다. "그 미소 나도 잘 알아요."

"그의 표정이 그랬어요, 파이퍼, 그가 마지막 숨을 들이쉴 때, 무슨 생각이 스쳐 지나갔는지, 그는 평온했던 것 같아요."

그녀가 눈물을 닦아냈다.

루크가 말했다. "내가 당신에게 이건 분명히 말할게요. 그는 그날 열두 명의 생명을 구해냈어요. 나를 포함해서요."

파이퍼는 아이스링크의 한기를 느끼기 시작했고, 열을 내려고 손을 조금 비볐다. 루크가 곧바로 두꺼운 재킷을 벗어서 그녀의 어깨에 부드럽게 감싸주었다.

"고마워요."

어색한 침묵이 흐른 후에 그가 물었다. "어떻게 나를 찾았는지 물어봐도 될까요?"

파이퍼가 문 쪽을 가리켰다. "나랑 함께 온 사람, 에드워드요. 그 사람이 여기로 날 데려왔어요."

"나는 그 사람 모르는데."

파이퍼가 피식 웃었다. "나도요, 사실은 몰라요."

"왜 그 사람이 당신을 여기 데려왔을까요?"

그녀가 잠시 생각하더니, 말했다. "아마도 오빠가 영웅으로 죽었다는 걸 알게 하고 싶었던 것 같아요." 그녀가 시계를 힐끔 훔쳐보더니, 빙판을 내려다보았다. "이런, 할 일이 있으실 텐데, 내가 시간을 너무 뺏었어요."

그가 말했다. "천만에요."

"만나서 정말 반가웠어요, 루크. 내게 그 이야기를 해주셔서 정말 감사해요. 그 이야기를 들은 것이 제게는 큰 도움이 되었어요."

그녀가 막 일어서려는데, 그가 말했다. "잠깐만요. 그 사람이 내게 물어보라고 했던 게 또 뭐 있었죠? 학교에 대한 어떤 것?"

"아, 맞아요! 그 사람이 요 근처 학교에 다니는 어린 소녀에 대해 물어보라고 했어요. 마야라고."

"마야 파탈? 안나 초등학교에 다니는 여덟 살쯤 된 아이?"

파이퍼의 얼굴이 밝아졌다. "맞아요! 그 사람이 나를 그 학교에 데려갔는데, 아이들이 놀려고 나왔어요. 어떤 이유인지, 그 사람이 그 아이 목에 난 상처를 보라고 했죠."

루크가 마치 귀신을 본 것 같은 표정을 지었다. "이게 무슨 일이죠?"

"무슨 말이에요."

"마야의 목." 루크가 말했다. "그 일, 바로 여기서 일어났어요. 지난 1월에요."

"무슨 말이에요, 일어나다니요?"

그가 아이스링크를 가리켰다. "일요일마다 무료 스케이트 시간이 있는데, 그 아이가 여기에 가족들과 함께 스케이트를 배우러 왔었죠. 그 아이가 미끄러지지 않도록 주황색 콘을 이리저리 밀며 스케이트를 타다가 그거 없이 타보겠다고 했어요."

그가 주저하자 파이퍼가 물었다. "무슨 일이 일어났나요?"

"그 아이가 넘어졌어요. 그러자 옆에서 스케이트를 타던 남자 아이가 걸려 넘어지면서 그의 스케이트 날이 마야의 목 옆을 쳤어요. 백만 번에 한 번 일어나는 사고였죠."

"맙소사." 파이퍼가 중얼거렸다.

"끔찍했어요." 루크가 말했다. "경정맥이 손상되었거든요."

파이퍼는 그 장면을 생각하지 않으려고 애썼다. "나는 보통 일요일에는 안 나오는데, 서류 작업 때문에 저 위층 사무실에 있었어요." 그가 위에 있는 문을 가리켰다. "나는 EMT(응급구조원)는 아니지만, 아프가니스탄에서 전장 응급처치 훈련을 받았어요. 그래서 재빨리 그 아이에게 가서 티셔츠로 열린 정맥 주위를 묶어줄 수 있었죠."

전에 에드워드가 했던 말이 이제 파이퍼의 머릿속에서 울리고 있었다. 그는 그녀에게 폴의 생명과 희생이 헛되지 않았다고 이야기했었다. 그녀는 부끄러움을 느꼈다.

"괜찮아요?" 루크가 물었다.

"그동안 내내 그에게 화가 나 있었어요."

"누구요?"

파이퍼가 천장을 올려다보았다. "어리석어. 정말 어리석어."

"무슨 말인지 모르겠네요." 그가 말했다.

그녀가 뒤에 에드워드가 서 있을 것 같은 닫힌 문 쪽을 흘낏 보았다. "그 사람이 왜 나를 글로스터에 데려왔는지 이제 알겠네요."

그녀가 손을 뻗어 부드럽게 루크의 손을 감쌌다. "폴이 당신을 구해줘서 당신이 그 어린 소녀를 구할 수 있었네요."

루크가 그들의 감싸 쥔 손을 응시했다. "나는 두 사건을 연결시켜 생각한 적이 없는데, 당신 말이 맞는 것 같네요."

"아니요, 그건 분명해요. 만일 당신이 전쟁에서 돌아오지 못했다면… "

그가 그녀의 생각을 마무리했다. "마야는 여기 없겠죠."

아이스링크의 옆문이 열리며, 에드워드가 다정한 얼굴로 들여다보았다. "이제 이해하는군요." 그가 말했다.

파이퍼가 루크의 손을 놓았다. "당신은 누구죠, 에드워드? 정말로요?"

그 목수의 아들은 가지런히 다듬어진 턱수염을 쓰다듬으며 말했다. "곧 알게 될 거예요." 그가 두 사람을 보며 미소를 지었다. "차에서 기다릴게요."

파이퍼는 루크가 빌려줬던 재킷을 벗었다. "정말 고마워요, 루크. 모든 것에 대해서요."

그가 재킷을 의자 위로 던지고, 파이퍼를 따뜻하게 꼭 안아 주었다. "그건 폴이 해준 거예요." 그가 그녀의 귀에 속삭였다.

그녀가 속삭이며 대답했다. "당신이 나를 또 울게 하네요."

그가 포옹을 풀고, 그녀의 뺨에서 눈물을 닦아주었다. "당신 전화번호를 받을 수 있을까요? 오빠에 대해 좀 더 이야기하고 싶을 경우를 대비해서. 좋은 기억들 말이에요."

파이퍼는 얼굴이 붉어지는 걸 느꼈다. "좋아요."

그녀가 가려고 돌아서자, 루크가 불쑥 말했다. "뭐 좀 말해도 될까요? 나를 이상하게 생각하진 마시고요."

"물론이에요."

그가 말했다. "당신 아름다워요."

파이퍼는 다시 얼굴이 붉어졌다. "나도 당신… 글로스터까지 만나러 올 만하다고 생각해요."

그녀가 문을 향해 가면서 든 생각은 한 가지뿐이었다.

그에게 키스를 했어야 했어.

밖에서 에드워드를 만나자, 그가 천진난만한 미소를 지었다.

그녀가 물었다. "왜요?"

"그에게 키스를 했어야 했어요."

제12장

용서할 때

닥터 포스터를 만나고 응급진료소를 떠난 지 삼십 분 후, 브루클린이 보스턴의 퍼블릭 앨리 111번지 앞에 차를 세웠다.

여기가 맞나? 거리 이름이 '퍼블릭 앨리'보스턴다운 지명이군.

그녀가 그 생각에 미소를 지으며, 차에서 내렸다. 그녀가 찾던 남자는 이미 건물 앞 계단에 앉아 책을 읽고 있었다.

"스튜어트 필립스?"

그가 표지가 두꺼운 책에서 고개를 들어 그녀를 바라보았다. "딱 걸렸군요."

"무슨 책을 읽고 계세요?"

스튜가 책을 들어 표지를 보여주었다.

그녀가 그것을 큰 소리로 읽었다. "데이비드 맥컬러프의 『개척자들』, 좋은 책인가요?"

"아주 좋아요. 이 사람이 존 애덤스에 관한 HBO(케이블 방송 채널) 시리즈를 만들었어요. 내 짐작에, 당신은 그 의사가 문자로 말한 브루클린 기자인 것 같은데?"

"예. 저예요."

스튜가 책을 탁 닫으며 웃었다. "당신 알아요."

"아신다고요?"

"그럼요. 사과 과수원. 당신이 얼마 전에 떨어진 사람이죠?"

"좋아요." 브루클린이 말했다. "그리고 다른 곳에서는요, 나를 아세요?"

스튜가 대답했다. "먼저 눈을 감아야겠네요." 그가 눈을 감았다. "자, 여기요, 선생님이라고 말해보세요."

"이해가 안 되네요."

그가 다시 눈을 떴다. "내 말대로 해보세요. 여기요, 선생님이라고 말하세요."

그가 다시 눈을 감자, 브루클린이 속으로 웃고는 그대로 말했다.

스튜가 눈을 떴다. "그게 당신이 퀸시 마켓에서 내 연필을 살 때 늘 하던 말이었어요."

"제 목소리를 알아들으세요?"

"어둠 속에 살면" 그가 말했다. "다른 감각이 예민하게 발달해요."

브루클린이 말했다. "그래서 과수원에서… "

그가 고개를 끄덕였다. "그 모든 소동이 일어났을 때, 걸어가다가 당신이 가족들과 얘기하는 것을 들었어요."

"갑자기 그 목소리에 맞는 얼굴을 찾았군요." 브루클린이 말했다.

"정답! 당신이 다치지 않아서 기뻐요."

"저도요. 앉아도 될까요?"

"물론이죠. 스튜라고 불러요."

그녀가 베이지색 돌계단에 앉았다.

"그런데, 글로브의 기자가 왜 나를 찾고 있는 거죠?"

그녀가 머뭇거렸다. "그게… "

"그 의사가 얼마나 얘기해 주던가요?" 그가 물었다.

"많이는 아니고요. 단지 당신이 시력이 있었는데, 사고로 잃었고, 그러다가 되찾았다는 정도였어요."

"내가 한때 아내가 있던 엔지니어였다는 말은 하던가요?"

"예."

"내가 중요했던 모든 것을 잃었다는 말은 하던가요?"

브루클린이 말했다. "대충요. 그 의사가 HIPAA… 그 규정 때문에 조심스러워하고 있었어요."

스튜가 책을 옆에 내려놓았다. "허리를 다치고, 마약성 진통제에 중독됐어요. 어느 날, 작업 현장에서 약에 취해 있다가 기계 세

팅을 하는데 실수를 저질렀어요." 그가 먼 곳을 바라보았다.

"얘기하고 싶지 않으면, 안 해도 돼요." 브루클린이 말했다.

"아니요. 내 사연을 이해하려면, 이 얘기를 들어야 해요."

그녀는 그가 계속하기를 참을성 있게 기다렸다.

그가 이마를 천천히 문질렀다. "내 불찰 때문에 밸브 하나가 터져서 두 명이 다쳤는데, 한 명은 꽤 심했어요."

"당신은요?"

"내가 가장 심했어요. 머리를 맞아서 뇌 손상을 입었고, *외상성 시신경 병증*이라는 것이 생겼어요."

"쉽게 말하면요?" 그녀가 물었다.

"시신경이 너무 심하게 손상되어 남은 삶은 눈이 멀게 될 거라는 거였죠."

"그래서 그때 시각장애인이었던 거군요?"

"그래요."

브루클린이 다음에는 무엇을 물어볼지를 궁리하였다. "그 의사가 말하기를, 당신이 '*한동안 사라졌다*', 이게 그녀의 정확한 말이었던 것 같은데요."

"교도소." 스튜가 대답했다. "과실죄로 카운티 교도소에서 1년 있었어요. 형을 더 받아야 했지만, 눈이 멀었다고 불쌍히 여겨준 거죠."

"그리고 나왔을 때는?"

"아내, 직업, 삶, 집, 모두 사라졌죠."

"정말 안됐어요, 스튜어트."

"고마워요. 그런데 스튜라고 불러줘요." 그가 그녀를 보고 미소를 지었다. "당신은 늘 나한테 친절했어요. 연필이 얼마나 팔렸는지 물어봐 주고, 분명히 필요 없었을 텐데, 가끔 한 개 1달러에 사주기도 했죠."

"기억나요." 그녀가 잠시 멈췄다. "그래서 그 핵심적인 의문을 제기하게 되네요."

"내가 그때 눈이 멀었다면서, 지금은 어떻게 볼 수 있느냐?"

그들 머리 위의 전깃줄에 앉은 작고 검은 까마귀 한 마리가 깍깍거리며 소란을 피우기 시작했다. 두 사람이 함께 위를 올려다보았다.

스튜가 말했다. "저 새가 당신이 결코 안 믿을 테니, 진실을 말하지 말라고 하는 것 같네요."

"여기가 하나님이 나오는 부분인가요?" 브루클린이 되물었다. "강물과 기적에 관한 환상적인 이야기."

"당신은 기적을 믿지 않나요?"

"당신이 그 의사한테 말한 식의 기적은 믿지 않아요."

"그게 무슨 뜻인지 모르겠군요." 그가 말했다.

브루클린이 계단 위에서 자세를 바꿔 그를 마주 보았다.

"딸 에비가 태어났던 날, 내가 처음으로 그 애 얼굴을 봤을 때,

그것은 기적이었어요. 2004년 레드삭스가 월드시리즈에서 88년 만에 우승했을 때, 보스턴 사람들 누구나 그것은 기적이라고 말했죠. 하지만 이것은… "

스튜가 피식 웃었다. "그러니까, 당신 말은 하나님이 날 고쳐주신 것보다 레드삭스가 카디널스에 4전 전승을 거둔 게 더 그럴싸한 얘기라는 거죠?"

"내 말이 틀렸나요?" 그녀가 되물었다.

그가 어깨를 으쓱했다. "먼저 한 질문에는 아직 답을 안 했어요. 글로브 기자가 내게 뭘 원하죠?"

단도직입적인 질문이었다. 그녀도 단도직입적으로 대답했다. "신문에 사기꾼들에 관한 연재 기사를 쓰려고 하고 있어요. 제가 팁을 받으려고 바이올린을 연주하는 척하는 부녀 2인조를 폭로했어요."

"아, 예." 그가 말했다. "이제 알았어요. 당신은 광장에서 가짜 시각장애인의 정체를 밝혀내려고 생각했죠."

그녀는 그가 비난하거나 방어적으로 나오는 것 같지 않아서 놀랐다. "솔직히, 저도 이제는 무슨 기사를 쓰고 있는 건지 모르겠어요. 중독, 사고, 감옥, 시력 상실… 그런 건 거의 다 믿겠어요. 그런데… "

스튜가 고개를 끄덕였다. "하지만 기적 부분은 못 믿겠다는 거죠."

"예," 브루클린이 말했다. "제가 마법의 콩에 관한 잭과 콩나무 이야기를 가지고 편집장에게 갈 수는 없잖아요. 그가 웃으면서 저를 사무실에서 쫓아낼 거예요."

"그럼, 당신은 하나님을 믿지 않요?" 스튜가 직설적으로 물었다.

그녀가 이마를 문지르며, 그를 기분 상하게 하지 않을 대답을 찾아보았다. "제가 뭘 모르고 있는지 모르겠어요." 그녀가 말했다. "하지만 만약 하나님이 계신다면, 그분이 전쟁과 기근과 소아암에 관해서는 설명을 좀 하셔야 하지 않나요, 안 그래요?"

"이해해요," 스튜가 대답했다. "그리고 나도 동의해요."

브루클린이 속으로 생각했다. *그가 이해하고 있는 것 같아. 대단히 합리적이고 정상적이야.* 그녀가 상상했던, 기적에 대해 떠들며 도시를 배회하는 그런 타입은 아니었다.

"시력을 되찾을 때 이야기를 해볼까요."

"좋아요."

"당신은 하나님이 고쳐주셨다고 한다면서요?"

"실제로는 예수님이죠. 하지만 같은 분이에요."

"방금 제가 말했던 참혹한 일들에 대해, 그리고 그분이 만든 세상이 왜 이리 끔찍한지에 대해서 예수님한테 물어보지는 않았겠지요?"

스튜가 그녀의 신랄한 말투에 맞춰 대답했다. "아니요. 나는 감사하느라 너무 바빴어요." 그가 일어섰다. "당신이 웃기는 게 뭔지 알아요?"

"아니요. 말해보세요."

"당신은 신앙을 가진 사람들에 대한 편견 때문에 이미 이 기사를 쓰지 않겠다고 결심하고 있어요."

"오, 제발요. 그렇지 않아요."

"그러면 그 얘기를 묵살하기 전에, 정확히 무슨 일이 일어났는지 내 말을 들어보는 것이 어때요?"

브루클린이 그의 눈을 진지하게 쳐다보았다. "예, 알았어요." 그녀가 옆의 계단을 가볍게 치면서 그에게 다시 앉을 것을 청했다. "미안해요. 들어볼게요."

그가 잠시 그녀의 얼굴을 유심히 보더니, 앉았다. "*내가 시각장애인이던 어느 날, 내가 늘 하던 곳에서 연필을 팔고 있는데, 늦은 시간이었어요. 몇 사람이 다가오더니 돈을 요구했어요.*"

"몇 명이요?" 그녀가 물었다.

"목소리로 보아 적어도 넷은 됐어요. 나는 그들을 설득하려고 했어요. 그들에게 반만 가져가고 먹을 것은 남겨달라고 말했죠."

"그들이 어떻게 했나요?"

"나를 때렸어요." 그가 말했다. "사방에서 한꺼번에 달려들어 나를 땅바닥에 쓰러뜨렸어요. 그들이 모두 다 가져갔고, 연필도 부러뜨렸어요. 그들이 떠나면서 한 놈이 내 얼굴을 발로 찼어요."

그녀는 돌바닥에 부상을 입고 쓰러져 있는 그의 모습을 그려보았다. "정말 안타깝네요."

"나는 족히 10분은 그곳에 누워 있었어요. 입안에 고인 피를 삼키지 않으려고 애쓰면서 말이죠. 그때 누가 손을 뻗어 내 팔꿈치를 잡았어요. 나는 '당신이 때리거나 뺏으려고 내게 왔다면 늦었어요.'라고 말했어요." 그가 브루클린을 쳐다보았다. "어둠 속에서 이런 목소리가 들렸어요. '나는 너를 해치러 온 게 아니다. 너를 고치러 왔다. 하지만 먼저 한 가지 질문에 대답해야 한다.'"

"어떤 질문이었나요?" 그녀가 물었다.

"그분이 나를 앉게 도와주고, 내 어깨에 손을 얹더니 물었어요. '네가 낫기를 원하느냐?' 내 말은, 내가 여기 빈털터리에 망가지고 피 흘리며 끝없는 어둠 속에서 살고 있는데, 그분이 그런 질문을 했다는 거예요."

"그래서 어떻게 하셨어요?"

스튜가 억지로 웃음을 지었다. "내가 입가의 피를 닦으며 말했죠. '놀리러 오셨다면 제발 그냥 가 주세요.'"

"그 사람, 가지 않았겠죠?"

스튜가 고개를 저었다. "예. 그분이 내 이름을 부르더니 말했어요. '그 약, 그 사고, 아내를 잃은 일, 감옥에 간 일, 모두 끔찍한 일이었다. 그러나…'"

브루클린이 완전히 빠져들었다.

"그러나 뭐죠?"

"그분이, 내가 스스로 솔직해진다면, 눈이 먼 것을 조금은 감사하고 있다는 것을 인정해야 할 거라고 말했어요."

"감사한다고요?" 그녀가 이마를 찡그리며 물었다. "그게 도대체 무슨 뜻이에요?"

"내 반응도 그거였어요." 스튜가 말했다. "그분은 내가 아내를 실망시킨 것, 중독, 직장 사람들을 다치게 한 것 때문에 스스로 고통받기를 원하고 있었다고 말했어요."

"그건 말도 안 돼요."

"아니에요, 브루클린. 그분이 맞았어요. 나는 그게 마땅하다고 느꼈어요. 눈이 먼 것도, 그 폭력배들에게 맞은 것도, 내게 일어난 온갖 나쁜 일들이 내가 마땅히 당해야 할 일이라고 생각했어요."

그녀가 잠시 이를 곰곰이 생각하였다. 그날 그를 도왔다는 사람이 혹시 심리치료사 같은 사람이었나? 그녀가 물었다. "그리고 나서, 무슨 일이 있었나요?"

"그분이 내게 말했어요. 내 전 아내 사라는 오래전에 나를 용서했고, 지금은 행복하게 재혼해 살고 있다고. 그리고 내가 다치게 한 사람들도 이제 좋아져서, 원망을 품고 있지 않다고요." 스튜가 손을 뻗어 그녀의 손을 잡았다. "그분이 내 손을 이렇게 잡고 말했어요. '모두가 너를 용서했다. 이제는 너 자신이 용서할 때다.'"

잠시 후, 브루클린이 그의 손을 놓고 물었다. "그 사람은 어떻게 당신 인생에 대해 이 모든 걸 알고 있었던 거죠?"

"나도 그분에게 그걸 물었어요."

"그랬더니요?"

"그분이 말했어요. '네가 어린아이였던 시절, 아버지가 직장을 잃었을 때, 네가 하는 기도를 받은 게 나였다. 사라를 만나 사랑에 빠졌을 때, 인도해 주기를 구하던 기도를 받은 것도 나였고, 네가 감옥에서 시각장애인으로 외롭게 감방에 앉아 자비를 구하던 기도를 받은 것도 나였다.'"

"그 사람이 자신을 하나님이라고 말한 건가요?"

"그래요."

브루클린이 그의 대답을 곰곰이 생각하더니 물어보았다. "그 사람이 당신을 위로해 주려는 친절한 낯선 사람인 것만은 아니었다는 것을 어떻게 알죠?."

"그분은 나에 관해 모든 걸 알고 있었어요."

"좋아요. 그렇지만 자신이 하나님이라고 주장했다니요, 스튜. 당신도 교육받은 사람인데, 그 정도는 알잖아요?"

"나도 그렇게 생각하려 했어요. 그런데―" 스튜가 티셔츠 안으로 손을 넣더니 작은 은목걸이를 꺼냈다. "그분이 이걸 어떻게 알았을까요? 어떻게 이걸 갖게 되었을까요?"

브루클린이 가까이 몸을 기울여 스튜가 걸고 있던 스털링 실버로 만든 은메달을 보았다. 그녀가 눈을 찡그리고 읽어보니 ST.

LUCIA라는 글자 씌어 있었다. "이 메달은 내가 세례를 받을 때 할아버지께서 주신 선물이에요. 그분은 매우 신앙심 깊은 분이셨고, 교회에서 덜 알려진 성인들을 좋아하셨어요."

"제가 들어본 성인이라곤 동물들을 좋아했다는 성 프란치스코 한 분뿐이에요." 브루클린이 말했다. "루치아는 옛날에 뭐로 유명했는데요?"

"시각장애인의 수호 성인이에요," 스튜가 말했다.

"말도 안 돼," 브루클린이 되물었다. "이걸 할아버지가 당신한테 언제 줬다고요? 몇 살 때요?"

"태어났을 때요."

"그런데, 당신이 시각장애인이 된 건—"

"40년 후죠."

"말도 안 되는 우연의 일치네요." 브루클린이 말했다.

"그건 말도 안 되는 축에도 못 껴요." 스튜가 대답했다.

"그럼, 말도 안 되는 얘기 한번 해보시죠." 그녀가 빈정대듯 말했다.

"나는 이 메달을 매일 목에 걸었어요. 감옥에 가기 전날 밤까지도요."

"그걸 누군가에게 준 거예요, 보관해 달라고?"

"아니요. 감옥에 가기 전날 밤, 나는 신앙의 위기를 겪었어요."

"무슨 뜻이죠?" 그녀가 물었다.

"내가 보스턴의 롱펠로 다리 위에 서서, 이 메달을 찰스강에 던져버렸다는 말이에요."

그의 이야기는 앞뒤가 맞지 않았다. "그러면 지금 그걸 어떻게 가지고 있는 거예요?"

스튜가 말했다. "불량배들이 나를 때린 그날, 그 친절한 분이 나를 도와 일으켜 주고, 나 자신을 용서해 줄 때라고 말했던 그날―"

"그래서요?"

"그분이 내게 이 메달을 건네줬어요."

"누가요?"

"예수님이요." 그가 대답했다.

"그렇지만 그건 불가능해요."

스튜가 말했다. "그분에게는 가능하죠."

"잠깐만, 잠깐만⋯ 생각할 시간 좀 주세요." 그녀가 일어나서, 작게 원을 그리며 걷더니 손가락을 탁 튕겼다. "그건 다른 메달이에요. 같은 성인(聖人)이지만 다른 메달이에요."

그가 미소를 지으며 메달을 천천히 뒤집어 거기에 새겨져 있는 작은 숫자를 그녀에게 보여주었다. "내가 세례받은 날이에요." 그가 말했다.

이 남자의 모든 것이 진심인 듯 보였다. 그가 믿을 만한 증인이라는 것을 기자로서의 직감이 말해주고 있었다. 하지만 이야기는 더 말도 안 되게 흘러갔다.

"당신이 주장하고 있는 건 불가능한 일이에요."

"아니에요, 브루클린. 불가능한 건 그다음에 일어난 일이에요. 그분이 마지막으로 한번 물었죠. 내가 낫기를 원하느냐고. 나는 울기 시작했고, 그렇다고 대답했어요. 그러자 그분이 나를 강으로 데려갔고, 내 얼굴에 물을 뿌리더니, 손바닥을 내 눈에 대고 이렇게 말했어요. '빛으로 돌아오라.'"

"그게 다예요? 주문 외는 거 없었어요?"

"주문 같은 건 없었어요. 나는 눈을 떴고, 볼 수 있었어요."

브루클린은 말이 없었다. 이 모든 게 믿기에는 너무나 터무니없었다. 그녀는 자신이 기자라는 사실을 스스로 상기시켰다. 이 남자의 주장은 틀림없이 꾸며낸 얘기일 것이다. 반드시 그래야만 한다.

그녀가 속으로 생각했다. 내가 그 망할 사과나무에서 그냥 있었어야 했어. 그 사다리를 떠난 게 이 모든 일의 원인이야.

"받아들이기 힘들다는 거 알아요." 스튜가 말했다. "하지만 나는 정신이상자가 아니에요."

브루클린은 그냥 그를 바라볼 뿐이었다.

스튜가 말했다. "나는 눈이 멀었었고, 지금은 보고 있어요. 예수님이 그 이유예요."

그녀가 다시 계단에 앉았다. "강가에서 당신이 말하는 기적이 일어난 후에, 그 사람의 사진이나 당신들 둘이 찍은 셀카 같은 거는 없겠죠?"

"없어요."

"적어도 그 사람이 어떻게 생겼는지 설명이라도 해줄 수 있나요? 내가 그 사람을 우연히 마주칠지도 모르니까요."

스튜가 웃었다. "그보다 더 좋은 걸 해줄 수 있어요." 그가 급히 건물로 들어가 유리로 된 두 짝 문 뒤로 사라졌다. 몇 분 뒤에 돌아올 때, 그는 숯으로 사람의 얼굴을 스케치한 20x25cm 크기의 그림을 들고 있었다.

"이게 그 사람이에요? 어디서 이걸 얻었어요?"

"그분이 나를 고친 후, 우리는 뉴잉글랜드 수족관 근처까지 걸어갔는데, 거기에 사람들을 스케치하는 내 친구가 있었어요."

"그 친구가 그린 거예요?"

"공짜로요." 스튜가 대답했다. "내가 그것을 예수님께 드렸지만, 그분은 내가 그것을 보관하기를 바라시더라고요. 만약의 경우를 대비해서…"

"만약의 경우?"

그가 말했다. "또 내가 정상이 아니라고 생각할 것 같은데요."

"시작한 김에 끝까지 가죠, 스튜."

"그분이 말씀하셨어요. '누군가 나를 찾으러 올 경우를 대비해 보관해라.'"

"나 같은 사람이요?" 브루클린이 물었다.

"그런 것 같아요."

브루클린이 카메라를 꺼내 스케치의 사진을 찍었다. "오늘 당신은 분명히 나를 놀라게 했어요. 그렇지만, 나는 이 모든 일에 대해 뭐라고 생각해야 할지 모르겠네요."

그녀가 가려고 일어나자, 스튜가 말했다. "하나님이 당신과 함께하시기를, 브루클린. 어느 길로 가든지 말이에요." 그러고는 그가 예상치 못하게 그녀를 안아 주었다.

"고마워요." 그녀가 말했다. "다시 볼 수 있게 되셔서 정말 기뻐요."

그들이 다정한 포옹을 풀자, 스튜가 말했다. "예수님이 내게 하신 마지막 말씀을 알고 싶으세요?"

"좋아요." 브루클린이 대답했는데, 그녀의 말투는 이 얘기를 한마디도 믿지 않는다는 것을 드러내고 있는 듯했다.

그가 말했다. "눈은 뜨고 있지만, 정말 중요한 것을 보지 못하고 인생을 살아가는 사람들이 세상에 가득하다."

"그 사람이 무슨 뜻으로 한 말이라고 생각하세요?" 그녀가 물었다.

스튜가 잠시 곰곰이 생각하더니 대답했다. "서로 사랑하라는 거죠."

제13장

내가 그 두 번째

가브리엘이 오랜만에 자기 집 앞 계단에 앉아 있었다. 그는 파란색 페인트가 벗겨지기 시작하는 걸 보았다.

사람을 불러서 벗겨내고 다시 칠해야겠군.

그의 나이에 손과 무릎으로 기어다니는 일은 더 이상 하고 싶지 않았다. 인정하고 싶지 않지만, 폴이 죽은 이후로 그는 쇠약해졌다. 그 상실감은 그의 영혼 한 조각을 세상과 동떨어진 곳으로 데려가 버렸다.

가브리엘이 밖에 있는 이유는, 에드워드와 파이퍼가 미스터리한 여행에서 돌아올 때, 거기 있고 싶었기 때문이다. 파이퍼는 폴이 죽은 이후로 망가져서, 만일 에드워드가 그녀를 도울 수 있었다면, 가브리엘이 그것을 가장 먼저 보고 싶었다.

지프차가 집 앞에 서자, 그는 그들의 얼굴만 보고도 글로스터에서 무슨 일이 있었다는 것을 알 수 있었다. 파이퍼와 에드워드는 둘 다 미소를 짓고 있었다.

"무슨 일이야?" 그들이 차에서 나오자 그가 물었다.

파이퍼가 다가와 아버지를 껴안았다. 가브리엘이 그녀를 꼭 안아주자, 에드워드가 그들을 지나쳐 집으로 걸어 들어갔다.

포옹을 풀고 나서, 아버지와 딸이 집으로 들어왔다. 에드워드의 자취는 없었다. 있을 만한 곳들을 찾아봐도 없어서, 가브리엘이 그의 이름을 불렀다.

집안 건너편에서 그가 대답했다. "여기가 폴의 방인가요?"

그들은 복도 끝의 닫힌 문 앞에 서 있는 그를 발견했다. "그렇다네," 가브리엘이 말했다. 에드워드가 결코 이유 없는 일은 하지 않는 듯했기에, 가브리엘이 문을 열고 들어오라는 손짓을 했다.

그 침실은 오래전 폴이 해병대에 입대해 전쟁터로 떠난 이후로, 손대지 않은 채 남아 있었다. 폴이 죽은 후, 친구들은 그 방을 사무실로 바꾸라고 권했지만, 가브리엘은 마음이 내키지 않았다. 한번은 자녀를 잃은 부모들을 위한 지원 모임에 간 적이 있었는데, 다른 부모들도 같은 행동을 한다는 것을 알게 되었다. 자녀가 아끼던 물건들을 박스에 담는 순간, 그 상실감이 현실이 되기 때문이었다.

"이건 뭔가요?" 에드워드가 선반 위에 가득 놓인 트로피들 사이에서 작은 유리 사과를 집어 들며 물었다.

"폴이 어릴 때 주(州) 지역축제에서 딴 거라네." 가브리엘이 말했다. "광주리에 소프트볼을 던져넣는 게임 있잖나."

"그날 기억나요," 파이퍼가 말했다.

"정말요?" 에드워드가 물었다.

"예. 공 세 개를 던져서 튕겨 나오지 않게 다 넣어야 하는데, 불가능해요."

"폴만 빼고." 가브리엘이 말했다. "폴은 공을 던질 때 광주리의 앞 가장자리를 맞추는 요령을 생각해 냈지."

파이퍼가 웃었다. "그 애가 연속으로 세 번을 따자, 게임 진행자가 그만하게 했어요."

"맞아! 기억난다. 폴이 너한테는 배불뚝이 곰, 나한테는 호랑이를 따서 주고, 자기는 그 유리 사과를 가졌지."

에드워드가 방 안을 둘러보았다. "가브리엘, 여기 가끔 들어오죠."

가브리엘이 폴의 오래된 침대에 앉아, 뉴잉글랜드 패트리어츠(미식 축구팀) 담요를 손으로 쓰다듬었다. "들어오지."

에드워드가 유리 사과를 든 채로 방을 가로질러 폴의 책상에 가서 앉았다. "그리고 폴에게 말하죠." 그가 묻는 것이 아니라, 알고 있는 것처럼 말했다.

파이퍼가 아버지를 쳐다보았다. 그의 눈에는 그녀가 전에 수없이 봤던 슬픔이 어려있었다.

"폴에게 미안하다고 말하죠." 에드워드가 계속했다. "그 끔찍한 날, 그에게 아빠가 필요할 때, 그곳에 있어 주지 못해 미안하다고요."

가브리엘이 고개를 끄덕였다. "나는 전쟁도 이해하고, 젊은이들이 거기서 죽는 것도 이해한다네." 그의 입술이 떨리기 시작했다.

"괜찮아요, 아빠." 그녀가 침대 위 그의 곁에 앉았다.

"내가 견딜 수 없는 건…" 그가 중얼거렸다. "그 생각이라네… 그 생각…"

"폴이 두려워하며, 외롭게 죽었다는 생각이죠." 에드워드가 부드럽게 말했다.

가브리엘이 고개를 들어 에드워드의 눈을 마주 보았다. "그렇다네. 아이가 몇 살인가는 상관없어. 그런 순간에는 아빠가 필요하거든."

"하지만, 가브리엘, 그는 결코 혼자가 아니었어요."

"그게 무슨 말인가?"

에드워드가 양팔을 벌렸다. "이 집은 참으로 사랑이 가득했었어요. 그런데 폴이 죽자, 그 기쁨이 슬픔으로 바뀌었죠." 그가 파이퍼를 가리켰다. "당신은 오빠가 헛되이 죽었다고 생각했었어요. 하지만 지금은 그가 전우와 결국에는 한 아이를 구하기 위해 생명을 바쳤다는 걸 알게 되었죠."

"이 사람이 무슨 말을 하는 거냐?" 가브리엘이 파이퍼에게 물었다. "전우라니?"

"우리가 북쪽으로 여행 갔을 때요." 파이퍼가 대답했다. "에드워드가 저를 데리고 가서 폴을 아는 해병대원을 만나게 해줬어요. 그 사람이, 폴이 어떻게 자기 생명을 구해줬는지 말해줬어요. 그리고 그 사람이 살았기 때문에, 글로스터의 어린 소녀의 생명을 그 사람이 구할 수 있었어요."

에드워드가 이번에는 가브리엘을 가리키며 말했다. "그리고 당신, 사랑하는 가브리엘. 당신은 폴이 두려워하며 외롭게 죽었다고 생각하죠. 내가 장담하는데, 그는 그렇지 않았어요."

가브리엘은 그 자리에 얼어붙은 듯 앉아 있었다.

"작고 흰 강아지가 어떤 개인가요?" 에드워드가 물었다. "호주 셰퍼드 종인데, 복슬복슬한 꼬리에 누가 얼굴에 갈색 물감을 끼얹은 것 같은 얼룩 강아지."

파이퍼가 말했다. "우린 강아지가 없어요."

"파이퍼 말이 맞네." 가브리엘이 덧붙였다.

"이 집에 있던 개가 아니에요, 가브리엘. 당신이 전에 살던 곳이요."

가브리엘이 이마를 찡그렸다. "래디? 래디 얘기하는 건가?"

"래디가 누구예요?" 파이퍼가 물었다.

가브리엘이 일어나 침실을 가로질러 가서 폴의 옷장을 열었다. 옷걸이 위 먼지 앉은 선반에 책과 바인더들이 있었다. 그가 사진

앨범을 꺼내 폴의 침대로 돌아왔다.

"뭘 찾으세요, 아빠?"

그는 몇 장을 넘기더니, 그것을 찾아냈다. "여기 있구나!" 그가 폴이 다섯 살 때 찍은 사진을 가리켰다. 폴이 작은 팔로 매우 행복해 보이는 강아지를 껴안고 있었다. "래디. 내가 래디에 대해 다 잊고 있었구나." 그가 파이퍼를 돌아보았다. "너는 아주 어릴 때였으니까, 기억이 나지 않을 거야."

"래디를 어떻게 데려왔는지 파이퍼에게 얘기해 주세요," 에드워드가 말했다.

가브리엘이 미소를 지으며, 기억을 떠올렸다. "네 엄마랑 내가 처음 집을 샀을 때였는데, 그 동네에 떠돌이 유기견이 있었어. 이름도 없고, 주인도 없었지. 우리가 그러지 말라고 해도, 폴이 그 녀석한테 계속 밥을 줬어."

파이퍼도 미소를 지었다. "오빠다운 일이었네요."

"그래서 그 강아지를 입양했고요." 에드워드가 말했다.

"그래, 입양했지. 폴이 그 녀석을 래디라고 불렀어. 올드 래디 보이." 가브리엘이 래디의 사진을 쓰다듬으며, 폴의 기뻐하는 얼굴을 다시 보았다.

아이들이 이 나이에 영원히 멈춰 있을 수는 없는 걸까?

"그 강아지는 어떻게 되었나요?" 파이퍼가 물었다.

그가 앨범을 덮었다. "래디는 우리가 그 녀석을 발견했을 때, 아니 그 녀석이 우릴 발견했을 때, 아주 나이가 많았어. 그 녀석은 1년 정도 우리와 함께하다가 떠났지."

"폴이 크게 충격을 받았겠네요?" 에드워드가 물었다.

"그랬지. 그 애가 그 개를 사랑했거든."

가브리엘이 조심스럽게 앨범을 침대 위에 내려놓더니, 마치 그것이 그를 물기라도 할 것처럼 그것을 밀쳐버렸다. 그는 알았다. 가브리엘은, 그가 잃어버린 것들의 옛 사진을 볼 때마다 그 순간의 기쁨이 가슴 아픈 슬픔과 그리움으로 바뀐다는 것을 알고 있었다.

파이퍼가 물었다. "에드워드, 왜 그 강아지 이야기를 꺼낸 거죠?"

"왜냐하면, 폴이 죽던 날, 그는 혼자가 아니었어요, 파이퍼. 래디가 거기에 있었어요."

"나는 이해가 안 되네." 가브리엘이 말했다.

에드워드가 침대 위에 그들 곁에 앉았다. "우리가 죽을 때, 우리는 절대 혼자 있지 않아요. 우리가 사랑하는 사람들, 이미 떠난 그들이 우리에게 와서 위로해 줘요. 안심시켜 줘요."

"무엇에 대한 안심요?" 파이퍼가 물었다.

"우리를 사랑하시는 하나님과 기다리는 천국이 있다는 것. 그리고 이 세상이 아무리 멋져도 일시적인 것에 불과하다는 것."

가브리엘이 에드워드가 말한 모든 것을 곰곰이 생각하였다.

"그러니까, 내 아들이 죽을 때, 래디가 그에게 왔다. 자네가 말하는 것이 그건가?"

"예. 래디와 폴의 할아버지 제레미아."

가브리엘의 마음속에서는 많은 생각이 소용돌이쳤다.

이 사람이 미친 걸까? 그가 왜 이런 말을 하는 거지? 그가 어떻게 이런 것들을 알 수 있는 거지?

파이퍼가 아버지의 얼굴을 쳐다보았다. "아버지가 에드워드한테 할머니와 할아버지에 대해 얘기하셨어요?"

"안 했어, 너는?"

"저도요."

그들이 함께 에드워드를 바라보며, 더 말하기를 기다렸다.

"당신 아버지, 제레미아, 폴을 데리고 스토크브리지의 메인 스트리트에 있는 이글스 약국에 가서 싸구려 사탕을 사주곤 하시던 분. 그분이 폴 곁에 있었어요. 다 괜찮다고 폴을 안심시켜 주고, 기다리고 있는 어머니에게 데려가기 위해서였죠."

가브리엘은 어리벙벙하여 그가 들은 말을 납득할 수가 없었다.

결국, 그는 에드워드를 심각하게 쳐다보며 말했다. "자네 누군가? 나중에 알게 될 거라는 말은 하지 말게. 지금이 바로 그 나중이네. 자네 누군가, 에드워드?"

에드워드가 미소를 지었다. "당신은 알고 있어요. 마음속으로는 늘 알고 있죠."

"자네 초능력자 같은 사람인가?"

에드워드가 빙그레 웃었다. "아니에요, 가브리엘."

"예언자인가?"

"좀 더 가까워졌지만, 아니에요."

가브리엘이 파이퍼를 바라보았다. "너는 이 중 어느 거라도 이해가 되니?"

파이퍼가 어깨를 으쓱했다. "아니요. 그러나 어쩌면 이해할 수 있는 게 아닐지도 몰라요."

가브리엘이 에드워드를 돌아보며 말했다.

"예언자도, 마술사도 아니다. 그럼 자네한테 남은 선택지가 많지 않은데, 친구."

에드워드가 말했다. "가브리엘, 내 이름이요. 내 이름을 더 자세히 보세요."

"이름이 왜? 에드워드. 에드워드 마누엘. 에디? 매니?"

"이름의 첫 글자를 보세요."

가브리엘이 잠시 생각하더니 말했다. "세상에."

"뭐예요, 아빠?"

"에드워드 마누엘. E. 마누엘. 임마누엘."

"아직도 모르겠어요," 그녀가 말했다.

"그건 내가 아주 오래전에 주일학교에서 배운 말이야. 너도 크리스마스 찬송에서 자주 듣잖아."

"임마누엘? 그게 무슨 뜻인데요?"

"히브리어야." 가브리엘이 말했다. 하나님이 우리와 함께하신다라는 뜻이지."

가브리엘과 파이퍼가 잠시 멈추고, 그 단순하면서도 강력한 단어들을 곰곰이 생각해봤다.

하나님이 우리와 함께하신다. 하나님이 우리와 함께?

가브리엘에게 즉시 떠오른 생각은 이것이었다. 자, 적어도 이것으로 그 자전거 타던 아이가 일어난 것은 설명이 되는군.

파이퍼가 에드워드를 뚫어지게 바라보았다. "그래서 당신이 말하고 있는 것은—?"

"예,"

가브리엘이 말했다. "그게 자네라고?"

"예."

가브리엘과 파이퍼가 서로를 쳐다보았다.

"이에 대해 분명히 하기 위해서인데요, 에드워드." 그녀가 말했다. "당신이 말하는 건, 에드워드, 당신이—"

"하나님!" 가브리엘이 소리쳤다. "그러니까, 성부, 성자, 성령."

에드워드가 두 손가락을 들었다.

"나는 그 두 번째예요. 만나서 반가워요."

제14장

밝은 곳

매일 오후 보스턴 글로브에서는 렉스 라이어슨이 기자들을 불러 모아 그들이 취재 중인 기사를 신속히 업데이트하였다. 브루클린은 보통 이 회의에 참석하지 않았기 때문에, 그녀가 회의실 문을 열고 들어서자, 자리에 앉아 있던 다른 사람들이 놀라서 쳐다보았다.

"무슨 일 있어?" 렉스가 물었다.

"없어요." 그녀가 자리에 앉았다.

렉스가 납득할 수 없다는 표정으로 그녀를 바라보았다.

브루클린은 숨을 들이쉬고 한숨을 내쉬었다. "사실은 모두 다."

"따로 이야기할까?" 렉스가 물었다.

브루클린이 동료들의 얼굴을 훑어보았다. "아니요. 이에 대해 모두의 의견을 듣고 싶어요." 그녀가 테이블 위에 두 손을 모았다.

"저는 보스턴의 관광객을 상대로 한 사기꾼들에 관한 기사를 쓰려고 착수했어요."

"그랬죠." 한 동료 기자가 말했다. "바이올린 켜는 사람들하고, 시각장애인 남자."

"첫 번째 취재는 완전히 실패였어요." 브루클린이 말했다. "사기가 아니라, 수치심을 폭로한 것 같은 느낌이었어요."

"그 얘긴 이미 했잖아." 렉스가 말했다. "당신이 이보다는 강단 있는 사람이라고 생각했는데."

"맞아요." 그녀가 쏘아붙였다. "하지만 그게 문제가 아니에요."

"그럼, 뭐가 문제야?" 그가 물었다.

"문제는, 우리가 폭로하려던 두 번째 남자, 그 시각장애인이 눈이 멀지 않았어요."

"그게 사기의 핵심 아니었나?"

"맞아요. 하지만…" 그녀는 자신이 허둥대고 있다는 것을 느꼈다.

렉스와 긴 회의 테이블에 앉은 열두 명의 다른 사람들은 그녀의 말을 기다리고 있었다.

"간단히 말하면 이거에요. 그 사람이 볼 수 있었는데, 사고로 다쳐서 시력을 잃었다가, 다시 시력을 되찾았다는 거죠."

한 동료가 물었다. "그래서 사기는 아니라는 거야? 연필을 팔 때는 그 사람이 시각장애인이었으니까?"

"맞아요."

렉스는 노란 리갈패드(메모 공책)를 테이블 위에 툭 던졌다. "그럼 우리 기삿거리는 없다는 얘기네."

브루클린이 입술을 깨물며, 머리를 옆으로 갸웃했다. "그렇지만… "

"기삿거리가 있다는 거야?" 렉스가 물었다.

그녀가 어깨를 으쓱했다.

"내가 여기서 뭘 모르고 있는 거지?"

"그게 그냥…"

"뭐야?" 렉스가 소리를 질렀다. "말해봐."

"정신 나간 소리처럼 들릴 것을 알지만, 그 눈먼 남자는 하나님이 자기를 고쳐주셨다고, 그것은 기적이라고 주장하네요."

침묵이 흐르다가 한 동료가 물었다.

"그 사람이 기도하다가 나았다는 말이야?"

"꼭 그렇진 않아."

모든 사람이 쳐다보며 기다리자, 그녀가 덧붙였다.

"그 사람 말로는, 어느 날 퀸시 마켓에 하나님이 나타나서, 그를 강으로 데려갔고… 알잖아, 고쳐주셨다는 거야."

테이블에 앉아 있던 몇 사람이 웃음을 터트렸다. 렉스가 말했다.

"그게 왜 정신 나간 소리처럼 들린다는 건지 모르겠네. 내게는 1면 기사처럼 느껴지는데. 하나님께서 보스턴을 방문하시어 눈먼 남자를 치유하시다. 진짜 궁금한 건 이거지. 하나님이 지금 시내에 계시면, 패트리어츠팀도 치유해줄 수 있을까? 그들은 새 쿼터백이 필요하거든. 혹시 하나님이 톰 브래디를 하나 더 데려오셨나?"

웃음소리가 더 커졌다. 브루클린이 미소를 지으며 말했다. "알아요. 마음대로 놀리세요. 나 자신도 웃었으니까."

웃음소리가 잦아들자, 그녀가 말했다. "우리 다 웃을 수 있지만, 사실은 이래요. 그 사람은 시각장애인이었는데, 이제는 볼 수 있어요. 그런데 의사들도 이유를 설명하지 못해요. 행운이든 기적이든, 뭔가 이상한 일이 일어났어요."

"당신은 그 사람이 하나님을 만났다고 생각하는 거야?" 렉스가 곧바로 물었다.

"아니요. 하지만 저는 그걸 설명할 수가 없어요."

코니라는 대학생 인턴이 할 말이 있다고 손을 들었다.

렉스가 말했다. "예의를 지키는 것은 고맙지만, 아가씨, 여기서는 격식을 차리지 않아도 돼요."

코니가 어리둥절하여 대답했다. "뭘 차려요?"

"그냥 말해도 된다고."

모든 시선이 자신에게 쏠리자, 코니가 손을 내렸다.

"제 룸메이트의 언니가 보스턴 채널5 뉴스의 베로니카 스노우 리포터랑 친구예요."

렉스가 말했다. "주제에서 좀 벗어났군. 넘어갑시다."

"잠깐만요, 렉스." 브루클린이 말했다. 그녀가 인턴에게 눈을 돌렸다. "괜찮아요. 하던 말을 마저 해봐요."

코니가 계속했다. "TV 리포터 베로니카가 제 룸메이트의 언니에게 말하기를, 자기가 최근에 메리엄 힐에서 기적을 본 것 같다고 했대요."

"용감하게 나서더니, 무슨 얘길 하는 거야?" 렉스가 소리를 질렀다.

"저는 단지, 브루클린 기자님이 방금 기적에 대해 말하기에, 그 얘기를 꺼내는 거예요."

브루클린이 말했다. "계속해 봐요, 코니."

인턴이 말했다. "채널5의 베로니카 스노우 리포터가 말하기를, 그녀가 어린 소년이 차에 치인 거리에 갔는데, 그녀가 보니 자전거가 프레첼(꽈배기빵) 처럼 뒤틀려 있는 걸 보고 그 아이가 분명 죽었을 거라고 생각했대요."

"그 아이가 죽지 않았단 말이에요?" 브루클린이 물었다.

"예, 기자님. 그 아이가 의식을 잃고 피를 흘리고 있다가 눈 깜짝할 사이에 말짱하게 깨어나 괜찮아졌대요. 적어도 그 채널5 기자가 하는 말로는요."

방안이 조용해졌다. 브루클린은 이 새로운 정보를 어떻게 받아들여야 할지 확신이 서지 않았다.

"온 동네 사람들이 다 그 얘기를 하고 있대요." 코니가 말했다. "그들은 그 아이를 기적의 아이라고 부르고 있대요."

마이크라는 편집자가 농담을 했다. "자, 오세요! 오늘 브루클린이 기적을 세일합니다. 하나 사면 하나는 공짜."

또 웃음이 터졌다. 렉스가 손바닥으로 테이블을 쳐서 분위기를 잡았다. "됐어요."

"메리엄 힐이라고 했죠?" 브루클린이 인턴에게 물었다.

"예, 렉싱턴이요. 기자님."

"그 리포터가 정확히 어디라고 말했어요?"

"연못 근처요."

다른 기자가 끼어들었다.

"나 그 지역 알아요. 그녀가 그러니 폰드 얘기를 하는 거예요."

브루클린이 렉스를 쳐다보았다. "아무것도 아니겠지만, 괜찮으시다면—"

"가봐." 그녀의 상사가 말했다. "하지만 이런 일로 우리가 시간을 허비할 수는 없어. 한나절, 그다음엔 넘어가야 해."

브루클린이 나가려고 문으로 갔다가, 뭔가에 사로잡힌 듯 돌아서서 사람들에게 말했다. "하나님의 일을 가지고 놀리는 건 좀 적당히 해야 할 것 같은데요."

우스갯소리 잘하는 마이크가 말했다. "당신이 열렬한 신자인 줄 몰랐네."

브루클린이 싱긋 웃었다. "아니에요. 하지만 더 나은 것에 대한 가능성에 마음이 닫혀 있진 않아요."

"뭣보다 더 나은 거?" 마이크가 대꾸했다.

"이거요." 브루클린이 양손으로 그녀를 비웃었던 모든 사람을 가리키며 말했다. 사람들을 그들의 신앙 때문에 놀리는 건 안 좋아 보여요. 그냥 하는 말이에요."

"가서 당신의 기적을 추적해 봐." 렉스가 말했다.

그녀는 그에게 윙크를 해주고, 문을 나섰다.

*

브루클린이 아이의 주소를 얻는 데는 오래 걸리지 않았다. 도와주는 이웃들이 "기적의 아이"가 사는 연방형 주택이 있는 쪽을 알려주었다. 그녀가 계단을 올라가 초인종을 눌렀다.

아무런 응답이 없자, 이번엔 좀 더 길게 다시 눌렀다.

마침내 스피커에서 목소리가 들렸다. "무슨 일이시죠?"

"안녕하세요, 저는 브루클린 스털링이라고 합니다. 글로브의 기자예요. 차에 치였던 어린아이를 찾고 있습니다."

스피커의 목소리가 대답했다. "저는 아이 엄마, 엘시 랭카스터예요. 왜 그러시죠?"

"걱정마세요, 부인. 그냥 무슨 일이 있었는지 몇 가지 물어볼

게 있어요."

윙 소리가 울리자, 브루클린이 반사적으로 문을 잡아당겨 열었다.

스피커 박스에서 목소리가 들렸다. "현관에 계세요. 곧 내려갈게요."

브루클린은 하라는 대로 불이 밝게 켜진 현관에서 기다렸다. 계단 아래에서 울리는 발소리가 다가올 때, 그녀는 구석에 있는 이상한 물체에 주목했다.

그녀가 더 잘 보려고 그쪽으로 다가가는데, 엘시가 말했다. "저게 그 자전거예요."

"정말요?"

브루클린이 본 것은 전혀 자전거 같지 않았다. 앞바퀴는 구부러지고, 금속 프레임은 수리할 수 없을 정도로 뒤틀려 있었다. 손잡이는 마치 킹콩이 주먹으로 뭉갠 듯 으스러져 있었고, 제이든이 앉아 있었던 안장은 다른 쪽을 향하고 있었다.

"아드님은 지금 있나요, 랭카스터 부인?"

"아직요." 그녀가 대답했다. "스쿨버스가 곧 도착할 거예요."

브루클린이 벽 쪽에 놓인 빈 의자 두 개를 보고 말했다. "우리 앉을까요?"

엘시가 그녀의 말에 따라, 아들의 버스를 창문으로 내다볼 수 있는 자리에 앉았다.

"제가 여기 온 이유는, 어떤 사람이 제게 말하기를, 사람들이 아드님을 가리켜— 미안하지만, 이름이 뭐죠?"

"제이든."

"사람들이 제이든을 기적의 아이라고 부른다고 해서요."

"그걸 의심하세요?" 엘시가 물었다.

브루클린이 어떻게 대답할지 궁리하며, 혀로 입천장을 눌렀다. "솔직히, 어떻게 생각해야 할지 모르겠어요."

엘시가 자전거를 가리켰다. "저걸 보세요. 우리 제이든이 어떻게 저기서 거의 긁힌 자국도 없이 빠져나오겠어요?"

브루클린이 그 쇳덩어리를 바라보았다. "모르겠네요. 혹시 그 애가 딱 맞게 튕겨 나온 것은 아닐까요."

엘시가 비웃었다. "튕겨 나왔다고요, 장난하세요? 저 바깥은 전부 돌과 아스팔트예요." 그녀가 도로 쪽을 가리켰다. "목격자들이 사고가 나는 걸 봤어요. 그 애는 죽는 게 당연했어요."

브루클린은 노트패드를 꺼냈다. "그분들과 얘기하고 싶어요."

엘시가 말했다. "길 건너에 사는 분이 은퇴한 수녀님이세요. 그분이 그 애 위에서 기도하는데, 아이의 숨소리가 점점 느려지고 있었대요." 엘시가 울기 시작했다.

브루클린이 주머니에서 냅킨을 꺼냈다. "별거 아니지만, 깨끗해요." 그녀가 그것을 엘시에게 건넸다.

엘시가 눈물을 닦았다. "고마워요. 울어서 미안해요."

"이해할 수 있어요. 아들을 거의 잃을 뻔하셨으니… 우리도 만일 에비를 잃게 된다면…"

"에비?" 엘시가 물었다.

"우리 딸이에요." 잠시 브루클린의 마음은 에비가 사다리에서 떨어지는 것을 지켜볼 때 느꼈던 두려움을 떠올렸다. 코너가 그 애를 잡지 않았더라면…

엘시가 말했다. "이런, 예의가 아니었네요. 차나 커피라도 드렸어야 하는데."

"아니요, 아니요, 괜찮아요." 브루클린이 다시 그녀의 생각을 아들에게로 돌리게 했다. "저는 그냥 제이든에게 무슨 일이 있었는지가 궁금했어요."

엘시가 창밖을 바라보며 말했다. "사람들 말로는, 그 남자가 아이를 만지기 전까지는 아이가 죽어가는 것처럼 보였대요."

브루클린이 몸을 똑바로 세워 앉았다. "어떤 남자요?"

"저도 몰라요. 누가 감사 인사를 하기도 전에 떠났대요."

"그 사람이 아이를 만졌다고 하셨나요?"

"사람들 말로는 그래요."

브루클린이 말했다. "거기에 안 계셨던 건 알지만, 목격자들이 어떤 일이 있었다고 했는지 자세히 설명해 주세요?"

엘시가 그녀와 눈을 마주쳤다. "그 사람이 어디선가 나타나더니, 수녀님에게 비켜 달라고 하더래요. 그리고 몸을 기울여 제이든의 가슴에 손을 얹고, 귀에 뭐라고 속삭였대요. 그게 다예요."

"그래서 어떻게 됐어요?"

엘시가 웃었다. "제이든이 깨어났대요."

"그리고 괜찮았다고요?"

엘시가 대답했다. "내가 듣기로는, 잠깐 시간이 걸렸지만, 뭐 몇 군데 긁힌 정도. 그게 다였대요."

"그 사람이 누구인지는 전혀 모르시는군요?"

"몰라요. 아까 말한 대로, 누가 묻기도 전에 떠났대요. 누군가 그 사람이 이웃집에 일하러 왔다고 말했어요."

"어떤 일이요?"

"물어보진 않았어요."

브루클린은 잠시 생각했다. "그 남자가 어떻게 생겼는지 아시나요?"

"말했잖아요." 엘시가 역정 섞인 목소리로 말했다. "나는 거기 있지 않았다니까요. 그 사람을 못 봤어요."

바로 그때, 브루클린은 밖에서 브레이크 밟는 소리에 이어 스쿨버스의 경적이 울리는 것을 들었다.

"제이든이 왔어요." 엘시가 말했다.

불과 몇 초 만에, 현관문이 열리더니, 제이든이 어깨에 책가방을 메고 뛰어 들어왔다. "안녕, 엄마!" 그가 브루클린을 보더니 말했다. "안녕하세요."

"안녕, 제이든. 나는 브루클린이라고 해."

"그 도시 이름이요?"

"맞아."

"우리 엄마 친구세요?"

엘시가 대답했다. "브루클린은 신문 기자란다. 네가 차에 치였다는 얘기를 듣고 널 만나러 왔어."

제이든이 배낭을 내려놓고, 신사처럼 손을 내밀었다. "만나서 반갑습니다."

"나도 반가워." 브루클린이 악수하며 말했다. "엄마가 방금 그 사고에 대해 얘기하고 계셨어. 뭐 기억나는 거 있어?"

제이든이 계단 아래에 앉았다. "솔직히, 거의 기억 안 나요."

"네가 기억나는 것을 그분에게 말씀드려, 아들."

제이든이 깊이 숨을 들이쉬었다. "알겠어요. 음, 제가 점보를 낚으러 갔는데, 없었어요."

"점보?" 브루클린이 물었다.

"물고기예요. 중요한 건 아니고요. 낚시하고 나서, 자전거 타고 집으로 오다가 길을 건넜는데, 보도 위에서 깨어났어요."

"저 애도 그 망할 놈의 자전거 타고 도로를 건너면 안 된다는 거 알고 있어요." 엘시가 날카롭게 말했다.

"미안하다고 했잖아요." 제이든이 시선을 바닥으로 떨어뜨렸다.

브루클린이 끼어들었다. "그러니까, 낚시, 자전거, 사고, 그리고 네가 깨어났다는 거지?"

"예."

"그리고 다른 일은 없었니?"

제이든이 엄마를 쳐다보는데, 불편해 보였다.

"괜찮아, 아들. 기자님에게는 말해도 돼."

소년이 브루클린을 쳐다보았다. "이건 이상해서 학교 친구들한테는 말 안 해요. 애들이 나를 미친놈이라고 생각하는 건 싫거든요."

브루클린이 최대한 용기를 주는 목소리로 말했다. "나는 그런 식으로 생각하지 않겠다고 약속하마."

제이든이 다시 엄마를 쳐다보았다.

"계속하렴." 엄마가 말했다.

제이든이 다시 한번 깊게 숨을 쉬었다. "차에 치이고 나서, 깨어나기 전에 저는 밝은 곳에 있었어요."

브루클린은 몸을 앞으로 기울였다. "밝은 곳?"

"네. 바닥도, 천장도, 벽도. 모든 게 하얗고 밝았어요."

"그 밝은 곳에서 무슨 일이 있었니?"

"예, 저랑 아주 비슷하게 생긴, 제 또래의 남자애가 다가와서 말했어요. '내 이름은 찰리야. 네 형이야. 나랑 함께 가도 돼. 괜찮아.'"

브루클린이 엘시에게 돌아섰다. "형이 있어요?"

엘시의 눈에는 눈물이 가득해졌고, 손을 뻗어 제이든의 손을 꼭 쥐었다. "제이든이 태어나기 전에, 남편 찰스와 나는 또 다른, 음—"

"천천히 하세요." 브루클린이 다정하게 말했다.

엘시는 말했다. "아이가 사산(死産)됐어요."

브루클린이 숨을 크게 들이쉬었다. "정말 마음 아프네요, 엘시."

"더 있어요." 엘시가 대답했다. "그 아이가 아들이란 걸 알고 있었기에, 남편 이름을 따서 찰스라는 이름을 골랐어요. 우리는 그 아이를 찰리라고 부르기로 했죠."

브루클린은 이 상황을 이해하려고 애쓰고 있었다. "엘시, 지금 말하고 있는 건…"

"아니요, 난 아무것도 말하고 있지 않아요. 나는 단지 제이든이 죽어가고 있었을 때 본 걸 당신에게 말하고 있는 것뿐이에요." 엘시가 제이든을 더 가까이 끌어당겼다. "우리가 그 아기를 잃은 지 2년 후에, 제이든이 태어났어요."

브루클린은 머릿속이 어지러웠다. "그러니까, 제이든, 밝은 곳에서 너처럼 생긴 아이가 너보고 자기가 네 형이라고 말했다는 거지?"

"찰리요. 맞아요."

"그래서 그 아이와 함께 갔니?"

"내가 가려고 하는데, 목소리가 들렸어요."

"응급구조대원이었니?" 그녀가 물었다. "아니면 경찰관이었나?"

"아니요, 다른 사람이었어요."

브루클린이 머뭇거리며 물었다. "길에 있던 그 남자?"

"예." 제이든이 대답했다. "그 사람도 밝은 곳에 있었어요. 그 사람이 다가와서 찰리를 안았어요. 그들이 서로 알고 있었던 것처럼요. 그러더니 그 사람이 내 가슴에 손을 댔고, 나를 물러가게 하는 것 같은 느낌이 들었어요."

"어디로 물러가?"

제이든이 손바닥을 펴서 내밀었다. "여기. 집으로요."

브루클린이 생각에 잠겼다.

제이든이 엄마를 향해 말했다. "배고파요. 간식 좀 먹으러 가도 돼요?"

"물론이지, 아들."

"잠깐, 제이든. 하나만 더 물어볼게."

"좋아요."

"엄마가 아까 말하기를, 그 남자가 네 귀에 대고 무언가 속삭였다는데, 무슨 말을 했는지 기억나니?"

"예."

"내게 말해줄 수 있겠니?"

그 아이가 미소를 지으며 브루클린을 바라보고 말했다. "아직."

브루클린이 어리둥절했다.

"지금 말하고 싶지 않다는 거니? 네 말이 그거야?"

제이든이 웃었다. "아니요. 제 말은, 그게 그 사람이 제게 속삭인 말이라는 거에요. *아직..*"

브루클린이 한참을 바닥만 응시하고 있자, 엘시가 물었다. "괜찮아요?"

브루클린은 다시 고개를 들어 제이든을 바라보았다. "미안해, 제이든. 내가 거짓말을 했다. 하나 더 물어볼게."

제이든이 기다렸다.

"너처럼 생긴 아이와 그 밝은 곳이 그냥 모두 꿈이었을 가능성이 있잖아?"

엘시가 대답했다. "불가능해요."

"왜 불가능하죠?"

"첫아기를 잃은 것은 엄청난 충격이었어요."

브루클린이 대답했다. "저는 상상도 못 하겠어요."

엘시가 이어서 말했다. "우리는 결코 그 일에 대해 말한 적이 없어요."

브루클린이 고개를 끄덕였다. "그랬군요."

"누구에게도요. 한 번도."

"그래서, 무슨 말씀을 하시려는 거죠?" 브루클린이 물었다.

"내가 말하는 것은, 제이든은 자기에게 태어나면서 죽은 어린 형이 있었다는 걸 몰랐다는 거예요. 분명히 그 아이의 이름도 몰랐어요. 그건 하나님과 우리 사이의 비밀이었어요. 그런데 제이든이 어떻게 그런 꿈을 꾸겠어요?"

브루클린이 재킷 주머니에서 스마트폰을 꺼냈다. "이건 있을 수 없는 일이야." 그녀가 중얼거렸다. "두 번이나."

"무슨 말이에요?" 엘시가 물었다.

브루클린이 휴대폰에서 사진을 찾아 제이든의 눈앞에 들어 보였다. "이 사람이 찰리를 안아 준 그 남자였니? 네 가슴에 손을 대고 *아직*이라고 말했던 사람?"

그것은 스튜어트의 시력을 되찾도록 도와준 남자를 숯으로 그린 스케치의 사진이었다.

제이든이 눈에 기쁨이 가득해지고, 미소를 지으며 고개를 끄덕였다. 브루클린이 생각해 보니, 그 남자에 대해 이야기할 때 스튜어트의 눈에서도 비슷한 표정을 본 적이 있었다. 똑같은 감사. 그리고 사랑.

"너 안아줘도 되겠니?" 브루클린이 물었다. 제이든이 다시 고개를 끄덕이며, 두 팔을 벌렸다. "나는 네가 살아있어서 정말 기뻐, 제이든."

제이든이 웃었다. "저도요." 그리고 스케치를 가리켰다. "이 사람 누구예요?"

"나도 모르겠어." 브루클린이 대답했다. "하지만 그 사람이 고쳐줬다고 말하는 사람이 너만이 아니야."

"그래서, 이제 어떻게 하려고요?" 엘시가 물었다.

"이제 할 일은, 이 남자를 찾아야겠어요. 그 사람이 이 동네에서 일했다고 하셨으니, 그림을 알아보는 사람이 있을 때까지 이 동네 문마다 다 두드려볼 거예요. 그러다 보면, 그를 찾아낼 수 있을 거예요."

엘시가 말했다. "도와드릴까요? 문이 참 많아요."

"고맙습니다. 그렇게 해주신다면 좋고요."

제이든이 조용히 서서 두 여인을 바라보며 싱긋이 웃었다.

"왜 그러니?" 엄마가 물었다.

"아무 문도 두드릴 필요 없어요."

"두드릴 필요 없다고?" 브루클린이 되물었다. "왜?"

"그 사람이 나를 도와준 후 깨어났을 때, 그 사람이 어떤 나이 든 분과 흰색 밴에 타는 걸 봤어요."

"그냥 평범한 흰색 밴이었니?"

"아니요," 제이든이 대답했다. "옆면에 글씨가 적혀 있었어요."

두 여인이 몸을 기울여 제이든이 말하기를 간절히 기다렸다.

"'목수의 아들'이라고 적혀 있었어요."

제15장

뉴버리 스트리트

파이퍼가 퇴근하자, 에드워드가 그녀를 기다리고 있었다. "코트 벗기 전에, 나 좀 보스턴의 뉴버리 스트리트까지 태워다줘요."

가브리엘이 말했다. "쇼핑하러 가게? 뉴버리는 비싼데. 좀 더 싸게 살 수 있는 곳을 열두 군데는 아는데."

에드워드가 친구에게 미소를 지었다. "사는 게 아니라, 주러 가는 거예요."

"뭘 주는지 물어도 될까?" 가브리엘이 물었다.

에드워드가 친구에게 눈을 찡긋하며 대답했다. "구원요."

파이퍼가 차 키를 집어 들었다. 워번에 있는 그들의 집에서 보스턴의 뉴버리 스트리트까지는 38km였다. 그러나 도시의 교통 체증으로 거의 한 시간이나 걸렸기 때문에, 파이퍼가 이해하기 힘든 사실을 에드워드에게 말하기에는 시간이 충분했다. "아버지랑 내가 당신에 대해 얘기했는데, 우리가 결론을 내렸어요."

"그게 뭔데요?"

"당신은 좋은 사람이고. 친절한 사람이라고 생각해요. 그리고 당신이 우리와 오빠 폴에 대한 일들을 아는 것도 분명해요."

"그런데?"

파이퍼가 아이를 달래는 것처럼 그의 팔을 토닥였다. "우리는 당신이 하나님의 아들이라고는 생각하지 않아요. 기분 나쁘게 듣지 마세요."

그녀는 반박하기를 기다렸지만, 에드워드가 창밖을 바라보며 말했다. "참 아름다운 날이네요."

"내 말 들었어요?"

"들었죠."

"그런데요?"

"이해하기 어렵죠. 나도 알아요."

잠시 계속해서 가다가, 파이퍼가 그의 비위를 맞추려 애쓰며 말했다. "좋아요, 일단 당신이 주장하는 그분이라 치고 말할게요. 왜 여기에 있는 거죠?"

"전체적으로, 아니면 구체적으로?"

파이퍼가 잠시 생각했다. "둘 다요."

"음," 그가 말했다. "전체적으로는, 아버지의 자녀들이 어떻게 하고 있는지를 보고, 점검하려고 내가 여기에 있다고 말할 수 있을 거예요.”

“그래서 우리가 어떻게 하고 있나요?”

“별로 좋지 않아요. 만약 인생이 시험이라면, 인류는 통과하지 못했을지도 몰라요.”

“전쟁과 대량 학살, 사람들이 저지르는 온갖 끔찍한 일들을 말하는 건가요?”

“그것들도 큰 문제죠, 맞아요. 하지만 나는 마약, 범죄, 자녀 방치, 증오, 헛된 것에 대해 말하는 거예요.”

“헛된 것이라면, 뭘 말하는 거죠?”

그가 대답했다. “이웃에 대한 *사랑*보다 SNS에 좋아요를 더 신경 쓰는 거.” 그가 파이퍼의 스마트폰을 가리켰다. “당신들이 집착하고 있는 저 기기들. 그게 도움이 되고 있는지 모르겠어요.”

“어떤 점에서요?”에드워드가 고개를 저었다. “사람들은 이 기기들이 당신들을 이어준다고 주장하지만, 나는 외로운 사람들을 그토록 많이 본 적이 없어요.”

“맞아요.” 그녀가 동의했다. “그러나 그것들이 세상을 보는 창이 되어주긴 하죠.”“열린 창의 문제가 그거예요, 파이퍼. 당신이 감시하고 있지 않을 때, 무엇이 넘어 들어올지 절대 모르잖아요.”

그녀는 교통 혼잡을 피해 가며 차를 몰았다. “우리가 누구도 휴대폰을 강으로 던지지는 않을 테니, 무슨 해결책이 있나요?”

에드워드가 그녀를 쳐다보았다. “사랑. 용서.”

차 안이 조용해지자, 파이퍼가 물었다. "당신이 또 이곳에 있는 구체적인 이유가 있다고 했죠. 그건 뭐예요?"

"구체적으로는, 네 사람을 고치고, 다른 열두 명을 돕고, 하나님의 자녀 세 명을 집으로 데려오는 거예요."

"집이라면, 천국을 말하는 건가요?"

"아니요. 그냥 집을 말하는 거예요."

차 안은 다시 침묵에 빠졌다. 그러자 파이퍼가 정말로 하고 싶었던 질문을 했다. "천국은 있나요?"

"아, 그럼요. 당신이 상상할 수 있는 것보다 더 놀라운 곳이에요."

GPS에서 "도착했습니다"라는 소리가 들렸다.

파이퍼가 주차 공간에 차를 대자, 에드워드가 말했다. "한 곳에서 두 군데를 들러야 해요. 당신은 함께 가도 되고, 한 시간 후에 만나도 돼요."

"당신 돈을 가지고 있긴 해요?"

에드워드가 어깨를 으쓱했다.

"아, 맞다." 파이퍼가 빈정대는 어조의 목소리로 말했다. "당신은 구원을 나눠줄 거죠. 내가 그거 받으려면 쿠폰이 필요한가요?"

에드워드가 대답했다. "열린 마음만 있으면 돼요. 와요, 내가 보여줄게요."

그들이 보도를 따라 걸었다. 양옆으로는 커다란 쇼윈도와 비싼

물건들을 갖춘 부티크 상점들이 늘어서 있었다. 파이퍼는 길 건너편을 가리켰다. "폴이랑 예전에 저 골동품 가게에 갔었어요. 보이죠?"

"네, 아주 멋지네요."

"아주 멋진 만큼 엄청 비싸죠." 그녀가 말했다. "우리가 들어서자마자 계산대 뒤에 있던 사람이 버튼을 눌러 출입문을 잠갔어요."

"왜요?"

"우리가 가난해 보였나 봐요. 그래서 우리가 물건을 훔치러 온 걸로 생각했죠."

"그래서 어떻게 했어요?"

"나는 나가고 싶었지만, 폴이 점장에게 안심하라고 하더니, 1,200달러짜리 화병을 집어 들고 떨어뜨리는 척했어요." 그녀가 웃었다. "점장이 기겁을 해서 난리가 났었죠."

"못 알아들었어요." 에드워드가 말했다. "난리요?"

"그냥 그렇게 표현한 거예요." 그녀는 폴을 생각하니, 그가 너무 보고 싶었다. "폴은 언제나 그런 일들을 했어요. 나는 그 사람이 우리를 그런 식으로 대해서 당황스러웠는데, 폴이 모든 것을 바로 반전시켜 버렸죠."

그녀가 속으로 생각했다. 폴이 나와 함께 있다면 얼마나 좋을까, 단 하루, 한 시간, 한순간만이라도.

209

"그럴 거예요." 에드워드가 말했다.

그녀가 그에게 휙 돌아섰다. "뭐라고요?"

"다시 당신과 함께 있을 거예요." 에드워드가 말했다.

이 사람이 어떻게 저러는 거지?

에드워드가 한 가게를 몸짓으로 가리켰다. "챕터스 서점 카페. 여기예요."

가게 앞문 밖에는 A자형 칠판이 세워져 있었고, 붉은 분필로 공지 사항이 적혀 있었다:

『하나님은 거짓말』저자 셰인 해리스, 오늘 책 사인회

파이퍼가 표지판을 읽었다. "어머, 잠깐만요, 에드워드. 거긴 들어갈 필요 없어요."

"왜요?"

"왜냐하면 저 사람은 유명한 무신론자예요. 그가 『하나님은 함정』, 『하나님은 농담』 같은 책을 썼어요. 『하나님은 거짓말』, 이건 새 책이 틀림없네요. 딴 데로 가죠."

"왜요?"

"당신은 하나님의 아들이라고 주장했으니까요. 이 사람은 당신 같은 사람을 놀리거든요."

에드워드가 미소를 지었다. "나를 보호하려는 거예요?"

"그래요." 파이퍼가 한숨을 쉬며 대답했다.

에드워드가 문 앞에서 멈춰 섰다. "비밀 하나 말해줄까요?"

"말해보세요."

 "모든 예술가들의 예수상은 어린 양을 안고 있죠. 내가 뭘 말하고 있는지 알겠어요?"

 그녀가 대답했다. "그런 조각상을 본 적 있어요."

 "그것들이 아름답기는 하지만, 절반만 진실이에요."

 "무슨 말이에요?"

 "어린 양을 안고 있는 예수는 나의 부드러움을 묘사한 거예요. 그건 정확해요. 하지만 목자가 된다는 게 가끔은 아주 위험한 일이기도 해요."

 "정확히 무슨 뜻이죠?"

 "목자는 자기 양 떼를 지키기도 하고, 지팡이를 휘둘러 늑대들을 물리치기도 해야 한다는 말이에요."

 파이퍼가 빈정대듯 말했다. "보스턴에 늑대들이 있었다는 것은 몰랐네요."

 에드워드가 씁쓸하게 미소를 지었다. "늑대들은 어디에나 있어요. 어떤 늑대는 꼿꼿이 서서, 멋진 옷을 입고, 친구처럼 위장하고 오죠."

 파이퍼가 싱긋이 웃었다. "무슨 말인지 잘은 모르겠지만, 하나 물어볼게요."

 "무엇이든 물어봐요."

 "당신이 내세우는 모든 걸 조롱하는 이 저자를 정말로 만나고 싶으세요?"

에드워드가 문손잡이를 돌렸다. "그렇고 말고요."

"왜요?"

"무지와 오만은 종종 편안히 동거를 하죠. 그 방의 셔터가 닫혀 어둠이 계속되는 한은 말이죠."

파이퍼가 말했다. "그게 무슨 말인지 안다 치고, 당신 계획은 뭔데요?"

에드워드가 활짝 웃었다. "셔터를 열고, 빛이 들어오게 하려고요."

그 말을 하면서, 그가 문을 열어젖히고 안으로 들어갔다.

거기엔 서가(書架)와 접이식 의자들이 줄지어 놓여 있고, 작가가 글을 낭독하고 사인을 해주는 작은 무대가 있었다. 유명한 작가이자 무신론자인 셰인 해리스의 사인회인데도 고작 열세 명이 그를 만나러 나와 있었다.

에드워드는 파이퍼와 함께 뒤편에 서서 그 저자가 낭독하는 소리를 들었다.

우리는 미신의 굴레와 하늘을 향해 울부짖던 시절의 유물로부터 해방되어야 합니다. 과학이 우리의 종교가 되고, 지성과 논리가 우리의 성례(聖禮)가 되어야 합니다. 우리가 요정의 가루(기적을 일으키는 마법의 가루)나 스파게티 괴물(우주의 창조주를 비꼬는 말)의 제단 위에서 죽어서는 안 됩니다.

마지막 문장에서 에드워드가 큰소리로 웃었고, 서점 안에 있던 사람들이 모두 돌아보았다. "미안합니다." 그가 말하며, 손으로 입을 가려 터지려는 웃음을 막았다.

　해리스는 손가락이 뭉툭하고 머리를 뒤로 넘긴 키 작은 남자였는데, 날카로운 눈빛으로 에드워드를 쏘아보았다.

　"뭐가 그렇게 웃깁니까?" 그 저자가 물었다.

　에드워드가 고개를 저었다. "아무것도 아닙니다. 진심으로 사과합니다."

　"그 머리와 수염만 봐도," 해리스가 말했다. "패츌리 향(깊이 있고 신비로운 느낌)과 세상의 구세주 분위기가 느껴지는군요."

　에드워드는 반응하지 않았고, 무리 중 몇은 그를 비웃었다.

　"당신은 하나님을 믿는 것 같군요?" 해리스가 물었다.

　에드워드가 미소를 지었다. "당신이 상상하는 것보다 더요."

　해리스는 예수쟁이를 탈탈 털어버릴 기회를 결코 놓치지 않는 사람이다. 그가 물었다. "당신의 보이지 않는 친구는 지금 어디 있나요?" 그가 빈 의자를 가리켰다. "여기에 앉아 있나요? 누가 잘못해서 깔고 앉으면 안 되는데."

　웃음소리가 방 안에 가득해졌다.

　"내가 주의 줬잖아요." 파이퍼가 말했다. "가요."

　에드워드가 고개를 끄덕였다.

　그가 물러서는 것을 보자, 해리스가 외쳤다. "자, 보십시오, 신사 숙녀 여러분! 또 한 명의 성경 미치광이가 진실로부터 도망치고 있습니다!"

그 말을 듣고 에드워드가 멈춰 돌아섰다. 그가 오른쪽을 보았다. 거기에 한 20대의 젊은 여인이 『하나님은 거짓말』 책 한 권을 들고 있었다.

"제게 좀 보여주시겠습니까?" 에드워드가 여인의 책을 가리키며 부드럽게 말했다. 그 여인이 책을 건네주었다. 에드워드가 그것을 들어 올렸다. "당신은 하나님이 아니라 과학을 숭배합니까?"

"그렇소." 해리스가 대답했다.

에드워드가 말했다. "인간의 몸에는 30조 개의 세포가 있고, 각각이 복잡하고 고유한 기능을 가지고 있습니다. 모두가 거대한 우주에서 우연히 생겨난 것인가요?"

해리스가 능글맞게 웃었다. "우리는 수렁에서 기어 나온 운 좋은 복권 당첨자들일 뿐이죠."

그 말은 그의 추종자들에게서 더 많은 웃음을 자아냈다.

에드워드는 동요하지 않는 것 같았다. "물리학자 로버트 딕, 천문학자 프레드 호일, 그리고 유명한 스티븐 호킹조차도 우주가 정밀하게 조율되어 있다는 데 동의했습니다. 맞지 않나요?"

에드워드에게 책을 건네주었던 젊은 여인이 물었다. "그게 무슨 뜻이에요?"

에드워드가 그녀를 향해 돌아섰다. "백만 개의 다이얼이 있는 전자 회로 기판이 있는데, 각각의 다이얼이 정확한 위치에 맞춰져 있는 모습을 그려보세요. 그게 상상이 되나요?"

그녀가 고개를 끄덕였다.

"다이얼 중 하나가 아주 조금이라도 어긋났다면, 우주도, 생명도, 당신도 없었을 거예요. 당신이 없었다면 우주는 얼마나 슬픈 곳이었겠어요."

파이퍼의 생각에, 에드워드가 그 말을 하는 방식은 관심을 끌려는 말로 오해할 수 있는 게 아니었다. 그 안에는 무언가 깊은 존중이 있었다. 사랑이 있었다. 그 여인이 미소 짓는 것으로 보아, 그의 말이 그녀를 편안하게 해주었음이 분명했다.

"그것으로는 아무것도 증명하지 못해요." 해리스가 반박했다. "그저 우주가 복잡하다는 것뿐이지."

에드워드가 말했다. "그러니까, 당신은 우주가 정밀하게 조율되어 있다는 것은 인정하지만, 정작 조율한 이는 없다는 건가요?"

"맞아요."

"그것이 설계된 방식에 지능이 담겨 있다는 것에는 동의하는 건가요?"

"물론이죠."

"그렇지만 설계자는 없고, 그냥 단순한 우연이었다고요?"

"그래요." 해리스가 딱 잘라 말했다.

에드워드가 말을 계속했다. "당신은 또 무(無)에서 유(有)가 나왔다고 믿는 거죠?"

앞줄에 앉아 있던 한 남자가 말했다. "예, 우리는 그걸 빅뱅이라고 부르죠."

"음," 에드워드가 되물었다. "그러면 그 빅뱅은 무엇이 일으켰나요?"

이제는 침묵이 흘렀다.

에드워드가 앞줄의 남자에게 말을 걸었다. "당신이 의자에 앉아 있는데, 그 의자가 그냥 저절로 이 방에 생겨났나요?"

"아니요. 가게에서 사 왔죠."

"그러면 그 가게 이전에는 공장," 에드워드가 말했다. "공장 이전에는 목재 야적장에 있었고, 그 목재는 나무에서, 그 나무는 묘목에서, 그 묘목은 도토리에서, 그 도토리는… "

이제 모든 사람이 에드워드에게 시선을 고정하고 있었다.

그 남자가 물었다. "당신의 요점은 뭔가요?"

"더 높은 능력자를 믿는 건 어리석다고 하면서, 무에서 유가 나올 수 있다는 것을 믿는 건 합리적이며 가능하다고 여기는 것, 내가 물어보겠는데, 어느 쪽이 더 맹목적인 믿음을 많이 필요로 할까요?" 그가 구석에 서 있는 십대 소년을 가리켰다. "제이콥. 네 이름이 제이콥 맞지?"

소년이 놀라서 쳐다보았다. "저요? 예, 제이콥이에요."

"잠깐 도와줄 수 있겠니?"

"그럼요."

에드워드가 주머니에서 유리 사과를 꺼냈다.

"그거 우리 오빠 유품 아니에요?" 파이퍼가 물었다.

에드워드가 유리 사과를 들어 올려 모두가 볼 수 있도록 했다. "그래요."

"왜 그걸 가지고 있어요?"

"제이콥에게 던지려고요."

파이퍼가 경악했다. "뭘 한다고요?"

제이콥이 따라서 외쳤다. "뭘 한다고요?"

"괜찮아," 에드워드가 말했다. "나를 믿어. 내가 유리 사과를 던지겠지만, 잡지 말기 바란다."

"뭐라고요, 잡지 말라고 하셨어요?" 그 소년이 물었다.

"그래."

"에드워드!" 파이퍼가 분노와 두려움을 동시에 느꼈다. "그거 깨져요!"

"깨지지 않아요. 다 괜찮을 거예요. 준비됐니, 제이콥?"

제이콥이 초조하게 안절부절못하였다. "그 여자분 말이 맞아요, 선생님. 제가 안 잡으면 깨질 거예요."

파이퍼가 눈물을 참으며 말했다. "하지 말아요, 에드워드. 제발요." 그녀가 기도를 믿었다면, 기도했을지도 모른다.

해리스가 외쳤다. "뭘 증명하려는 거죠?"

"진정하세요," 에드워드가 말했다. "이건 모두 스파게티 괴물 쇼의 일부분입니다." 그가 유리 사과를 들어 올렸다. "좋아, 제이콥.

이제 나를 봐." 그 말과 함께 그가 유리 사과를 던졌고, 사과는 몇 사람의 머리 위를 날아갔다. 그러자 제이콥이 뛰어올라 공중에서 그것을 붙잡았다.

"잘 받았어." 에드워드가 말했다. "이제 그 여자분한테 줘도 돼."

소년은 자랑스럽게 미소를 지으며 걸어가 그 유리 포획물을 파이퍼에게 건넸다.

"고마워." 파이퍼가 안도감에 떨며 말했다.

그때 에드워드가 제이콥에게 물었다. "왜 그걸 붙잡았니?"

"그걸 깨뜨리고 싶지 않았어요."

"누굴 생각해서?" 에드워드가 물었다.

"저 여자분이요." 제이콥이 파이퍼를 가리켰다. "그분에게는 그게 많은 의미가 있어 보였거든요."

"그래," 에드워드가 말했다. "그건 그 여자분 오빠 거야. 그런데 왜 너는 모르는 사람을 도왔지?"

제이콥이 잠시 대답할 말을 궁리하는 듯했다.

"네가 그 여자분을 도운 거야, 제이콥. 왜냐하면 너는 선(善)을 위해 태어났기 때문이지. 네 영혼 깊은 곳에 도덕적 나침반이 있는데, 너는 그것을 무시하지 않기로 선택을 한 거야. 그게 하나님이 네 안에서 역사하고 계시는 거란다.”

　“오, 제발.” 해리스가 불만스럽게 외쳤다.

　에드워드가 물었다. “만약 네가 잡지 않았으면 무슨 일이 일어났을까?”

　“바닥에 떨어져 깨졌겠죠.”

　“왜?”

　제이콥은 잠시 생각하더니 말했다. “중력이요.”

　“중력이 어떻게 생겼니, 제이콥?”

　“음... 어떤 모습도 없어요.”

　에드워드가 말했다. “내가 헷갈리는구나. 볼 수도 없다면, 어떻게 진짜라는 걸 아는 거지?”

　제이콥이 어깨를 으쓱했다. “그게 진짜라는 걸 아는 건, 그것이 하는 일 때문인 것 같은데요.”

　에드워드가 고개를 끄덕였다. “하나님과 많이 비슷한 것 같네.”

　천천히 울려 퍼지는 박수 소리가 방 안을 채웠다. “훌륭한 발표군요.” 해리스가 계속 조롱하는 박수를 치며 말했다. “하지만 당신은 아무것도 증명하지 못했어요.”

　에드워드가 그 저자의 책을 다시 들어 올렸다. “이 안에 단어가 몇 개나 들어있는지 알아요?”

　해리스가 대답했다. “6만 개 정도?”

　“63,417개입니다.” 에드워드가 말했다.

"그래서요?"

"*거짓말*이라는 단어는 114번, *사기*는 92번, *행운*은 11번, *자아*는 9번 나옵니다."

해리스가 능글맞게 웃었다. "그걸 셀 수 있었다니, 축하합니다. 당신의 요점은 뭐죠?"

에드워드가 말했다. "사랑이라는 단어는 전혀 나오지 않아요. 은혜도 안 나와요. 용서도 안 나와요. 희망도 한 번도 안 나와요. 셰인, 내 요점은 당신의 책이 희망을 갈망하는 세상에 아무런 희망도 주지 않는다는 겁니다." 그가 앞쪽으로 걸어갔다. "만일 하나님이 존재하셔서, 바로 여러분 앞에 서 계신다면, 여러분이 그것을 흔쾌히 인정할까요?" 그가 사람들을 돌아보았다. "여러분 중에 그럴 사람 있나요?"

한 여성이 에드워드의 주의를 끌려고 손을 들었다. "증거가 없으면 믿기 어렵죠."

에드워드가 대답했다. "복음서, 십자가에서의 죽음, 그리고 여러분의 눈앞에서 하나님의 이름으로 매일 행해지는 선한 일들. 정말 증거가 없는 건가요, 아니면 여러분이 그것을 보지 않으려고 하는 건가요?"

에드워드의 왼쪽에 있던 한 남자가 말했다. "2천 년보다 더 전에 존재했던 사람을 당신이 어떻게 증명하죠? 불가능해요. 끝난 얘기입니다."

"그럼 말해보세요," 에드워드가 말했다. "아리스토텔레스는 실제로 있었나요?"

"그럼요."

"알렉산더 대왕이나 율리우스 시저는요?"

"물론이죠."

에드워드가 물었다. "우리가 어떻게 알죠?"

그 남자가 곰곰이 생각하더니 말했다. "그들을 알았던 증인들이 그들에 대해 기록했으니까요."

에드워드가 대답했다. "성경과 많이 비슷한 것 같은데요." 그가 저자에게 더 가까이 다가갔다. "왜 당신이 여기서 이런 일을 하는지 알겠어요."

해리스가 대답했다. "책을 팔기 위해서지, 당연히."

사람들에게서 또 킥킥거리는 웃음소리가 들렸다.

에드워드가 고개를 저었다. "아니에요."

"아니라고?" 해리스가 말했다. "내게 좀 알려주시오."

에드워드가 셰인에게 가까이 몸을 숙이고 속삭였다. "만약에 말인데요. 아버지는 내가 겨우 네 살 때 우유를 사러 나간 뒤 다시 돌아오지 않았고, 어머니는 남자들을 집에 데려왔는데. 하나같이 전보다 더 나쁜 사람이었어요. 폭력, 술, 외로움… 나는 갈색 줄무늬 담요를 덮고 계단 밑에 숨어 있었어요."

셰인이 망연자실하여 그를 쳐다보았다.

"내가 만약에 그 어린아이였다면," 에드워드가 계속했다. "나 또한 하나님의 사랑이나 존재를 의심했을 거예요."

셰인은 움직일 수도 대답할 수도 없는 자신을 발견했다. *이 사람이 어떻게 이 일들을 알 수 있지?*

"만일 내가 그 소년이라면," 에드워드가 계속했다. "나도 자라서 하나님을 비난하는 책을 썼을지도 몰라요." 그가 셰인의 어깨를 만지고 나서 똑바로 일어섰다. "마지막 한 가지," 그가 청중이 들을 수 있을 정도의 큰 소리로 말했다.

"뭔데요?" 셰인이 되물었는데, 목소리가 힘이 없었다.

"유니콘을 믿나요?"

"당연히 안 믿죠."

"셰인, 유니콘을 믿지 않는 사람은 *유니콘은 거짓말* 또는 *유니콘은 함정* 같은 책을 쓰며 인생을 보내지 않아요. 우리는 존재한다고 믿지 않는 것을 비난하며 돌아다니지는 않죠. 당신이 하나님을 강하게 부인하는 그것이 당신의 속마음을 드러내고 있는 거예요, 친구."

셰인이 눈을 내리깔았다.

에드워드가 다시 목소리를 낮추었다. "나는 당신을 난처하게 하려고 온 게 아니에요."

"그럼 왜요?"

"하나님께서 당신을 잊지 않으셨다는 걸 말하려고요, 셰인. 당신이 그 계단 밑 어두운 곳에서 지쳐갈 때, 내 아버지의 식탁에는 항상 당신의 자리가 있다는 걸 알아주세요."

에드워드가 출구 쪽으로 갈 때, 모든 사람이 그를 주시하였다.

그는 제이콥 곁을 지날 때, 미소를 지으며 말했다. "잘 받았어."

파이퍼가 문에서 그를 맞이했다. "정말 대단했어요." 그녀가 말했다.

그가 대답했다. "한 가지 일만 더 하면 갈 수 있어요,"

그 말과 함께, 그는 돌아서서 서점에 딸린 작은 카페로 빠르게 걸어 들어갔다. 그곳에는 테이블 여섯 개가 사인회에 참석하지 않은 사람들로 가득했다. 방 가운데에는 머리부터 발끝까지 명품을 걸친 백인 십대 소녀 넷이 앉아 있었다. 그들은 혼자 앉아 책을 읽는 한 십대 소녀를 향해 웃으며 수군거리고 있었다. 그 아이는 나이에 비해 키가 작은 흑인 소녀였고, 청바지에 보라색 스웨터를 입고 있었다.

에드워드가 방을 가로질러 못된 소녀들의 테이블 앞으로 가서 멈춰 섰다. 그가 엄한 표정으로 그들을 즉시 조용하게 했다. 그런 다음 그는 혼자 앉아 있던 소녀의 테이블로 다가갔다. "네가 나오미 맞지?"

그녀가 올려다보았다. "제가 아는 분이세요?"

"네가 생각하는 방식으로는 아니지만," 그가 말했다. "나는 분명히 너를 알고 있어."

나오미가 책을 내려놓고 불안하게 주위를 둘러보았다.

"괜찮아," 그가 부드럽게 말했다. "약속할게. 무슨 책을 읽고 있니?"

소녀가 다시 책을 집어 들었다. "C. S. 루이스의 『마지막 전투』예요. 나니아 연대기 중 하나예요."

"아하," 에드워드가 말했다. "그는 좋은 작가야. 신앙에 대해 말하기를 두려워하지 않지."

그 십대 소녀는 말없이 앉아 있었다.

"말이 나와서 하는 얘긴데," 에드워드가 말했다. "네 목에 걸고 있는 그 십자가 말이야. 그거 어떻게 갖게 되었니?" 그가 체인에 매달린 아름다운 스털링실버(은 92.5%+구리 7.5%) 십자가를 가리켰다.

나오미가 그것을 가슴에 꼭 끌어안았다. "엄마가 크리스마스 선물로 주셨어요."

"많은 사람이 그걸 패션으로 걸고 다니지만," 에드워드가 말했다. "넌 아닌 것 같구나."

"아니에요. 저에게는 정말 소중한 거예요."

그때 다른 테이블의 십대 소녀들이 또다시 킥킥거리고 웃었다. 나오미가 힐끗 바라보았다.

에드워드가 소녀의 시선을 따라갔다. "나오미, 그 애들은 못 본 척하라고 너한테 얘기하고 싶었어. 마음속으로 바로 지금의 네가 훌륭하다는 확신을 가져야 해. 내 말은… 하나님께서 너를 위해 멋진 계획을 가지고 계시다는 거야."

나오미는 여전히 십자가 목걸이를 꼭 쥐고 있었다. "가끔은… 남과 다르다는 게 힘들어요."

"나도 안다, 아가야."

소녀가 그를 바라보았다. "제가 아직 남자 친구도 없고, 늘 공부만 한다고 애들이 저를 놀려요. 심지어 교회에 다니는 것 때문에도요."

"나도 알아," 에드워드가 말했다. "그런데도 너는 스웨터 밖으로 십자가를 걸고 있잖니. 그게 너를 놀림감이 되게 할 걸 알면서도 말이야." 그가 몸을 더 가까이 숙였다. "잘 들어, 나오미. 너는 어떤 아이들보다도 더 용감하단다."

"그렇게 생각하세요?"

"물론이지." 그가 소녀를 향해 미소를 지었다. "너는 앞으로 수의사가 되고 싶어 하지?"

"그걸 어떻게 아셨어요?"

그가 테이블 위에 있는 소녀의 휴대전화를 가리켰다. "그거 잠깐 쥐 볼래?"

소녀가 망설였다.

"괜찮아. 금방 돌려줄게. 약속해."

소녀가 휴대전화를 건네주었다. 그가 두 손 사이에 그것을 잠시 끼고 있다가 다시 돌려주었다. "네 소셜미디어 계정 사진을 열어봐."

소녀가 다시 망설였다.

"날 믿어. 너도 그걸 좋아할 거야."

나오미가 앱을 열자, 그가 말했다. "네가 보게 될 사진은 단 한 번만 볼 수 있단다."

소녀가 자신의 프로필 사진으로 가자, 붉은 학사모와 가운을 입은 22살쯤 된 한 흑인 여성이 보였다. 노부부가 그녀의 옆에 서 있었다. 그녀의 부모님이었다.

"잠깐만요. 이건…?"

"너야." 에드워드가 대답했다. "앞으로 8년 후, 너는 코넬대학에서 수의학 학위를 받고 졸업하게 될 거야."

소녀는 놀라서 말없이 바라보기만 했다.

"다음 사진." 에드워드가 말했다.

나오미가 손가락으로 치자, 이번엔 청진기를 목에 걸고 하얀 가운을 입은 자신의 사진이 나타났다.

"제가 수의사예요?"

"그래." 그가 대답했다. "너는 버몬트의 한 진료소에서 가난한 가정들을 위해 무료로 수의사 진료를 해주고 있단다."

나오미의 눈에 눈물이 가득해졌다.

"네가 꿈에 그리던 남자를 만나 사랑에 빠지고, 산꼭대기에서 결혼식을 올리게 될 거라는 걸 말해주고 싶지만, 너무 많이 알려주고 싶지는 않구나."

"왜 저한테 이 모든 걸 보여주시는 거예요?" 소녀가 물었다.

"네가 잘하고 있다는 걸 알게 하려는 거야. 주위에서 떠드는 소리는 무시하고, 네 길을 계속 가도록 해."

소녀가 휴대전화를 목걸이 바로 옆, 가슴에 꺼안았다. "또 해주실 말씀 없으세요?" 소녀가 물었다.

그가 소녀의 십자가를 가리켰다. "네가 기도할 때, 내가 듣고 있다는 걸 알아라."

소녀가 환한 미소를 지으며 그와 눈을 마주쳤다.

"책, 재미있게 읽어." 그가 말하고, 떠나갔다.

그가 방을 가로질러 갈 때, 나오미가 다시 인스타그램 계정을 열었다. 인생의 길을 찾으려 애쓰는 십대 소녀의 이전 사진들로 다시 돌아와 있었다.

소녀가 십자가를 꼭 쥐며 속삭였다. "고마워요, 예수님."

에드워드가 문 옆에 있는 파이퍼에게 갔을 때, 그가 속으로 대답했다. "천만에, 나오미."

"우리 구원 다 나눠주고 없나요?" 파이퍼가 놀리듯 물었다.

에드워드가 서점의 문을 밀어 열며 대답했다. "절대 아니에요."

제16장

아니. 그래. 어쩌면

"코너? 에비?" 브루클린이 불렀다.

코너가 대답했다. "밖에서 그네 타고 있어."

웨이크필드에 있는 그들의 집 뒤 베란다에는 낭만적인 목제 그네가 있는 것이 자랑거리였다. 그들이 그 집을 사게 된 것도, 그 그네를 끌어안고 지내려는 생각이 결정적인 요인이었다.

그녀가 밖으로 나갔을 때, 그는 샘 아담스 맥주를 반병쯤 비운 채 들고 있었다. "에비는 어디 있어?" 그녀가 물었다.

"부모님 댁에 있어."

브루클린은 그의 목소리 톤에서 무언가 일이 생겼다는 것을 알 수 있었다. "그거 계획했던 일이야?"

"아니. 우리 대화 좀 나누게, 그 애를 데리고 있어 달라고 내가 부탁드렸어."

브루클린이 코너 옆에 털썩 주저앉았다. "우리 싸우려는 거야?"

"아니." 그가 말했다. "그래. 어쩌면."

"그래서… 무슨 일인데?" 그녀가 물었다.

코너가 망설임 없이 입을 열었다. "알다시피, 에비가 열 살이 되는데, 교회 주일학교에 들어가기에도 이미 2년이 늦어졌어."

그가 그녀의 반응을 기다리며 말을 멈췄다.

"그래서?" 브루클린이 물었다.

"그러면 이 대목에서, 당신은 에비가 좋은 사람이 되는 데 그 애 인생에 교회나 종교가 필요하지는 않다, 그리고 하나님이 존재한다면 그분은 부재지주 같은 분이라는 설교를 내게 하겠지."

"내가 그렇게 뻔해?"

코너가 어깨를 으쓱하며 말했다. "우리 이 논쟁을 전에 안 해본 게 아닌 것 같은데."

그녀가 대답했다. "알았어."

"그래서?" 코너가 물었다.

브루클린이 그네에서 일어났다. "만일 에비가 교회에 가고 싶어 한다면, 나도 좋아."

"정말?"

"그래."

코너가 맥주를 한 모금에 들이켜고, 그녀를 미심쩍어하며 찬찬히 살폈다. "당신 무슨 일 있어?"

"아무 일도 없어. 머리가 깨지는 것 같은 두통을 떨쳐버릴 수가 없는 것 말고는."

코너는 그녀를 따라 주방으로 들어갔다. 그녀가 이부프로펜(진통제) 병을 보관하는 찬장을 열고, 몇 알을 손에 털어냈다.

"와, 그거 몇 알 먹는 거야?"

"네 알."

"그거, 약병에 적힌 권장량보다 많은 거 아냐?"

"내가 약병보다 더 잘 알아." 그녀가 말했다.

"그 두통, 사과나무에서 떨어진 후에 시작된 거야?"

브루클린이 약을 삼키고 대답했다. "그 전부터."

코너가 걱정스러운 표정으로 그녀를 쳐다보았다.

"그런 얼굴 하지 마. 두통일 뿐이야, 코너. 그게 다야."

"알았어." 그가 화제를 돌렸다. "오해하지는 마. 하지만 왜 갑자기 에비와 교회, 하나님 문제를 괜찮다고 하는 거야?"

그녀가 주방 식탁의 의자에 주저앉았다. "어쩌면 내가 나 자신의 하나님 문제를 겪고 있어서 그런가 봐."

"무슨 뜻이야?"

"사기꾼에 대한 내 기사."

코너가 그녀 맞은편 자리에 앉았다. "말해봐."

"별 얘긴 아냐. 두 사람이 같은 남자에게 치유 받았다고 말하고 있는데, 그 남자는 자신이 하나님이라고 생각해."

"하나님? 그러니까, 진짜 그 하나님 말이야?"

브루클린이 미소를 지었다. "그 위대하신 분 자신."

"그 시각장애인 아닌 시각장애인에 대해 얘기하고 있는 거야?"

"그래. 그 사람 말로는 어떤 남자가 그의 눈을 만져서 낫게 했다는 거야."

"그리고 두 번째 사람은 누구야?"

"차에 치였던 아이."

"얼마나 심각해?" 코너가 물었다.

"자전거는 반으로 접혔고, 아이는 죽어가는 것 같았어. 그런데 2분 후에는 멀쩡해졌지."

"그게 어떻게 가능해?"

그녀가 대답했다. "좋은 질문이네."

"그 아이도 같은 사람이 도운 거야?"

"응. 그런데 그건 이상한 것도 아니야."

코너가 몸을 가까이 숙였다. "이거 너무 기대되는데."

"그가 죽어가고 있을 때—내 말은, 그 소년—그가 자신이 한 번도 본 적 없었던 죽은 형을 봤다는 거야. 그러고 나서 이 미스터리한 남자가 천국에서 그 아이를 다시 데려왔다는 거야."

"죽은 형, 잠깐만… 뭐라고?"

"얘기가 길어, 코너. 요점은 그 아이가 자기는 죽어가고 있었는데, 어떤 남자가 자기를 다시 살아나게 했다고 주장한다는 거야."

"당신은 그 두 사람을 도운 사람이 같은 사람이라고 확신하는 거고?"

"그게 확실한 것 같아." 그녀가 말했다. "내가 그 아이에게 눈먼 남자를 도왔던 사람의 스케치를 보여주었거든."

"그래서?"

"♫빙고(맞았어)가 그의 이름이었네."(동요 가사)

코너가 망연자실한 것같이 보이자, 브루클린이 말했다. "어때, 대박이지?"

그가 얼굴을 찡그렸다. "그 말 좀 그만해."

"내가 너무 많이 써먹었나?"

그가 대답했다. "조금 그런 것 같아."

잠시 가만히 있다가 코너가 말했다. "어쨌든. 왜 이게 1면 기사가 아니야?"

브루클린이 그를 설마 하는 표정으로 바라보았다.

코너가 계속했다. "나 진심이야! 미스터리한 남자가 두 번의—"

그녀가 그를 제지했다. "그 말은 하지 마. 절대 하지 마."

코너가 그녀의 뜻을 어기고 말을 맺었다. "기적을 행했다."

"기적은 존재하지 않아, 코너. 그리고 내가 보스턴 글로브 일요 판에서 기적은 있다고 주장할 수는 없잖아."

두 사람 사이에 긴 침묵이 흘렀다.

"그래서," 마침내 코너가 말했다. "자기가 하나님이라고 주장한다는 그 남자… ."

"제정신이 아닌 거지." 브루클린이 날카롭게 대꾸했다. "자, 우리 좀 현실 세계에서 살자고."

"제정신이 아니라고? 그래, 우리 신앙심 깊은 사람들은 모두 제정신이 아닌 거니까."

"나는 그렇게 말한 적 없어."

코너가 식탁에서 벌떡 일어나 세탁실로 들어갔다. 브루클린이 뒤따라갔다. 코너가 갓 말린 세탁물 더미를 꺼내 건조기 옆 작은 테이블 위에 던지며 "나는 이것들이 아직 따뜻할 때가 좋아."라고 말했다.

"그거 하지 마." 브루클린이 대답했다.

"빨래 개는 거?" 코너가 빈정대듯 되물었다.

그녀가 그의 손에서 수건을 빼앗았다. "피해자인 척하지 말라고."

"아무도 무엇인 척하고 있지 않아, 브룩."

"그래, 내가 기적 같은 건 없다고 하고, 그 제정신 아닌 사람이 하나님일 리 없다고 하니까, 당신이 곧바로 입을 닫아버렸잖아."

그가 옷을 또 한 아름 꺼내고, 건조기 문을 쾅 닫았다. 무언가 말하려는 것 처럼 입은 열었지만, 아무 말 않고 방을 나가버렸다.

"잠깐!" 브루클린이 뒤에서 그를 불렀다.

그가 계속 걸어갔다.

그녀가 말했다. "우리가 약혼하던 날 당신이 내게 약속했었지."

그가 돌아서서 그녀를 쳐다보았다. "무슨 약속?"

"우리는 물건을 내던지고 화내며 떠나버리는 그런 부부가 되지 말자고 했잖아. 특별히 힘들 때는 대화로 해결하자고 했지, 기억나?"

그가 천천히 숨을 내쉬었다. "그래. 기억나." 그가 빨래 더미를 소파 위에 내려놓았다. "나 당신 사랑해, 자기야. 당신도 알잖아. 그리고 당신이 왜 교회를 좋아하지 않는지 이해해. 또 당신 어머니가 그런 식으로 당신을 병원에 버린 것에 대해 화를 내는 것도 이해해."

"그 여자는 내 어머니가 아니야. 그 여자를 절대로 그렇게 부르지 말아! 기껏해야 생물학적 어머니이지, 내 어머니는 아니야."

"그래, 생물학적 어머니." 코너가 스스로 고쳐 말했다.

"그분이 당신을 낳고 바로 떠난 건 상처를 주는 일이었지."

"그 여자는 나를 버린 거야, 코너. 버린 거라고. 떠난 게 아니라. 말은 똑바로 해."

"알았어." 그가 말했다. "버린 거야."

브루클린이 캐물었다. "그런데?"

"하지만… 그 일이 당신을 입양하고 사랑해 주신 훌륭한 부모님에게로, 또 놀라운 삶으로 이끌었고…." 그의 목소리가 점점 작아졌다.

"마저 말해, 코너. 수년간 당신 목구멍에 걸려 있는 무언가가 있다는 걸 알아. 나는 *생각하고 있는 것을 말하지 않고 있는 것*은 견딜 수가 없어."

코너는 그녀가 계속 들고 있던 수건을 받아, 빨래 더미 위에 올려놓고, 그녀의 손을 잡았다. "좋아. 말할게. 우리는 당신의 생물학적 어머니가 임신했을 때 어떤 상황이었는지 알지 못해. 아마도 무언가 어려운 일이 있었을 게 분명해. 그리고… "

그녀가 그의 손을 뿌리쳤다. "그러면 당신 삶에 어려운 일이 있었으면, 당신도 에비가 태어났을 때 병원에 버렸을 거라는 거야?"

"물론 아니지." 그가 말했다. "내 말의 요점은, 만일 그분이 당신을 키울 수가 없었거나 아기를 원치 않았다면, 다른 선택지가 있었다는 거야."

"그래서 그 여자가 나를 낳을 때까지 품고 있다가 버린 것에 대해 내가 감사해야 한다는 거야?"

"아니." 그가 말했다. "그게 너무 무리한 요구라는 거 알지만, 어쩌면… "

그녀는 기다렸다. 그녀가 그에게 솔직해지라고 했으니, 그녀가 그것을 받아들이는 연습을 할 필요가 있었을지도 모른다. "괜찮아." 그녀가 말했다. "그냥 말해."

그가 그녀의 어깨에 손을 얹었다. "그분을 그렇게 많이 미워하지 않아도 될지 몰라."

그녀가 그를 쳐다보았다. 사실 그의 말은 일리가 있었다. 그녀는 이 세상에 그녀를 낳아놓고 반납일 지난 도서관 책처럼 병원에 버린 그 여자를 만나본 적이 없었다. 그녀는 그 응어리를 신발 속의 돌처럼 지니고 다녔다.

그녀는 한숨을 쉬며, 코너에게 말이 필요 없이 *미안해*라는 말을 눈길로 전했다. 그녀의 침묵은 곧 그녀의 항복이었다.

"사랑해, 브룩."

"나도 당신이 너무 좋아, 코너." 그녀가 그의 손 위에 손을 얹었다. "나 부모님을 많이 사랑해."

"나도 알아." 그가 대답했다.

"그분들이 내게 주신 삶은... "

"환상적이었지." 그가 말했다.

브루클린이 그의 손을 꼭 쥐었다. "그래도... 형제자매가 있었으면 좋았을 텐데." 그녀는 전에 그 말을 입 밖으로 꺼낸 적이 있었는지 기억할 수가 없었다.

"그분들이 아이를 더 입양하려고 생각한 적은 없었나?"

"한 번으로 끝이었어." 그녀가 대답했다.

코너가 능글맞게 웃었다. "당신이 워낙 끔찍한 아이여서, 그분들이 다른 아이를 입양할 엄두를 내지 못한 게 분명하군."

그녀가 빨래 더미에서 수건 하나를 집어 그를 장난으로 찰싹 때렸다. "당신 정말 못됐어."

그들의 웃음이 가라앉자, 그가 말했다. "농담은 그만하고, 당신은 남자 형제와 여자 형제 중 누가 있었으면 좋겠어?"

"둘 다 좋겠지만, 솔직히 여자 형제."

"언니 아니면 동생?"

"여동생," 그녀가 대답했다. "내가 이것저것 가르쳐주고, 친하게 지낼 수 있는 어린 여동생."

코너가 따뜻하게 미소 지었다. "당신은 정말 좋은 언니가 되었을 거야."

빨래를 제쳐두고, 두 사람은 다시 베란다의 그네로 돌아왔다. 그들이 함께 앉았을 때 그가 물었다. "우리 잠시 일 얘기로 돌아갈까?"

"그래."

"브룩, 보스턴에서 무슨 일이 일어나고 있든지 간에, 당신은 시각장애인이 이제는 볼 수 있게 되었고, 아이가 끔찍한 충돌 사고에서 멀쩡히 살아난 얘기를 알고 있잖아. 기적이건 아니건 간에, 이건 흥미진진한 기삿거리야."

그녀가 잠시 생각에 잠겼다. "나도 알아. 그렇지만 사람들을 치유하려고 나타난 그 미스터리한 남자에 대해서는 어떻게 해야 해?"

코너가 다시 그녀의 손을 잡았다. "그 사람을 찾아서 대화해봐. 만약 사기꾼이면 폭로해. 그런데 만약에 그 사람이 물을 포도주로 바꾼다면… 1면 기삿감이잖아."

그녀가 싱긋 웃으며 그의 옆에 몸을 기대었다. 이 그네 위에서 그들이 함께 나누는 시간은, 그들의 결혼 생활에서 최고의 순간들이었다. "당신은 항상 날 웃게 만드는 방법을 찾아내."

그가 팔로 그녀를 감싸안았다. "내가 방금 깨달은 게 있어." 그가 말했다.

"뭔데?"

"보스턴에 사는 사람이 백만 명은 되는데, 그 사람을 찾으려면 행운을 빌어야겠네."

그녀가 그의 얼굴을 보려고 몸을 뺐다. "사실은, 행운이 필요 없어. 자전거 타던 아이가 그 사람이 일하는 가게 이름을 알고 있었거든."

"정말? 어딘데?"

"잠깐만." 그녀가 집 안으로 달려가 노트패드를 찾아왔다. "내가 적어놓았지." 그녀가 페이지를 재빨리 넘기면서 말했다. "여기 있다. '목수의 아들'."

코너가 벌레를 삼킨 것 같은 표정을 지었다. "당신 뭐라고 했어?"

"목수의 아들. 왜? 그게 당신에게 무슨 의미가 있는 거야?"

"내게? 아니, 세상에게, 그렇고말고."

브룩이 다시 그의 곁에 앉았다. "이해가 안 돼."

그가 잠시 있다가 말했다. "그 사람이 하나님이라고 주장한다고 당신이 말했지?"

"응, 하나님, 아니 엄밀히 말하면, 예수님, 적어도 그 시각장애인에게는. 왜?"

그가 대답했다. "당신이 교회에도 다닌 적 없고, 이 얘기를 배운 적도 없다는 것을 내가 잊고 있었어."

그녀가 발끈했다. "무슨 얘기야?"

그가 대답했다. "예수님은 마리아에게서 태어나셨지만, 그분의 —말하자면 '양아버지'— 이름이 요셉이었어."

"그래서?"

"요셉은 목수였어, 브룩. 그러니까 그의 아들인 예수님은…"

브루클린이 문장을 마무리했다. "목수의 아들."

그녀가 팔에 소름이 돋는 걸 내려다보았다.

"오 믿음이 적은 여인이여, 당신 방금 소름 돋았어?" 코너가 농담을 했다.

브루클린이 소름 돋은 팔을 문질렀다. "추워. 그게 다야."

코너가 그녀를 감싸안았다. "저런, 그랬구나."

제17장

티쇼밍고

에드워드가 집으로 들어가니, 가브리엘이 그릇을 치우고 있었다. "이 친구야, 저녁 식사를 못 했잖나."

에드워드가 대답했다. "고마워요. 배고프지 않아요."

파이퍼가 작은 우편물 꾸러미를 들고 집으로 들어왔다.

"아빠, 에밀리 존슨이라고 아세요?"

"응, 얼마 전에 그분 집에서 일을 마쳤지. 왜?"

그녀가 축하 카드 크기로 보이는 봉인된 봉투를 들어 올렸다. "그분이 이걸 보냈어요. 봉투 앞면에 에드워드에게 꼭 전해달라고 적혀 있어요."

"나한테요?" 에드워드가 물었다.

파이퍼가 봉투를 건네주었고, 에드워드가 그것을 열었다.

"뭔가?" 가브리엘이 물었다.

"돈과 함께 감사 카드를 보냈네요."

파이퍼와 가브리엘이 함께 호기심을 가지고 기다리는 것을 보자, 에드워드가 큰 소리로 그것을 읽었다.

에드워드에게, 할머니 브로치를 찾게 해줘서 고마워요. 이 선물을 가지고 좋은 일에 써줘요. 에밀리 드림.

파이퍼가 그의 손을 엿보려고 했다. "얼마 받았어요?"

에드워드가 100달러 지폐 두 장을 들어 올렸다.

"와, 자네 부자네." 가브리엘이 말했다.

에드워드가 돈을 접어서 청바지 앞주머니에 집어넣었다.

"이거 나중에 쓸 수 있겠네요."

파이퍼가 농담을 했다. "오늘 밤 술집에 갈 생각이에요?"

그가 대답했다. "마침 그 얘기를 하려던 참인데."

"왜요?" 파이퍼가 물었다. "뭐 필요한 것 있어요?"

"예. 교도소에 좀 태워다 줘요."

"왜요?" 그녀가 물었다.

"가는 길에 설명할게요."

*

그것이 운이었든, 의도된 것이었든, 파이퍼는 보스턴의 내슈아 스트리트 교도소로 가는 길에 번번이 적색 신호등에 걸려, 그녀와 에드워드가 대화를 나눌 시간이 있었다.

"내가 왜 당신을 교도소에 데리고 가고 있는지 말해줄래요?" 파이퍼가 물었다.

"내가 당신에게 새끼 양을 안고 있는 내 초상들에 대해 얘기했던 거 기억해요?"

파이퍼가 대답했다. "당신이 안고 있는 거라고요?"

"아, 맞아. 당신은 아직도 내가 하나님의 아들이라고 믿지 않고 있죠."

"믿기는 힘들어요, 에드워드."

"이해해요. 그렇지만 내가 뭐라고 했는지는 기억하죠?"

"예." 그녀가 대답했다. "진정한 목자는 늑대들을 쫓아내는 강인한 사람이기도 하므로 그 초상들은 절반의 얘기만 전하는 거라고 당신이 말했어요."

"맞아요. 그래서 종종 목자는 양을 구하려고 늑대의 굴속까지 들어가야 해요."

"그래서 그게 교도소인가요?" 그녀가 물었다.

"오늘은 그래요."

"위험해 보여요."

그가 말했다. "마태복음 18장 12절."

파이퍼가 대답했다. "나는 보험회사에서 일하고, 성경 공부하러 안 다니니까, 친구가 내게 해석해 줄래요?"

에드워드가 미소를 지으며 그녀를 쳐다보았다. "당신이 나를 친구라고 불렀어요."

"그래서요? 그게 당신 같은 신적 존재에게는 모욕인가요?"

그가 웃었다. "아유, 아니에요. 나는 당신이 나를 친구로 생각해 주기를 바라는데요."

"좋아요." 그녀가 말했다. "알겠어요. 그러면… 당신이 방금 인용한 성경 구절은요?"

에드워드가 대답했다. "간단히 말하죠. 당신에게 양이 100마리가 있는데, 한 마리라도 잃어버리면, 당신은 그를 찾으러 간다는 말이에요."

"그래서 그 양이 교도소에 있군요?"

그가 고개를 끄덕였다. "그리고 거리에도, 집에도, 사무실에도, 심지어 교회에도 있어요." 그가 창밖을 내다보았다. "저기요, 차 세워요!"

파이퍼가 백미러를 확인한 다음 지프차를 천천히 길가로 몰아 어드벤트 교회라는 간판이 붙은 큰 붉은 벽돌 건물 앞에 주차를 하였다.

"여긴 아직 백베이 지역이에요, 에드워드. 그리고 저건 교도소가 아니라 예배당이에요."

"알고 있어요." 그가 대답했다. "이건 보너스 정차라고 부르죠."

그녀가 차에서 내리며 고개를 들어 짙푸른 하늘과 구름에 닿도록 솟은 장엄한 첨탑을 바라보았다. "엽서 같군요." 그녀가 말하고는 컴컴한 창문들을 흘깃 보았다. "열려 있는 것 같진 않은데요."

그가 대답했다. "들어가지는 않을 거예요." 그가 나무판이 붙은 검은색 철제 벤치를 손으로 쓸며, 울긋불긋한 나무들로 둘러싸인 작은 공원에 화려한 분수대가 있는 것을 넘겨다보았다.

파이퍼가 그의 시선을 따라갔다. 또 하나의 엽서 같은 풍경이로군.

그가 물었다. "트렁크에 베개나 담요 같은 거 있는지 모르겠네요?"

"없을 것 같지만. 찾아볼게요." 파이퍼가 지프 뒤로 돌아가 트렁크를 열었다. "오래된 재킷도 괜찮나요?" 그녀가 파란색 겨울 코트를 꺼내 그에게 건넸다. "폴의 것이었어요. 굿윌스토어(장애인 재활사업장)에 기증하려고 했는데, 도저히 버릴 수가 없더라고요."

에드워드가 그녀에게 미소를 지었다. "완벽해요. 고마워요." 그가 다시 벤치로 돌아가 침대처럼 몸을 눕히고, 외투를 담요처럼 덮었다.

"갑자기 낮잠을 자려고요?"

"그런 셈이죠." 그가 대답했다.

"교도소에 있는 양을 구하는 일은 어쩌려고요?"

에드워드가 말했다. "구할 거예요."

"똑똑하신 분께서 거기는 어떻게 갈 건데요?"

에드워드가 싱긋이 웃었다. "친절한 경찰관 몇 분이 태워다 줄 거예요."

파이퍼는 어이가 없어서 그 자리에 서 있었다.

"가도 돼요." 그가 말했다. "아침에 교도소로 데리러 와줘요."

그녀가 고개를 저었다. "뭐 좀 말해도 돼요?"

"물론이죠."

"당신은 처음 만났을 때 이상했던 게, 그 후로도 덜해진 게 없네요."

에드워드가 수긍하며 고개를 끄덕였다. "그런 말 많이 들어요."

파이퍼가 눈을 흘겼다. "동틀 때 교도소에서 만나요."

*

뉴스위크 잡지가 언젠가 미국에서 가장 부유한 400개 마을의 목록을 작성했는데, 에드워드가 지금 쉬고 있는 백베이는 상위 10위 안에 속했다. 그곳에 사는 사람은 아무도 가난하다고 할 수 없었다.

에드워드가 거기에 누운 지 2분도 안 되어, 차 한 대가 속도를 줄이더니 누군가 소리쳤다. "여기서 자면 안 돼요!"

길 건너편에서 개를 산책시키던 남자도 벤치에 누운 에드워드의 어렴풋한 형체를 알아보고, "노숙자 보호소가 있잖아요!"라고 소리쳤다. 그 남자가 몇 분 뒤 되돌아가다가 말했다. "경찰에 신고하겠어요!"

부유한 동네에서는 9-1-1 신고를 하면 보통 오래 기다리지 않는다. 에드워드의 경우, 백베이에서 적어도 세 사람이 경찰에 전화를 걸어 항의를 했고, 그 중 한 사람은 에드워드를 우리 교회 밖에서 잠자고 있는 부랑자라고 설명을 했다.

순찰차 두 대가 도착했고, 그들의 번쩍이는 붉은색 경광등이 교회(성공회) 사제인 라일리 신부의 이목을 끌었다. 그가 무슨 소동인지 살피러 사제관에서 나왔다. "지금 이게 무슨 일이죠?" 그가 경찰관에게 물었다.

"일어나 주세요." 한 경찰관이 말했다.

에드워드가 지시에 따라 일어나 앉았다.

"괜찮아요?" 신부가 물었다.

"잠시 교회 벤치에서 쉬고 싶었을 뿐이에요, 신부님."

라일리 신부가 경찰들을 보고 말했다. "그 사람 여기 나와 있기에는 너무 추워요."

에드워드가 파이퍼가 준 큰 파란색 코트를 들어 보였다. "이걸로 좋아요."

신부가 몸을 앞으로 굽혀 말했다. "이 친절한 경찰관들이 따뜻한 보호소에 데려다줄 거예요. 좋죠?"

에드워드가 대답을 안 하자, 한 경찰관이 그의 얼굴에 불을 비추었다. "여기서 자면 안 됩니다."

에드워드가 고개를 끄덕였다. "잠자는 게 문제라면, 잠시 벤치에 앉아만 있어도 좋은데, 안 될까요? 오래 있진 않을 게요, 약속해요. 그냥 앉아 있으면 될까요?"

경찰관들이 서로 쳐다보더니, 신부에게 시선을 돌렸다.

"이건 벤치잖아요." 에드워드가 말했다. "벤치는 앉으라고 만든 겁니다. 내 말은 그게 여기 있는 이유라는 거죠. 그렇잖아요?"

유일한 여자 경찰관이 신부를 쳐다보며 말했다. "엄밀히 따지면, 이 사람이 잘못한 건 아무것도 없어요. 하지만… 결정은 신부님이 해주세요."

라일리 신부가 주저하지 않고, 마치 쓰레기 냄새라도 맡은 것처럼 얼굴을 찡그리며 안된다고 고개를 저었다.

다른 경찰관이 에드워드의 팔꿈치를 건드렸다. "일어나요, 안 그러면 우리가 일으켜 주겠어요."

길 건너편에는 사람들이 모여 있었다. TV 채널이 천 개나 있지만, 아무런 잘못도 저지르지 않은 남자를 몰아내는 경찰관이 이날 저녁의 오락물인 듯했다.

에드워드가 일어서서 신부를 바라보고 말했다. "마태복음 25장 44절."

라일리 신부의 표정은 이 침입자가 방금 언급한 성경 구절이 뭔지 확실히 알지 못한다는 것을 보여주고 있었다. 그가 길 건너편에 있는 사람들을 흘깃 보고 외쳤다. "아무 일도 아닙니다. 이제 집으로 가세요."

구경하던 사람들이 돌아갔다. 에드워드가 신부에게 물었다. "당신의 양떼인가요?"

라일리 신부가 외면을 했다.

"몸 수색을 해야 합니다." NFL(프로미식축구)에서 뛸 수 있을 것 같이 몸집이 큰 경찰관이 에드워드의 주머니와 가슴과 다리를 손으로 훑었으나 앞주머니 속에 접혀 있던 100달러 지폐 두 장 말고는 아무것도 찾지 못했다. "깨끗하군요. 신분증은 없고, 현금만 있습니다."

여자 경찰관이 편안한 어조로 물었다. "이름이 뭐예요?"

"에드워드라고 부르면 돼요."

"에드워드, 내가 질문하면, 사실대로 답해줄 수 있어요?"

"물론이죠."

"전에 체포된 적이 있었어요?"

"예. 오래전에요."

"무슨 일로요?"

"긴 얘기죠."

그녀가 잠시 멈추었다. "그 일로 처벌받았나요, 에드워드?"

에드워드가 자기 손과 손목을 내려다보았다. "그렇다고 말할 수 있지요."

"그러면 지금 문제가 해결되지 않은 상태인가요?" 그녀가 물었다.

"아니요, 경관님. 완전히 그 반대에요."

그녀가 동정 어린 눈으로 그를 바라보았다. "음, 에드워드, 당신은 괜찮은 사람 같은데, 문제가 있어요. 당신이 누구인지 알기 전까지는 보호소에 데려갈 수가 없어요. 그걸 해결하기 전까지는 유치장에 가야만 할 거예요."

"좋아요. 고마워요. 그리고 내게 친절히 대해줘서 감사합니다."

그들이 에드워드를 순찰차 뒷자리에 태우자, 라일리 신부가 딱히 누구에게랄 것 없이 말했다. "그게 최선이야. 그 사람을 여기서 추위에 떨게 할 순 없잖아."

신부는 경찰관들이 그의 죄책감을 덜어주길 바랐겠지만, 그들은 외면을 해버렸다.

*

보스턴의 내슈아 스트리트 교도소에는 범죄자들을 수용하는 두 가지 방식이 있었다. 즉 장기간 머물 수감자들을 위한 개별 감방과 단기 수용자를 위한 대형 유치장이 그것이었다.

그날 밤은 유치장에 손님이 별로 없어서, 세 명의 수용자만이 있었다. 즉 음주 운전으로 체포된 남자, 가정폭력으로 신고된 사람, 그리고 도발적인 옷차림의 젊은 여성이 그들이었다. 세 사람 모두 그 대형 유치장에 그들과 함께 구금되는 긴 갈색 머리에 턱수염이 있는 남자에게 거의 신경을 쓰지 않았다.

에드워드가 들어서고, 교도관이 유치장 문을 잠그자, 에드워드가 물었다. "트래스크 경사가 오늘 근무하시나요?"

"곧 오실 거요." 교도관이 대답하고는 커다란 책상 앞에 앉았다. 그는 늘 스포츠 도박 사이트에서 밤의 절반을 보내고, 싸구려 커피를 마시며, 범법자들이 문제를 일으키지 않도록 깨어 있으려 애쓰곤 했다.

유치장에 있던 노출이 심한 옷을 입은 여성은 고급 에스코트(매춘부)인 렉시 홀이었다. 그녀의 웹사이트는 렉시의 동반서비스가 시간당 200달러라고 광고하고 있었는데, 그녀를 찾는 외로운 남성들이 끊이지 않았다. 그런데 불행히도, 위장한 경찰이 그녀의 광고에 응답했고, 그녀는 올해에만 네 번째로 짐승처럼 철창 안에 갇혔다.

사람이 우리 안에 갇히면 느끼게 되는 말할 수 없는 수치심이 있는데, 렉시는 지금 바로 그걸 느끼고 있었다. 그녀는 생각을 골똘히 하느라, 에드워드가 그녀 바로 옆으로 의자를 끌고 오는 것을 알아채지 못했다. "물러서요, 당신 얼굴로 구두가 날아가는 걸 원치 않거든."

그가 조용한 목소리로 말했다. "당신은 운동화를 신고 있는데요."

렉시가 자기 발을 내려다보고, 에드워드가 옳다는 걸 알았다. "뭘 원하는데요?" 그녀가 소리를 질렀다.

"그냥 얘기 좀 하려고요, 알렉산드리아."

렉시가 눈을 크게 뜨고 그를 바라보았다. 뉴욕주 허키머에서의 어린 소녀 때 이후로, 아무도 자기 이름을 불러준 사람이 없었다. 그녀는 말을 잃은 채 그를 응시했다.

"괜찮아요." 그가 말을 시작했다. "오늘 밤, 나는 오로지 당신을 위해 왔어요."

그녀는 전에 그 대사를 들었었다. 그것도 아주 여러 번. "흥, 오로지 나를 위해서라고?"

에드워드가 고개를 끄덕였다. "엄밀히 말하자면, 당신과 이곳에 올 트래스크 경사를 위해서 왔어요. 하지만 당신과 먼저 시작하죠."

"나는 당신을 몰라요. 그러니 비켜요."

그가 부드러운 목소리로 대답했다. "당신은 낯선 사람들에게 돈을 받고 몸을 팔고 있잖아요."

렉시가 그를 노려보며 대답했다. "여자도 먹고 살아야죠, 안 그래요?"

"맞아요. 하지만 이런 식은 아니죠. 당신이 미술사를 좋아했던 시절이 있었잖아요. 대학에서 공부도 했고요."

"그걸 어떻게 알아요?" 그녀가 물었다.

에드워드가 말했다. "참 좋은 전문대학이었죠…. 모두 C자인 그 학교."

"맞아요." 그녀가 대답했다. "H-CCC(Herkimer County Community College)."

에드워드가 계속했다. "그러나 어떤 남자를 만나 학교를 그만뒀고, 그러다가 그 남자가 다른 여자를 만났지요. 지금까지 내가 한 말 어때요?"

렉시가 또 물었다. "당신이 그걸 다 어떻게 알죠?"

"그건 나중에 알게 될 거예요." 에드워드가 대답했다. "당신은 그곳을 떠나 보스턴에 정착했죠. 거기서 모델 일할 사람을 구하는 광고를 보고 지원했죠."

그녀가 대답했다. "맞아요."

"하지만 그건 진짜 모델 일이 아니었어요. 그건…"

"에스코트(매춘부) 일." 그녀가 말했다.

에드워드가 경찰서 유치장을 둘러보고 나서, 그녀를 돌아보았다. "그래서, 어떻게 지내고 있나요?"

"오늘 밤까진 꽤 좋았죠." 그녀가 쏘아붙였다.

에드워드가 얼굴을 찡그리고 말했다. "알렉산드리아 프란시스 플린. 당신은 이보다 훨씬 더 나은 사람이에요. 당신도 그걸 알죠, 안 그래요?"

그 즉시 그녀의 눈에 눈물이 가득해졌다. 여태까지 렉시를 본명으로 불렀던 사람은 세상에서 오직 한 사람, 어머니뿐이었는데, 그것은 그녀가 문제를 일으켰을 때가 아니라, 그녀가 뭔가를 잘했을 때였다. 이것이 그녀가 엄마로부터 큰 소리로 자랑스럽게 듣곤 하던 말이었다.

알렉산드리아 프란시스 플린, 네가 수학 시험 A 받았어?

알렉산드리아 프란시스 플린, 네가 혼자서 저녁 식사를 다 차린거야?

어머니가 아직 살아 계셨다면, 한 가지는 분명했다. 렉시가 지금의 직업을 갖고 있지는 않았을 것이다.

그녀는 이제 어머니의 말을 들을 수 있었다.

네가 이보다는 훨씬 더 나은 사람이야, 알렉산드리아 프란시스.

네가 뭐가 된 거야, 알렉산드리아 프란시스?

내 마음을 아프게 하지 마라, 알렉산드리아 프란시스.

그녀의 눈에서 눈물이 흘러내리기 시작했다. 그녀는 약한 모습을 보이기 싫었지만, 눈물을 멈출 수가 없었다. 눈물이 참아주지를 않았다.

에드워드가 그녀의 두 손을 감싸 잡았다. "하나님은 당신이 아는 것 이상으로 당신을 사랑하세요. 그리고 그분만 당신을 매일 생각하고 있는 것은 아니에요."

렉시가 그의 다정한 얼굴을 쳐다보았다. "누가 나를 신경 써 줘요?"

"당신 여동생, 에이미요."

그 이름을 단순히 언급한 것만으로도, 행복했던 기억이 밀물처럼 몰려왔다. 그녀가 쌍둥이 여동생을 본지도 여러 해가 지났다. 어머니가 돌아가신 후, 에이미와 렉시는 낙엽처럼 흩어졌다. "에이미를 본 지가… "

에드워드가 말했다. "십 년."

"그 애가 아직—"

"살아있냐고요?" 그가 말했다. "오, 세상에, 그럼요. 오클라호마 주 티쇼밍고에 살고 있어요. 그 가까이에… 음… 그 가까이에 뭐가 있을지 모르겠네."

그녀가 자기 옷을 흘깃 내려다보고, 갑자기 몸을 가렸으면 좋겠다는 생각을 했다. "그 애는 무슨… 일을 하고 있나요?"

그가 잠시 멈추었다가 말했다. "에이미는 프레드라는 좋은 남자와 결혼해서 작은 식당을 열었어요. 그게 잘되자, 레스토랑을 열었죠."

"그러면, 성공한 거네요." 렉시가 말하며, 자랑스러움과 부러움이 섞인 감정을 느꼈다.

"그럼요, 성공한 거죠." 에드워드가 대답했다. "하지만 행복하지는 않아요."

렉시가 눈물을 삼켰다. "정말요? 왜요?"

그가 그녀의 손을 꼭 쥐었다. "언니가 보고 싶기 때문이죠."

렉시가 세상에서 걱정 하나 없이 웃고 뛰놀던 그들의 어린 소녀 시절을 다시 그려보았다. 그녀가 여동생을 다시 만날 수만 있다면… 하지만 그녀가 처해 있는 모든 상황으로 보아, 그건 가능하지 않은 일 같았다.

에드워드가 말했다. "그녀의 남편도 아이들도 모르는 비밀을 하나 알려줄게요."

렉시의 얼굴이 환해졌다. "잠깐, 에이미에게 아이들이 있어요?"

"두 아들이요. 벅과 헉."

렉시가 웃음을 터뜨렸다. "벅과 헉? 멋진 이름이네요!"

웃음이 잦아들자, 에드워드가 말했다. "그건 그렇고, 내가 알려주려고 한 비밀은요."

렉시가 몸을 앞으로 기울였다. "말해봐요."

"에이미가 밤에 기도할 때, 하나님께 가족을 보살펴 주시도록 구한 후에 알렉산드리아 당신을 위해 기도해요. 당신이 살아 있고 무사하기를, 그리고 언젠가는 자신에게 돌아오기를 기도하고 있어요."

"정말요?" 그녀가 물었다. 너무 좋아서 믿어지지 않는 듯했다.

"사실이에요." 에드워드가 말했다. "매일 밤마다 똑같은 기도를 해요."

렉시가 그녀의 쌍둥이 여동생과 어린 두 아들을 그려보며 또다시 울기 시작했다.

에드워드가 말했다. "티쇼밍고가 댈러스에서 차로 두 시간 거리인 거 알아요?"

"예?"

"텍사스주 댈러스요. 거기에 대학들이 많아요. 그중 몇 학교에는 당신이 예전에 배웠던 것 같은 미술 프로그램도 있어요. 어디였더라… "

"허키머." 그녀가 말했다. "뉴욕주 북부의 별 볼 일 없는 동네."

에드워드가 이제까지 렉시가 본 그 어떤 남자의 눈보다도 더 다정한 눈으로 그녀를 바라보았다. "당신과 에이미를 냈다면, 그곳은 별 볼 일 없는 동네일 수가 없어요."

렉시가 다시 자기가 입고 있는 옷을 흘깃 내려다보고 말했다. "당신 말은 고맙지만…"

그가 다정하게 말했다. "에이미가 당신이 결국 어떻게 되었는지, 무슨 일을 하면서 돈을 버는지 알면 반가워하지 않을 거라고 생각하는 거죠?"

렉시가 그의 손을 놓고, 고개를 돌렸다.

"잘못 생각하는 거예요, 알렉산드리아. 엄청나게 잘못 생각하는 거예요. 에이미가 바라는 건 오로지 언니가 돌아오는 것뿐이에요."

"그래서 나더러 바로 하던 일을 그만두고 그리로 달려가라는 건가요? 티쇼…"

"밍고." 그가 말했다. "티쇼밍고. 그래요, 그게 바로 당신이 할 일이에요. 여기서 떠나 집으로 가서 가방을 싸요. 그리고 오클라호마주 티쇼밍고에 있는 팔콘즈네스트 레스토랑을 찾아가서 여동생을 부르세요."

"당신은 그걸 간단하게도 말하네요."

"올바른 선택이 때로는 간단하죠."

그녀가 주머니를 툭툭 치며 말했다. "그들이 내 돈을 다 가져갔어요. 가고 싶어도 거기 갈 수가 없어요."

에드워드가 자기 주머니에 손을 넣었다. "내가 이걸 가져온 이유를 알았어요." 그가 백 달러 지폐 두 장을 꺼냈다. "이거면 댈러스까지 가는 버스표를 사고, 남는 걸로는 가는 길에 식사를 할 수 있을 거예요." 그가 그녀의 손에 돈을 쥐어 주었다.

렉시가 돈을 내려다보았다. "당신은 누구죠, 왜 이렇게까지 하는 거죠?"

에드워드가 그녀의 턱을 들어 올렸다. "나를 봐요, 알렉산드리아."

그녀가 그렇게 하자, 그의 다정한 갈색 눈이 그녀의 눈과 마주쳤다.

그가 말했다. "내가 누구인지, 그리고 왜 이렇게 하는지, 대답은 같아요." 그러더니 그가 속삭였다. "당신 여동생이 당신을 찾아 집으로 돌아오게 해달라고 나에게 기도를 한 거예요."

렉시가 그의 말을 곰곰이 생각했다. "하지만, 그러면 당신이…"

"예수." 그가 말했다. "만나서 반가워요."

렉시가 유치장 안을 둘러보며 웃었다. "죄송하지만, 예수님이 이런 곳에서 나 같은 여자와 대화를 하실 것 같진 않은데요."

"아, 내 생각으로는 이곳이 바로 내가 있어야 할 곳이에요."

렉시는 믿을 수 없다는 듯이 고개를 저을 뿐이었다.

에드워드가 싱긋이 웃었다. "언젠가 내 친구 막달라 마리아를 만나게 될 거예요. 그녀는 많은 오해를 받고 있지만, 거룩한 사람이에요. 당신도 그녀를 좋아하게 될 거예요."

렉시가 돈을 내려다보고, 손에 꼭 움켜쥐었다.

에드워드가 말했다. "집에 갈 준비됐나요?"

렉시는 이유를 설명할 수 없었지만, 갑자기 사랑이 밀려오면서 그녀의 마음이 변화되었다. 그 순간, 그녀는 더 이상 매춘부 렉시처럼 느껴지지 않았다. 그녀는 알렉산드리아였고, 모든 것이 다르게 느껴졌다.

그녀가 에드워드를 껴안았다. "복 받으세요. 하지만 그들이 날 그냥 가게 하지는 않을 거예요."

바로 그때 저쪽 벽에 있는 문이 열리면서 경찰관 제복을 입은 나이 든 남자가 클립보드를 들고 들어왔다.

에드워드가 렉시에게 말했다. "잠깐만 있어요."

그 경찰관이 큰 소리로 말했다. "이게 누구야?" 그가 유치장 쪽으로 걸어올 때, 그의 배가 두툼한 검은색 가죽 벨트 위로 튀어나왔다. "내 이름은—"

에드워드가 끼어들었다. "테어도어 트래스크 경사, 친구들은 당신을 테디라고 부르죠."

트래스크가 헝클어진 갈색 머리와 턱수염을 가진 남자를 눈을 동그랗게 뜨고 쳐다보더니 비웃듯이 말했다. "나도 모르게『갓스펠』(마태복음 소재의 영화)을 우리가 찍고 있는 거야?"

에드워드가 대답했다. "당신은 그게 얼마나 진실과 가까운 말인지 모르고 있어요. 우리 얘기 좀 할까요."

트래스크가 클립보드를 손에 든 채로 철창 가까이 다가왔다. 에드워드가 철창 안쪽에서 그와 대면했다.

"당신이 바로 신분증 없이 벤치에 있던 남자, 에드워드로군."

"맞아요. 그리고 저 사람은 알렉산드리아예요. 그녀에 대해 얘기할 게 있어요."

트래스크가 말했다. "먼저 제 밥그릇부터 챙겨야 하는 거 아닌가?"

"무슨 말인지 모르겠지만, 내가 거래를 좀 하고 싶은데요."

경찰관이 빈정대며 말했다. "철창 밖에 있는 사람은 난데, 당신이 거래할 입장은 아닌 것 같은데, 신분증 없는 에드워드."

에드워드가 물었다. "이야기 좋아하세요?"

경찰관이 숨을 깊게 내쉬었다. "그럼."

"내가 이야기를 해줄 테니 들어보고, 그게 사실이면 말해주세요."

트래스크가 팔짱을 꼈다.

"당신은 열두 살 때, 펜실베이니아주 앨투나에 살고 있었어요. 몇몇 친구들이 앤디즈 스포츠용품점이라는 곳에서 야구방망이를 훔쳐보라고 부추겼죠."

트래스크의 얼굴이 그게 사실이었다는 것을 드러내고 있었다.

"당신은 잡혔고, 매니저가 경찰을 불렀지요. 운이 없게도 코왈스키라는 순찰 경관이 나타났어요. 지금까지 내가 한 얘기 어때요?"

트래스크가 철창 밖에서 쉿! 하며 작은 소리로 말했다. "당신이 그걸 어떻게 알지?"

에드워드가 말했다. "그가 당신에게 세 가지 선택지를 줬어요. 교도소, 부모님께 전화, 아니면 벌칙."

트래스크의 표정이 굳어졌다. "맞아."

에드워드가 계속했다. "당신은 교도소나 아버지에게 알리는 것을 원하지 않아서 벌칙을 선택했죠."

"그랬지."

"당신이 생각한 벌칙은 가게에서 화장실을 청소하거나 잔디를

깎는 일 정도가 고작이었죠. 하지만 그게 아니었어요."

트래스크가 단호하게 말했다. "아니었지."

"그가 당신한테 무슨 짓을 했죠?" 에드워드가 물었다.

트래스크가 망설이다가 말했다. "코왈스키는 남의 물건에 손대면 안 된다는 것을 잊지 않도록 내 오른손 가운데 손가락을 부러뜨렸지."

에드워드가 고개를 끄덕였다. "당신은 부모님에게 부상을 숨겼고, 그래서 제대로 치료를 받을 수가 없었죠."

트래스크가 오른손을 내려다보고 손가락을 움직였다가 통증에 움찔하였다.

"이제는 관절염으로 그 손을 거의 쓸 수가 없죠." 에드워드가 말했다.

트래스크가 말했다. "그것이 내가 내근(內勤)을 하는 이유지."

"그리고 은퇴를 미룬 이유이기도 하고요."

트래스크가 한숨을 쉬었다. "이 손으로는 낚시도 못 해. 예전에는 스키 타는 걸 좋아했지만, 이제는 폴대도 잡을 수가 없어."

에드워드가 말했다. "부인과 함께 걸으면서 손도 제대로 잡을 수가 없잖아요, 테디."

트래스크가 부어오른 손가락을 계속 바라보았다.

"그 모든 게 오늘 밤 끝납니다." 에드워드가 말했다. "바로 지금."

트래스크가 고개를 들고 쳐다보았다. "무슨 말이지?"

에드워드가 렉시를 가리켰다. "내가 알렉산드리아와 얘기했어요. 만일 당신이 그녀를 처벌하지 않고 풀어준다면, 다시는 그녀를 볼 일이 없을 겁니다."

트래스크가 클립보드를 바라보며 말했다. "이번이 처음 걸린 게 아니야, 에드워드. 이 여자는—"

"그녀가 달라졌어요." 에드워드가 말했다. "제 눈을 보면. 그게 사실이라는 걸 알 거예요."

트래스크가 그의 눈을 보고 나서 말했다. "그렇지만, 이건 완전 구속감인데, 내가 눈감아 주었다가는—"

"테디." 에드워드가 말을 끊었다. "내 말 안 끝났어요."

트래스크가 살짝 미소를 지었다. "미안. 계속하게."

에드워드가 말했다. "내가 거래하고 싶다고 말했죠."

"만일 뇌물 같은 거라면…"

"아니에요, 테디. 선물이에요. 선행에 대한 또 다른 선행이죠."

트래스크가 근무 중인 교도관을 살펴보니, 그는 스마트폰을 보느라, 이 대화를 의식하지 못하고 있었다.

"한 가지 물어볼게요." 에드워드가 말했다. "관절염. 치유 받고 싶으세요?"

트래스크가 손을 힘겹게 쥐고는, 고통에 얼굴을 찡그리며, 대답했다. "물론이지."

에드워드가 말했다. "내게 손을 주세요."

트래스크가 잠시 멈추고 에드워드의 얼굴을 바라보더니 말했다. "이래도 되나 모르겠네." 근무 첫날부터 교도관들은 절대로 유치장 안에 손을 넣지 말라는 교육을 받았다.

에드워드가 말했다. "저를 믿으세요, 테디."

그 순간 트래스크가 클립보드를 돌바닥에 떨어뜨렸고, 그 소리에 교도관이 자리에서 벌떡 일어났다. 그가 보니 자기 상관이 한 수감자를 향해 철창 사이로 두 손을 뻗고 있었다.

교도관이 에드워드에게 소리쳤다. "워워, 이봐, 멈춰!"

에드워드가 트래스크의 손을 단단히 움켜잡았다. 트래스크는 그 순간을 마치 따뜻한 용암이 자기 손으로 흘러 들어오는 느낌이었다고 나중에 아내에게 말했다.

교도관이 권총을 꺼내 에드워드를 겨누며 외쳤다.

"그분 놔줘!" 그의 손이 권총을 쥔 채 떨고 있었다.

그러자 에드워드가 트래스크의 손을 놓았다. 즉시 손의 통증이 사라졌다. 트레스크가 양손을 휘저으며 웃기 시작했다. 그가 아직도 총을 겨누고 있는 교도관을 돌아보았다. "누구 다치기 전에 그거 집어넣어."

교도관이 떨며 혼란스러운 표정으로 무기를 권총집에 넣었다.

트래스크가 철창 사이로 쳐다보았다.

당신은 누구요?

그는 맹세코 머릿속에서 어떤 목소리가 대답하는 걸 들었다.

네가 알고 있다.

그가 허리를 굽혀 바닥에 떨어진 클립보드를 주웠다. 그리고 셔츠 앞주머니에서 펜을 꺼내 알렉산드리아와 에드워드의 이름에 굵게 빨간 줄을 그었다.

트래스크가 지시했다. "문 열고, 이들을 풀어줘."

교도관이 머뭇거렸다.

트래스크가 말했다. "내가 결정할 일이다. 체포는 무효. 그들을 풀어줘라."

유치장 문이 활짝 열렸다.

렉시가 에드워드를 끌어안았고, 그녀는 감정이 북받쳐 올라 말 없이 눈물만 흘리며, 그 자리를 떠났다.

"가기 전에, 테디," 에드워드가 말했다. "두 가지 작은 부탁 좀 해도 될까요?"

트래스크 경사가 치유된 손을 내려다보며 대답했다. "말해봐요."

"종이, 펜, 그리고 봉투 하나만 주세요." 그가 그것들을 받자, 짧은 메모를 간단히 적어, 봉투에 넣어 봉한 뒤 테디에게 다시 주었다.

"또 다른 부탁은?" 그 경찰관이 물었다.

"잠깐 눈을 감고 쉬고 싶어요." 에드워드가 유치장 안의 빈 침대를 가리켰다.

"사람들은 대부분 여기서 뛰쳐나가고 싶어 하는데, 그렇지만, 뭐, 마음대로 하게." 트래스크가 유치장에서 떠나가다가 돌아서서 에드워드에게 말했다. "왜 오늘 밤, 교회 벤치에서부터 이 순간까지 모든 걸 당신이 연출한 것 같은 느낌이 드는 거지?"

에드워드가 대답했다. "나를 쉬게 해준 경찰관들은 복이 있도다."

트래스크가 웃었다. "그래. 마음껏 자게."

에드워드가 잠자는 동안, 렉시는 서드베리에 있는 그녀의 아파트로 뛰어 돌아가 간단히 가방을 싸고, 룸메이트들에게 쪽지를 남겼다. 만일 글을 간결하게 쓰기가 올림픽 경기에 있었다면, 그녀가 금메달을 땄을 것이다. 그 내용은 간단했다.

"나 여기서 나가. 내가 계약을 파기하는 대신, 내 물건들을 팔거나 가져도 돼. 나 집으로 갈 거야. 알렉산드리아."

단 19개의 단어로 인생이 바뀌었다.

에드워드는 아침 해가 뜨면서 일어나, 도시가 막 깨어나고 있을 때 유치장을 나섰다. 그는 파이퍼가 밖에 차를 세워놓고 운전대에 기대어 잠들어 있는 모습을 보고 미소를 지었다. 그녀는 밤새도록 집에 가지 않고, 충성스럽게 기다리고 있었던 것이다.

같은 시간, 몇 마일 떨어진 곳. 댈러스로 가는 그레이하운드 버스 안에서 알렉산드리아가 자리에 앉아 통로 건너편에서 울리는 음악을 듣고 있었다. 그것은 그녀가 전에 들어본 적이 없는 컨트리 송이었는데, 낯선 사람 옆 좌석에 놓인 작은 휴대용 라디오에서 울리고 있었다.

"실례합니다, 선생님?" 그녀가 물었다. "저 노래 부르는 사람이 누군가요?"

카우보이 부츠를 신고, 스텟슨 모자(카우보이 모자)를 쓴 남자가 챙을 들어 올리고, 텍사스의 느린 말투로 대답했다. "잭 브라이언."

"멋지네요." 그녀가 말했다. "무슨 내용이에요?"

그가 잠시 생각에 잠겼다가 말했다. "집으로 돌아가는 이야기라고 할 수 있겠죠."

버스가 움직이기 시작했고, 알렉산드리아는 창밖을 내다보았다. "티쇼밍고." 그녀가 말했다.

"맞아요." 카우보이가 맞장구를 쳤다.

"뭐가 맞아요?"

그가 라디오를 가리켰다. "티쇼밍고. 그게 이 노래 제목이에요."

"말도 안 돼." 그녀가 말했다.

카우보이가 대답했다. "맹세코, 정말이에요."

알렉산드리아가 고개를 돌려 버스 유리창에 비친 자신의 모습을 바라보았다. 그 순간, 그녀가 알던 렉시는 없어졌다는 걸 깨달았다. 웬일인지 유치장 안에서 그 낯선 사람이 그녀의 죄를 씻어

주었던 것이다.

알렉산드리아가 기쁨의 눈물을 흘리기 시작했다.

카우보이가 모자를 벗고 걱정스럽게 물었다. "괜찮아요, 아가씨?"

알렉산드리아가 대답했다. "예, 선생님. 그 노래 속의 카우보이처럼 저도 집으로 가고 있어요."

제18장

총알을 막아라

파이퍼가 에드워드를 태우고 교도소에서 집으로 가면서 하품을 하고 있었다.

"잠을 많이 못 잤군요." 그가 물었다.

"이 앞 좌석이 내 침대를 대신해 주진 못하네요." 그녀가 말했다.

"그래도 기다려줘서 고마워요."

에드워드가 손을 뻗어 파이퍼의 GPS 화면에 웨이크필드 체스넛 스트리트 117을 입력했다.

그녀가 물었다. "잠깐 들를 곳이 있나요?"

"들른다기보다 내려줄 곳이에요."

"내가 아는 사람인가요?"

에드워드가 대답했다. "아직은 아니에요."

그 미스터리한 목적지까지 가면서 아무 말이 없자, 파이퍼가 침묵을 깨려고 물었다. "교도소에서는 돕고 싶었던 사람들을 도와주었나요?"

"한 사람은 치유되었고, 한 사람은 집으로 돌아갔죠."

"치유해 줬다고요?" 파이퍼가 물었다. "방금 교도소에서요?"

에드워드가 대답했다. "손을 고쳐줬어요."

"그럼, 내가 차를 돌려 돌아가면, 당신이 자기 손을 고쳐줬다고 말하는 사람이 있겠네요?"

"그렇겠지요."

파이퍼가 에드워드가 하는 말을 되새기다가 미소를 지었다. "저기요, 에드워드, 당신이 스스로 주장하고 있는 '그분'이라는 걸 내가 믿지 않는다고 얘기했던 거 기억해요?"

"예." 그가 잠시 멈췄다가 말했다. "진실을 무시하기가 점점 어려워지나요?"

파이퍼가 그를 바라봤다가 다시 앞쪽으로 시선을 돌렸다. "그 비슷한 거예요."

파이퍼는 자신이, 에드워드가 하나님의 아들, 즉 '목수의 아들'이라는 것을 믿고 싶어 한다는 것을 느꼈다. 그분이 내 차고 위에 살고 있다면 얼마나 엄청난 일이겠는가. 이 모든 일이 말도 안 되면서도 동시에 멋진 일이란 생각이 들었다.

에드워드가 말했다. "질문 하나 해도 될까요?"

"물론이죠."

"왜 즐겁지 않은 직장 일을 계속하고 있나요?"

파이퍼가 대답했다. "그 질문은 좀 뜬금없네요."

에드워드가 말했다. "내가 궁금해서요."

파이퍼가 깊은 숨을 내쉬었다. "그냥 그렇게 돼 버렸어요."

"만약 폴이 여기 있다면 뭐라고 했을까요?"

"뭐에 대해서요?"

"당신이 싫어하는 일을 계속하고 있는 거요."

파이퍼가 한숨을 쉬었다. "그는 제가 안주하고 있는 것을 속상해했을 거예요."

GPS가 목적지까지 3km 남았다고 알렸다.

그녀가 진지하게 물었다. "당신은 내가 더 나은 일을 할 수 있다고 생각해요?"

"파이퍼, 나는 당신이 원하는 건 무엇이든 할 수 있다고 생각해요. 그리고 폴도 당신을 도와줄 거예요."

폴? 폴이 지금 내 인생에서 어떤 역할을 할 수 있다는 거지? 그가 그런 말을 불쑥해놓고, 설명하지 않을 수는 없을 거야.

"도와준다고요? 어떻게요?"

에드워드가 자리에서 몸을 돌려 그녀를 쳐다보았다. "사람들이 이 세상을 떠나도 절대로 완전히 가는 건 아니에요. 그들은 기억나게 하는 방법을 찾아내서 자기들을 떠올리게 만들죠."

그녀가 물었다. "라디오에서 들리는 노래 같은, 그런 거요?"

"방법은 많죠." 에드워드가 말했다. "예를 들면, 꿈같은 거요."

파이퍼가 즉시 그녀가 자주 꿨던 오빠에 대한 꿈을 생각했다. 꿈속에서 그들은, 바닥이 체스판을 연상시키는 격자무늬로 된, 긴 복도가 있는 초등학교의 어린이였다.

에드워드가 그녀를 유심히 지켜보았다. "함께 나누고 싶은 얘기, 뭐 있어요?"

그녀가 잠시 멈췄다가 말했다. "예, 실제로, 폴에 대한 꿈이 하나 있는데, 여러 번 꿨어요. 꿈속에서 우리는 일곱 살, 아홉 살 정도로 어렸어요. 폴이 내 손을 잡고 긴 복도의 맨 끝에 있는 교실로 저를 데리고 갔어요. 유치원 교실이었는데, 비어 있었어요. 아이들이 아무 데도 없었어요. 그때 폴이 칠판 앞으로 걸어가서 내 이름을 하얀 분필로 크게 썼어요: 미스 파이퍼 매튜스."

그가 물었다. "그다음에 무슨 일이 있었죠?"

"갑자기 폴이 사라지고, 나는 다 자라서 교실 맨 앞에 빈 의자들을 마주 보고 서 있어요."

그때 GPS가 도착을 알렸다.

그녀가 길가에 차를 멈추어 주차를 했다. 그러고는 에드워드를 향해 몸을 돌렸다. "거기서 끝나요. 나는 무슨 뜻인지 모르겠어요."

그가 물었다. "어렸을 때 되고 싶었던 게 뭐였죠?"

그 순간, 그녀는 사람과 동물의 봉제 인형들을 일렬로 앉혀놓고 책을 읽어주던 것이 기억났다. "선생님이었어요." 그녀가 말했다. "하지만 그건 아주 오래전 일이죠."

에드워드가 대답했다. "그렇게 오래되지 않았어요."

"사람들이 꿈을 이용해 우리 기억을 일깨워 줄 수 있다고 당신이 말했나요?"

"맞아요."

"그럼… 당신 생각은, 폴이 나한테 선생님이 되기 위해 학교로 돌아가야 한다고 말하고 있다는 거예요?"

"당신은 어떻게 생각해요?"

파이퍼가 곰곰이 생각하더니, 싱긋이 웃었다. 그러다가 그녀의 나이에 대학으로 돌아가서 다시 시작해야 하는 힘겨운 일에 생각이 미쳤다. 그 모든 일과 비용.

에드워드가 말했다. "눈을 감고, 그 모습을 그려봐요."

파이퍼는 빤히 쳐다보기만 했다.

그가 재촉했다. "나를 믿어요."

파이퍼가 눈을 감았다. 그리고 자신이 대학을 다니고, 졸업해서, 다섯 살 짜리 아이들 앞에 서 있는 모습을 상상해 보았다. 한 아이가 그녀의 책상 위에 사과 하나를 놓았다.

그것이 실제처럼 느껴졌다. 그것은 실제였다.

"이제 눈을 떠요," 에드워드가 말했다. "그리고 그렇게 만드세요.”

에드워드가 내리려고 지프차 문을 열자, 파이퍼가 그에게 고맙다고 했다.

“무엇 때문에요?” 그가 물었다.

“폴의 친구 루크를 만나게 글로스터에 데리고 간 것. 아버지를 도와준 것. 그리고 나를 도와준 것.”

에드워드가 그녀의 손을 꼭 쥐었다. “당신은 내게 정말 특별한 사람이에요.”

파이퍼가 다른 생각을 하자, 입술에 미소가 지어졌다.

에드워드가 물었다. “하고 싶은 얘기가 있나요?”

그럼요, 그녀가 속으로 생각했다. *왜 없겠어요.* “사실 루크 생각을 방금 하고 있었어요. 그가 몇 번 문자도 보냈고요. 나는 그가 좋아요.”

에드워드가 체셔 고양이(‘이상한 나라의 앨리스’의 캐릭터)처럼 묘한 미소를 지었다.

“그런데 왜 그렇게 웃는 거예요?”

“글로스터에 유치원 교사를 필요로 하는 좋은 학교들이 얼마나 있는지 방금 생각하고 있었어요.”

“그만,” 그녀가 얼굴을 붉히며 말했다. “내가 방금 만난 남자와 함께 살려고, 선생님이 되고, 글로스터로 이사 가려는 건 아니에요.”

에드워드는 내리려고 차 문을 열며 말했다. "사람들이 뭐라고 하는지 알아요?"

"아니요." 그녀가 되물었다. "사람들이 뭐라고 하는데요, 에드워드?"

그가 큰 소리로 웃으며 대답했다. "네 계획을 공표하는 것은 하나님이 그 말을 듣고 웃게 하는 제일 좋은 방법이다." (미래의 예측 불가능성을 강조한 속담)

파이퍼가 미소를 짓자, 에드워드가 말했다. "며칠 후에 만나요."

"잠깐―뭐라고요? 어디 가는 건데요? 여긴 누가 살아요?"

에드워드가 그 질문을 못 들은 척하고, 말했다. "내가 돌아오면, 우리 축제에 가요."

"축제요?" 그녀가 물었다. "놀이기구 타고 솜사탕 먹고, 그런 거요?"

에드워드가 열린 조수석 창문 사이로 몸을 굽히고 말했다. "토요일 밤. 일곱 시 정각. 폴 리버 축제에 아버지도 데리고 가요." 그가 잠시 멈추었다. "루크도 초대해야 해요. 대관람차에서 무슨 일이 벌어질지 아무도 모르니까요." 그렇게 말하며, 그가 보도로 돌아가 걸어갔다.

파이퍼는 에드워드가 걸어가는 것을 지켜보며, 갑작스러운 슬픔을 느꼈다. 2주 전에는 그가 갔으면 했는데, 이제는 자기도 모르게 그가 가는 것을 아쉬워하고 있었다.

이 남자는 누구인가? 그가 자신이 주장하는 대로 그분일 수 있는 건가?

*

그 집의 현관문은 흰색이었고, 사자 머리 모양의 황동 문고리가 달려 있었다. 에드워드가 막 문을 두드리려는데 문이 확 열렸다.

"안녕하세요, 브루클린." 에드워드가 손을 내밀며 말했다. "당신이 저를 찾고 있다고 들었어요."

그녀는 꼼짝하지 않고, 입을 벌린 채 서 있었다. 스튜어트가 그녀에게 보여준 스케치와 꼭 닮은, 자전거 타던 아이도 같은 사람이라고 알아본 얼굴이 거기에 있었다.

에비와 코너가 현관에 있는 그녀에게로 왔다. "누구예요, 엄마?"

에드워드가 에비를 내려다보며 미소를 지었다. "에드워드라고 부르면 돼, 에비." 그리고는 다시 브루클린을 바라보았다. "하지만 우린 둘 다 알고 있잖아요. 그게 내 진짜 이름이 아니라는 걸."

브루클린이 마침내 말을 꺼냈다. "당신의 진짜 이름이 뭔데요?"

"예슈아. 랍비. 나는 정말 많은 이름에 대답하지요."

코너가 브루클린 쪽으로 몸을 숙이며 속삭였다. "그 사람이야?"

"그래," 브루클린이 대답했다. "사람들을 만지고, 그래서— 당신 알지?"

에드워드가 웃었다. "그들을 고쳤죠. 맞아요, 내가 그 사람이에요. 만나서 반가워요, 코너."

코너가 에드워드와 악수를 했다. "들어오시겠습니까? 제 아내가 물어볼 게 엄청나게 많을 겁니다."

에드워드가 그들에 이끌려 거실로 들어가니, 벽난로 속에서 다 탄 장작불이 붉게 빛나고 있었다.

에드워드가 말했다. "장작을 더 넣어야겠어요."

"예. 그래야겠네요." 코너가 금속제 바구니에서 참나무 장작 하나를 꺼내 불 속에 던졌다.

브루클린이 손짓으로 에드워드에게 자리를 권하며 말했다. "확실히 해두죠. 당신이 그 자전거 타던 아이 제이든을 만져 고쳐주고, 스튜를 도와 시력을 찾게 한 그 사람인가요?"

"그렇습니다." 에드워드가 대답했다. "그리고 당신네 기자들이 하는 말처럼, 핵심 내용을 감추기보다, 당신이 물어보고 싶은데 묻기를 겁내는 질문에 답을 하겠습니다."

코너가 끼어들었다. "제 아내는 아무것도 겁내지 않습니다, 선생님."

브루클린이 남편의 어깨를 만졌다. "괜찮아, 여보. 내가 알아서 할게."

두 사람은 소파에 함께 앉았고, 에비는 벽난로 옆에서 몸을 녹이고 있었다.

에드워드가 말했다. "어서 물어보세요."

브루클린이 잠시 멈추고, 그의 얼굴을 응시하였다. "당신은 누구죠? 정말로?"

에드워드가 그녀와 눈을 마주쳤다. "나는 예수 곧 하나님의 아들. 또는 하나님 곧 메시아. 마음에 드는 걸로 고르세요."

코너가 딸에게 말했다. "에비, 네 방에 가서 놀래?"

에비가 물었다. "저분이 하나님이세요?"

에드워드가 대답하기도 전에, 코너가 좀 더 단호하게 말했다. "에비, 방으로 가렴."

에비가 물었다. "아이패드 해도 돼요?"

"그럼." 브루클린이 대답했는데, 그녀는 에드워드의 터무니없는 말 때문에 마음이 어지러운 상태였다.

하나님의 아들? 메시아? 누가 그런 말을 하지? 정신 나간 사람들, 그들이 그러지.

에드워드가 코너에게 말했다. "그런데, 잘 받았어요, 그 사과나무에서요."

코너가 잠시 멈췄다가 대답했다. "아, 과수원에서 에비가 떨어질 때 받은 거요. 네, 고맙습니다. 대학교 때 미식축구를 좀 했었거든요—"

"코너, 그러기야?" 브루클린이 소리를 질렀다.

"미안, 여보." 코너가 싱긋 웃었다.

브루클린이 눈을 가늘게 뜨고 에드워드를 쳐다보았다. "왜 여기에 온 거죠?"

"그건 복잡한 질문인데요," 에드워드가 말했다. "세상에 왜 왔냐는 건가요, 아니면 이 집에 왜 왔냐는 건가요?"

그녀가 두 손을 공중으로 던졌다. "둘 다요. 어느 쪽이든."

"음, 내가 여기 있는 이유는, 제이든이라는 아이가 당신에게 나를 찾는 방법을 알려줬기 때문이에요. 내가 당신의 수고를 덜어주려고 생각한 거죠."

"당신, 제이든과 얘기했어요?" 브루클린이 물었다.

"아니요."

"그런데 그 아이가 우리에게 말한 것을 안다고요?"

"예."

"어떻게요?" 그녀가 따져 물었다.

에드워드는 어깨를 으쓱했다. "하나님은 모든 걸 알죠."

브루클린이 그 대답을 듣고 움찔했다. "물론, 당신이 하나님이라면… ."

그녀가 손가락을 탁 튕겼다. "심령 상담 전화를 개설할 생각을 해본 적 있으세요? 1분에 5달러씩 받으면 큰돈을 벌 수 있을 텐데. 당신은 모든 걸 다 알고 있으니 말이에요."

"브루클린, 그만해!" 코너가 말했다. "무례하게 굴 필요는 없잖아.”

“브루클린, 그만해?” 그녀가 되받았다. “지금 장난해요, 콘? 이 사람 봐요. 그냥 사람일 뿐이에요. 살과 피. 기분 나쁘게 들진 마세요, 조슈아.”

“예슈아예요. 하지만, 괜찮아요.” 에드워드가 대답했다. “그게 바로 내가 여기에 온 핵심이긴 하지만요. 그때나 지금이나.”

“뭐가요?” 그녀가 물었다.

“살과 피. 당신들에게 길을 보여주려고 사람이 된 것.”

코너가 덧붙였다. “그리고 우리 죄를 위해 죽으신 것.”

에드워드가 말했다. “맞았어요.”

브루클린은 두 남자를 바라보며 할 말을 잃었다. 남편은 이 터무니없는 말을 반박하는 걸 도와주지 않고 있다. *저 사람이 오히려 부추기고 있네.*

“당신은 믿지 않나요?” 에드워드가 그녀에게 물었다.

“아니요, 믿지 않아요.”

“당신이 보았는데도요?”

“맞아요.”

“그렇지만 당신은 아직도 답을 찾고 있죠?”

“그래요.”

에드워드가 말했다. “이렇게 하는 건 어때요? 당신은 질문하는 기자잖아요, 그렇죠?”

"맞아요."

"오늘은 무엇이든 당신이 묻고 싶은 걸 물어보세요."

브루클린이 되물었다. "그리고 나서요?"

"그리고 나서, 내일은 당신에게 무얼 좀 보여줄 수 있게, 나와 함께 짧은 여행을 떠나요."

그녀는 이 제안에 어떻게 대응해야 할지를 몰라 남편을 바라보았다.

"이틀만 주세요." 에드워드가 말했다. "그러면 내가 당신 생각을 변화시킬 겁니다."

"무엇에 대한 생각을요?"

"나에 대한 생각. 천국, 기적, 천사들, 배에 가득 찰 만큼 많아요."

브루클린이 말했다. "바구니 가득이란 말인가요?"

"아니요, 나는 배를 좋아해요."

코너가 말했다. "당신은 사람을 낚는 어부니까요, 그렇죠?"

에드워드가 윙크하며 말했다. "아주 좋아요, 코너."

브루클린이 불쑥 말했다. "좋아요, 좋아요. 당신네 두 사람, 그만하면 됐어요."

에드워드가 두 손을 무릎 위에 포개고, 자리에서 몸을 앞으로 숙였다. "그래서, 어떻게 하시겠어요?"

코너가 잃을 게 뭐 있어? 하는 표정으로 그녀를 바라보았다.

브루클린도 에드워드와 똑같이 몸을 앞으로 기울였다.

"먼저 나는 당신이 하나님의 아들이라는 걸 믿지 않는다는 걸 아시고요. 만일 이 제안에 동의한다면, 내가 당신을 어떻게 불러야 하죠? 하나님? 예수님? 에드워드?"

"나를 뭐라고 부르느냐는 중요하지 않아요. 중요한 건, 당신이 마음속으로 무엇을 믿느냐는 거예요."

코너가 큰 소리로 말했다. "그렇지만 나는 물어봐야겠어요. 정말 하나님이라면, 왜 에드워드라는 이름을 택한 거죠?"

"제 본명은 에드워드 마누엘. 줄여서 E. 마누엘이죠."

"아하!" 코너가 코를 톡톡 두드렸다. "임마누엘, 매우 기발하네요."

브루클린이 두 사람을 쏘아보았다. "분명히 말하는데요, 당신네 둘이 금세 친구가 되는 게 나를 약오르게 하고 있어요."

에드워드가 미소를 지으며, 다시 브루클린에게 주의를 돌렸다. "그래서, 어떻게 하시겠어요?"

"오케이. 좋아요. 그렇게 할게요."

"좋아요." 그가 대답했다. "그러니까, 오늘은 당신을 위한 날, 내일은 나를 위한 날이네요."

브루클린이 물었다. "조너선 라슨의 팬이에요?"

"누구요?"

"브로드웨이 작곡가요. 방금 그 사람 가사를 인용했잖아요." 에드워드가 아무 대답을 하지 않자, 그녀가 말했다. "당신에게 노래를 불러주진 않겠어요."

"좋아요." 그가 손뼉을 한번 쳤다. "시작해 볼까요."

"그렇게 서두를 건 없어요." 그녀가 말했다. "당신이 좋아할 질문들은 아니니까요."

"욥과의 대화 이후로, 내게는 아무것도 놀랍지 않아요."

브루클린이 일어섰다. "그게 무슨 말인지는 모르지만, 일단 차에 타세요. 당신과 내가 갈 곳이 있어요."

*

20분 후, 브루클린과 에드워드는 보스턴 아동병원에 있는 외상 및 암 병동에 와 있었다. 그녀는 병원 6층에서 그가 하는 하나님 흉내의 가면을 벗기려고 하였다. 그곳은 생명의 끈을 놓지 않고 있는 위독한 아이들이 있는 곳이었다.

엘리베이터의 문이 열리자, 으스스한 정적이 그들 두 사람을 맞이했다.

"우리 여기 들어가도 되는 건가요?" 에드워드가 물었다.

브루클린이 복도로 걸어갔다. "기자라서 특별한 혜택이 있어요. 방해만 하지 않으면 10분 동안은 들어가 있어도 된다고 간호 책임자가 말했어요." 그녀가 에드워드를 병실이 양옆으로 늘어서 있는 가운데로 데리고 갔다.

"당신이 하나님이라고 말하고 있는 거죠." 브루클린이 입을 열었다.

"맞아요."

"아이들이 암에 걸리는 이유를 내게 설명해 보세요." 에드워드가 대답을 하기도 전에 그녀가 말을 이었다. "그리고 하는 김에, 강간, 살인, 태풍, 홍수, 그리고 아이에게서 부모를 빼앗아 가는 교통사고도 설명해 보세요."

"그게 다인가요?" 그가 물었다.

"아니요." 그녀가 대답했다. "홀로코스트, 굶주림, 아동 방치. 그리고 또 당신이 창조했고 그토록 사랑하는 이 세상의 인류가 왜 계속 전쟁, 다음에 전쟁, 다음에 또 전쟁에 시달려야 하는지도 설명해 주세요."

그녀가 잠시 멈추고, 에드워드를 냉정하고 단호한 표정으로 바라보았다. "당신이 스스로 주장하는 대로 그분이라면, 어째서 나나 다른 사람들이 당신을 우리가 살든 죽든 신경 쓰지 않는 부재지주(不在地主)에 지나지 않는다고 생각하면 안 되는지 설명해 보세요."

간호사실 가까이 벽을 따라 의자들이 줄지어 놓여 있었다. "앉읍시다." 에드워드가 말했다. 자리에 앉자, 그가 차분한 목소리로 말했다. "브루클린, 내 아버지의 경륜을 당신에게 설명하려면 1

년하고도 하루가 더 걸릴 테지만, 이런 식으로 말하는 게 더 쉬울 거예요. 자유의지."

"자유의지?" 그녀가 한껏 비아냥거리는 목소리로 되물었다. "홀로코스트에 대한 대답이 고작 *자유의지*라고요?"

에드워드가 말했다. "당신을 포함한, 내 아버지의 자녀들은 자유의지를 가지고 있어요. 즉 할 것인지 말 것인지를 자유롭게 선택하기 때문에, 나쁜 일이 일어날 때마다 그분이 개입해서 막을 수는 없어요."

"왜 안 되죠?"

"두 가지 이유가 있어요. 첫째로, 당신이 자유롭지 못할 것이기 때문이에요. 당신은 구석에서 주어진 임무만을 수행하는 복사기와 다를 것이 없게 될 거예요."

브루클린이 복사기를 흘긋 바라보고, 다시 에드워드를 돌아보았다. "두 번째 이유는요?"

"끝이 없을 것이기 때문이에요. 자전거 타던 제이든을 예로 들어봐요. 내가 그를 치유했죠. 하지만 당신은 이렇게 물을 거예요. 왜 애초에 그 아이가 차에 치이는 것을 막지 않았나요?"

"맞아요. 왜 안 그랬죠?"

"그러면 나는 건강한 어린아이가 좋아하는 자전거 타기 같은 것을 못 하게 해야 해요. 왜냐하면, 거리에서 자전거를 타는 건 위험하니까요. 그렇잖아요?" 그가 잠시 멈추었다. "물론, 나무에 오르

기, 트램펄린에서 뛰기, 스키 타기, 수영, 운동—우리는 모든 스포
츠를 금지해야 하겠죠. 제이든 같은 아이들을 안전하게 지키기 위
해, 당신이 내게 하길 바라는 일이 그건가요?"

"물론 아니죠."

에드워드가 말을 이었다. "아니면, 제이든의 경우에 내가 그냥
비를 내리게 할 수도 있겠죠. 비 오는 날엔 자전거를 못 타니까. 물
론, 그것은 어린아이가 사는 동안 매일 비가 온다는 말이고, 그러
면 그것은 당신이 앞서 언급한 홍수의 원인이 되겠죠."

그녀가 인정하기는 싫었지만, 그가 하는 말에는 분명히 일리
가 있었다.

"하나님께서 자유의지를 주셨다면," 그가 말했다. "당신은 좋
은 것이든 나쁜 것이든 모든 결정을 스스로 할 수 있어야 해요."

"하지만 예수님," 그녀가 말했다—"아니, 에드워드." "학교 총
기 난사 사건은요? 코네티컷, 텍사스, 콜로라도의 교실에서 살해
당한 어린아이들은요?"

에드워드가 브루클린의 눈을 깊이 들여다보았다. "그 아이들이
다치는 것을 보며, 그 순간 아버지의 마음이 아프지 않을 거라 생
각해요? 그 가족들이 고통받는 걸 보며, 내 마음이 아프지 않을
거라 생각해요?"

그들 사이에 침묵이 흐르고 나서, 에드워드가 말했다. "당신은
단지 지금 이 한순간의 시간과 장소만을 볼 수 있죠. 하지만 아버

지께서는 영원을 보세요."

브루클린은 그 개념을 이해해 보려고 했다. 모든 것을 안다는 것, 수백만 km 멀리까지 내다보며. 일이 결국 어떻게 될지를 안다는 것. 그녀가 정말 그런 능력을 원할까?

"브루클린," 에드워드가 말을 이었다. "하나님은 모든 사람을 사랑하세요. 그리고 그들이 견디는 고통과 고난은 그 순간에는 견디기 어렵지만, 한순간일 뿐이에요. 하나님께서는 당신을 위해 하늘에 준비된 처소를 알고 계세요. 그곳에는 고통도, 홀로코스트도, 무고한 이들이 학살당하는 일도 없어요."

그가 깊은숨을 들이쉬었다. "당신은 내가 총알을 막기를 바라죠? 나도 이해해요. 하지만 내가 말하는 것은, 만일 당신이 하나님께서 우리 각자를 위해 가지고 계신 전체 계획을 볼 수 있다면, 모든 게 잘될 거라는 것을 알게 될 거라는 거예요."

브루클린이 그를 돌아보았다. "사람들이 어떻게 그걸 믿으라는 거죠? 이 세상의 모든 고난과 상처는… 그들이 거기서 그냥 견디면, 좀 더 나은 무언가가 올 거라는 것을 믿으라고요?"

"당신은 하나님께서 뭘 하시길 바라는 거죠?" 그가 물었다. "80억 명의 사람들에게 천국이 기다리고 있다는 것을 보증하는 개인적인 메시지를 보내라는 건가요?"

"예! 내가 바라는 게 바로 그거예요. 무시할 수 없는 메시지를 보내세요. 내게 보여주세요. 우리에게 보여주세요, 이게 전부가 아니라는 걸 말이에요."

에드워드가 천천히 재킷 소매를 걷어 올려 양쪽 손목의 끔찍한 상처를 드러냈다. 피가 나진 않았지만, 갓 생긴 듯 아프고 고통스러워 보였다. 또 그는 셔츠를 들어 올려 마치 창으로 살을 꿰뚫은 것 같이 찢어진 옆구리의 상처를 보여주었다.

"그분께서 하셨어요, 브루클린. 2천 년 전에. 하나님께서 그분의 독생자를 보내셔서, 그분 자녀들 가운데 살면서 그들에게 진리와 빛과 길을 보여주게 하셨어요."

브루클린이 그 아물지 않은 상처들을 뚫어지게 쳐다보았다. 무슨 일이 일어나고 있는 건지, 이해가 안 돼.

"당신 인생에서 잠깐만이라도 의심을 멈추고, 들으려고 해봐요."

그는 매우 권위 있지만, 매우 다정한 목소리로 얘기했다. 그녀는 이제까지 누구도 이 사람과 같이 말하는 것을 들어본 적이 없었다. "해볼게요," 그녀가 작은 소리로 대답했다.

그가 셔츠를 내렸다. "그분은 당신을 사랑하셔서 독생자를 보내셨어요. 그분은 그분의 아들을 나무에 못 박히게 하시고, 당신의 죄를 대신해 죽게 하실 만큼 당신을 사랑하세요. 그런 다음 다시 일어나게 하셔서 이 모든 것을 당신에게 입증해 보이셨어요." 그가 양팔을 옆으로 들자, 다시 손목이 드러났다. 상처는 없어졌다. "암이나 전쟁, 심적 고통, 이 모든 것은 단지 일시적이에요, 브

287

루클린. 영원한 생명이 그분을 통해 영생을 찾는 모든 사람을 기다리고 있어요."

에드워드가 그녀의 손을 다정하게 잡고 말했다. "사물이 언제나 겉보기와 같은 것은 아니에요. 나와 함께 가요."

그가 그녀를 데리고 병원 복도를 지나 ICU(중환자실)의 큰 유리창 앞으로 갔다. 브루클린이 병실 안을 자세히 들여다보니, 낯익은 얼굴 둘이 보였다. 퀸시 마켓 밖에서 바이올린을 연주하는 척하던 부녀였다. 브루클린이 숨어서 보다가 그들의 사기 행위를 폭로했던 바로 그 두 사람이었다.

"저 사람들 알아요." 그녀가 말했다.

아버지와 딸은 병상 옆에 서 있었고, 병상에는 여러 대의 기계에 연결된 어린 소년이 누워있었다. 그 아이는 매우 아파 보였다.

"그래서 그들이 광장에서 굴욕을 당하고 있었던 거예요," 에드워드가 말했다. "그는 아들이 병에 걸린 이후로 정상적인 직업을 가질 수가 없고, 이 중환자실 아이 곁을 거의 떠나지 않고 있어요."

브루클린은 목이 메어오는 것을 느꼈다. "무슨 병인가요?"

에드워드가 대답했다. "새 심장이 필요해요."

불과 며칠 전 그녀가 망신을 줬던, 그 바이올린 켜던 남자가 고개를 들고 에드워드와 함께 서 있는 그녀를 쳐다보았다. 불가사의하게도, 그 근심 가득하고 지친 아버지가 미소를 지으며 손을 흔들었다. 브루클린은 자신이 그들을 대했던 방식에 걸맞은 다른 몸짓을 생각했지만, 마지못해 손을 흔들어 답했다.

"몰랐어요," 그녀가 눈에 눈물이 가득해져 말했다.

"알아요," 에드워드가 말했다. "그리고 저 사람도 알고 있어요. 그는 당신에게 화가 나 있지 않아요."

그녀가 눈물을 닦았다. "화낼 이유가 충분한데."

에드워드가 그녀의 어깨를 만졌다. "하지만 그는 그러지 않아요. 그의 마음속에는 사랑만 있을 뿐이에요."

"아이가 죽어가는데, 마음속에 사랑이 있다고요?" 브루클린이 물었다. "어떻게 그럴 수가 있죠?"

"그는 믿음을 통해, 어쨌든 이런 식으로 얘기가 끝나지는 않는다는 것을 알고 있기 때문이죠."

그 순간, 브루클린은 그 남자가 존경스러웠다. 그런 큰 불행을 당하고서도 그 정도의 믿음을 갖는다는 것. 그녀가 이른바 사기꾼이라고 했던 그 사람이 어쩌면 세상에서 가장 용감한 사람일지도 모른다.

"저 사람들을 아세요?" 그녀가 물었다.

에드워드가 고개를 끄덕였다. "하나님은 그분의 모든 자녀를 알고 계세요."

브루클린이 병상의 소년을 바라보았다. "뭐 좀 물어봐도 될까요?"

"'왜 그 아이를 바로 고쳐주지 않느냐는 말이죠?"

"예." 그녀가 대답했다. "당신이, 당신이 말하는 그분이라면요."

그가 말했다. "다시 나를 의심하는 거군요."

"미안해요. 단지 이 상황을 이해하려고 하는 것뿐이에요."

에드워드가 병실 안을 다시 들여다보았다. "그의 아이는 치유될 거예요. 하지만 나에 의해서는 아니에요."

브루클린은 혼란스러웠다.

"그 아이는 의사들과 간호사들, 그리고 병든 자들을 돕는데 인생을 바친 모든 사람들에 의해 치유될 거예요."

그녀는 긴박하고 분주하게 움직이는 의료진을 바라보았다.

에드워드가 말했다. "당신은 아까 기적은 없다고 말하면서 코너와 논쟁했죠."

"그랬어요. 그걸 어떻게 알았어요?"

"내가 제이든과 스튜어트에게 한 것도 기적이었어요. 하지만, 이것도 기적이에요, 브루클린. 저들을 보세요."

그녀가 다시 아픈 아이들을 돌보는 의사와 간호사들에게 시선을 돌렸다.

"이 사람들은 매일 여기로 와요," 그가 말했다. "이 아이들 중 많은 아이가 회복되지 못할 걸 알면서도 말이죠. 매일 그 감정적 대가를 치르고, 십자가를 짊어지면서도, 여전히 다시 돌아오는 건, 아이들을 사랑하고 그들을 낫게 해주고 싶기 때문이에요."

브루클린이 중환자실 간호사들을 바라보았다. "저것도 기적인 것 같네요."

그가 고개를 끄덕였다. "비밀 하나 말해줄까요?"

"말해보세요."

"당신이 병든 사람이나 불우한 사람들을 도울 때마다, 하나님은 미소를 지으세요."

브루클린이 다시 병실 안의 창백한 소년을 들여다보았다. "이 아이는 생명을 건질 거라고 했죠?"

"예."

그녀가 되물었다. "하지만, 새 심장이 필요하잖아요."

"그래요. 여기서 650km 떨어진 곳에서, 자동차 사고가 발생했어요. 한 어린아이의 심장이 이 아이에게 온전한 생명을 주게 될 거예요."

브루클린은 이 모든 일이 끼치게 될 영향을 생각해 보았다. "그러면 그 사고로 죽은 불쌍한 아이는요?"

"내 아버지께서 일으키셔서 낙원의 길을 걷다가, 언젠가 가족들과 다시 만나 영원히 함께하게 될 거예요."

에드워드가 브루클린을 돌아보았다. "아까 당신은 제이든이 차에 치이는 걸 막지 그랬냐고 했죠. 그럼 오늘 이 사고도 내가 막았어야 했나요? 그 아이는 살리고, 이 남자의 아들은 죽게요?"

브루클린은 대답하지 않았다.

"나를 좀 봐요." 에드워드가 더욱 끈질기게 말했다. "잠시 당신이 하나님이라고 생각하고, 어떤 아이를 데려갈지 선택해 볼래요?"

브루클린이 머리를 손으로 쓸어 넘기며 말했다. "아니요. 나는 못 할 거 같아요"

"어렵다는 거 알아요." 에드워드가 말했다. "하지만 나는 당신을 다시 십자가 앞으로 데려가고 싶어요. 당신이 찾고 있는 이 모든 어려운 질문들의 답이 거기에 있어요, 브루클린."

그녀가 맨살이 드러난 목을 만졌다. "부모님이 예전에 십자가 목걸이를 주셨지만 착용한 적이 없어요. 단 한 번도요."

에드워드가 고개를 끄덕였다. "알고 있어요."

브루클린은 그녀의 화장대 위 보석함 안에 가지런히 놓여 있던 그 십자가 목걸이를 아직도 떠올릴 수 있었다. 결국 그녀는 그 십자가 목걸이를 보지 않으려고 보석함을 닫아버렸었다. 왜 그것을 보는 것만으로도 마음이 괴로웠을까?

"그 오래전에, 십자가에 못 박혔던 사람이 당신이었다는 말이군요?"

"그래요." 그가 속삭였다.

브루클린은 인생에서 처음으로 예수님이 치르셨던 희생의 중대함을 깊이 생각하였다.

"당신은 그런 식으로 죽는 것을 스스로 면할 수도 있었고, 선택하지 않을 수도 있었잖아요?”

“그렇죠.” 그가 대답했다.

“그 계획을 의심스러워한 적은 없었나요? 당신이 아버지라고 부르는 분의 이 자살 임무에 대하여 말이에요.”

“브루클린, 나도 사람이었으니, 물론 의심이 있었죠. 하지만 나는 내 죽음이 끝이 아니라 시작이라는 것을 믿었어요.”

브루클린이 다시 생명을 구하려고 분주한 의료진을 바라보았다. “내가 당신에게 충격을 주려고 여기 데려온 거였어요.” 그녀가 말했다. “당신이 사기꾼이라는 것을 드러내려고요. 그런데 이제 사기꾼은 나일지도 모른다는 생각이 들고 있어요.”

“당신은 아니에요, 브루클린. 절대 아니에요. 그리고 당신이 묻고 있는 질문들은 태초부터 내 아버지께 던져진 것들이에요.”

그리고 그가 말했다. “날 보세요.”

브루클린이 그의 다정한 갈색 눈을 마주 보았다.

“모든 것은 우리가 보지 못하는 방식으로 연결되어 있어요. 고린도전서 12장 21절.”

“나는 성경을 읽지 않아요, 에드워드. 당신은 모든 걸 알고 있으니, 그것도 분명히 알겠죠?”

에드워드가 성경 말씀을 쉽게 풀어주었다. “눈이 손에게 너는 필요 없다고 말할 수 없고, 머리가 발에게 너는 필요 없다고 말할 수도 없다. 모두가 하나의 목적을 위해 일한다. 우리는 모두가 한 몸이다. 한 지체가 아프면, 모든 지체가 아파하고, 한 지체가 기쁘면, 우리 모두 기뻐한다."

브루클린이 킥킥 웃었다. "마치 팀이 지고 있을 때 코치가 중간 휴식 시간에 할 법한 연설 같네요."

"맞아요," 에드워드가 미소를 지으며 대답했다. "그럴 수도 있겠네요."

"그런데, 우리가 지고 있는 건가요, 에드워드? 하나님의 불완전한 작은 피조물들이요?"

그가 대답했다. "아직 경기는 끝나지 않았어요."

그러자 브루클린이 진지하게 물었다. "왜 여기 계신 거죠? 내 말은, 정말로… 여기에?"

"그 질문 많이 받아요."

"그래요? 그럼 뭐라고 말하세요?"

"구체적으로 말하면, 나는 네 사람을 치유하고, 열두 명을 돕고, 세 사람을 집으로 가게 하려고 여기 있는 거예요."

브루클린이 쓸쓸하게 웃었다. "내가 그들과 인터뷰를 해서, 당신이 거짓말하고 있는 것이 아니란 걸 확인할 수 있게, 그 사람들 명단을 주실 수는 없겠죠?"

"영락없는 기자군요." 그가 대답했다. "아니요, 명단을 주지는 않을 거지만, 당신이 나를 도와줄 것이라는 건 말할 수 있어요."

"내가요? 어떻게요?"

에드워드가 다시 엘리베이터 쪽으로 걸어가기 시작했다. "걱정 말아요. 보면 알게 될 거예요."

그녀가 그를 따라가서 하행 버튼을 눌렀다. "내가 평생 한 번도 기도해 본 적이 없는 거 아세요?"

"알고 있어요." 그가 대답했다.

"단 한 번도요."

"나도 알아요."

"하고 싶었어도 어떻게 해야 하는지 요령을 몰랐을 거예요."

"팁을 하나 줄까요?" 에드워드가 물었다.

"좋아요." 브루클린이 대답했다.

그가 말했다. "기도하기 위해 꼭 교회에 가서 무릎을 꿇을 필요는 없어요."

"그래요?"

"그럼요." 그가 말했다. "내가 이제까지 들어본 최고의 기도 중 하나는 막다른 골목에 몰린 한 여인이 병든 개처럼 더러운 바닥에 누워 삶을 끝내고 싶어하면서 드린 기도였어요."

"안됐네요."

딩 소리가 들리고, 엘리베이터 문이 열렸다.

"정반대예요." 그가 대답했다. "내가 들어본 가장 아름다운 기도 중 하나였어요."

브루클린이 그를 쳐다보았다. "어떻게 그래요?"

그가 엘리베이터의 열린 문을 그녀를 위해 잡아주며 말했다.

"바로 그 순간, 다른 사람들은 누구나 이기적인 기도를 했을 텐데, 그녀의 기도는 자신을 위한 것이 아니었어요."

브루클린이 1층 버튼을 눌렀다. "내 평생에 하나님께 단 한 가지도 구한 적이 없었다는 게 이상하게 생각되지 않나요?"

엘리베이터 문이 닫히는 바로 그때, 에드워드가 대답했다. "아마도 당신이 무언가 큰 것을 위해 그것을 남겨두고 있는지도 모르죠."

제19장

몸을 가진 영혼

에드워드와 병원을 방문한 이후 브루클린은 쉽게 잠이 오지 않았다.

아침에 코너가 커피를 따르며 물었다. "그 얘기 하고 싶어?"

그녀는 주방 식탁에 꼼짝도 하지 않고 앉아 있었다. "내 평생에 이보다 더 혼란스러운 적은 없었어."

"뭐에 대해?"

"코너, 그 사람이 자신이 말하는 그분일 수는 없어. 정말 말도 안 돼."

코너가 커피잔 두 개를 식탁에 놓고 맞은편에 앉았다. "그러면, 그 사람이 알 수 없는 일들을 알고, 사람들을 치유하는 것은 어떻게 설명할 건데?"

"설명 못 해," 그녀가 대답했다. "그런데 그 사람이…" 그녀가 말

끝을 흐렸다. 그녀는 그 일을 입 밖에 내고 싶지도 않았다.

"그 사람이 뭐?" 코너가 물었다.

브루클린이 손을 들어 올렸다. "그 사람이 내게 손목과 옆구리에 있는 끔찍한 상처들을 보여줬는데, 그러고는 그 상처들이 없어졌어."

"없어졌다는 게 무슨 말이야?"

그녀가 대답했다. "말한 그대로야. 그 사람이 몸에 있는 그 끔찍한 상처들을 내게 보여주었는데, 잠시 후에 그것들이 치유되었어."

코너가 턱을 문질렀다.

남편이 그런 행동을 할 때마다, 그것은 그가 퍼즐을 맞추려고 애쓰다가 빠진 조각을 막 찾았다는 뜻이었다. "뭐야?" 브루클린이 물었다.

"옆구리와 손목이라고?"

"그래."

"십자가형이야." 그가 설명했다. "그 사람은 당신에게 자기가 누구인지 입증하려고 했던 거야."

"하지만 그 사람이 어떻게 그 상처들을 보였다가 없어지게 할 수 있어?"

"나도 몰라, 브룩. 어쩌면 그 사람이 우리에게 진실을 말하고 있다고 봐야 할지도 모르겠어."

브루클린이 손으로 얼굴을 감쌌다. "나 미치겠어."

"만일 그 사람이 정말 그렇다면?" 코너가 물었다. "진짜배기. 하나님의 어린 양."

브루클린이 비웃었다. "조심해. 기독교 학교 12년 다닌 냄새가 나는 말 같아."

코너가 받아넘겼다. "당신이 조심해. 무신론자가 진실을 마주하길 두려워하는 말 같아."

브루클린이 조용해졌다. 그녀는 싸울 마음이 없었다.

코너가 그녀의 손을 잡았다. "당신 사랑해, 그거 알지?"

"알아."

"뭐 좀 말할 테니, 생각해 보고 반응해 줄래?."

"야, 이거 아프겠는데."

그가 말했다. "그렇진 않을 거야. 약속해."

브루클린이 대답했다. "해봐."

"뉴스 업계에서 일하면서, 당신은 온갖 종류의 고통을 접하고 있잖아. 사실이지?"

그녀가 대답했다. "사실이야."

코너가 말했다. "늘 그런 건 아니지만, 때로는 당신이 그 고통을 이용하는 것처럼 생각돼."

브루클린이 고개를 저었다. "어떻게 이용해?"

"내 생각에는 당신이 초월적 능력의 가능성을 떨쳐버리는데, 편리하게 그 고통을 이용하는 것 같아."

"무슨 말이야?"

"하나님이 계신다면, 어찌 이토록 많은 고통을 허용하시겠는가? 이 말이지."

브루클린이 그의 말을 곰곰이 생각하고 대답했다.

"당신이 좋아할 얘긴데, 에드워드와 병원에서 똑같은 대화를 나눴어."

"그래서?"

"그 사람이 자유의지와 고통 중에도 우리를 사랑하시는 하나님에 대해 성경 구절을 알려주며 설명했어."

코너가 커피잔을 들어 천천히 한 모금을 마셨다. "그 사람이 또 뭐라고 했어?"

"내가 기적을 보려고 하지 않는다고 했어."

"그게 무슨 뜻이야?"

"코렌티우스인가 뭔가 성경을 인용해서 우리가 모두 연결되어 있고, 서로를 위해 일한다는 것에 대해 말했어."

코너가 미소를 지었다. "당신이 고린도전서를 말하는 거 같은데."

"응, 맞아." 브루클린이 잠시 멈추었다. "가장 안 좋은 부분은 얘기도 안 했어. 그 남자랑 딸, 내가 가짜 바이올린 건으로 마주쳤던 사람들이 거기 있었어."

"어디에?"

"그 병원에. 그 남자의 아들이 아파서 중환자실에 있어. 그래서 그들이 시내 광장에서 푼돈을 구걸하고 있었던 거야."

"세상에." 코너가 말했다. "에드워드는 그 사람들이 거기 있을 줄 알았던 거야?"

브루클린이 대답했다. "그 사람은 모르는 게 아무것도 없는 것 같아."

그녀가 커피잔을 만지작거렸다. "뭘 해야 할지 모르겠어."

그가 물었다. "무슨 말이야?"

"나는 기적과 자기가 예수라고 주장하는 남자에 대한 이 말도 안 되는 기삿감을 가지고 있단 말이야. 차라리 돈 훔치는 정치인에 대해 쓰는 게 낫지."

"이해하기 더 쉬워서?" 그가 물었다.

그녀가 대답했다. "훨씬 더 쉽지."

"오늘 그 사람 다시 만나기로 했잖아, 맞나?" 코너가 물었다.

"응, 오늘 아침에."

마치 시간을 맞추기라도 한 듯이 에비가 주방으로 들어오며 말했다.

"자기가 하나님이라고 말하는 그 멋진 아저씨가 다시 왔어요."

브루클린이 머리를 들어 살짝 내다보니, 에드워드가 현관 앞에 앉아 기다리고 있었다.

코너가 그녀를 안아 주며 말했다. "옷 갈아입는 게 좋겠어."

잠시 후, 브루클린이 흰색 꽈배기 스웨터에 청바지, 머리를 뒤로 묶은 말총머리를 하고 밖으로 나왔다. 에드워드는 검은색 짧은 코트와 카키색 바지, 그리고 색이 바랜 갈색 부츠를 신고 있었다.

"둘이 하이킹 가는 거 같네." 코너가 말했다. "골고다는 아니기를."

에드워드가 천천히 고개를 돌려 코너를 바라보며, 정말? 이라고 묻는 듯한 표정을 지었다.

코너가 얼굴이 빨개졌다. "썰렁한 농담. 미안."

브루클린이 말했다. "나는 못 알아듣겠어요."

에드워드가 미소를 지으며 대답했다. "거기에 있었어야만 알 수 있어요."

그렇게 브루클린과 목수의 아들은 매스 턴파이크(매사추세츠주의 동서 고속도로)를 통해 서쪽으로 가는 여행을 떠났다.

*

메사추세츠주의 레녹스는 버크셔 카운티에 위치한 작은 도시로, 인구는 5천 명에 불과한 곳인데, 관광객들이 찾아오는 여름이면 그 숫자가 불어난다. 늦가을인 오늘, 유령 도시와 같은 이곳은 나무들이 잎을 떨구고, 바로 언덕 너머에 있는 것처럼 느껴지는 혹독한 겨울을 대비하고 있었다.

레녹스의 키 큰 침엽수들에 둘러싸여 절벽 위 높은 곳에 자리 잡은 할로우드 하우스 중독 치료 센터는 중독 및 행동 장애와 싸우는 잃어버린 영혼들을 돕기 위한 대면 치료 시설이다. 20번 도로를 따라 도시로 들어서면, 건물 전면의 큰 유리창이 나뭇가지에 앉아서 내려다보고 있는 매의 눈을 닮아서, 놓치지 않고 쉽게 찾을 수 있을 것이다.

주차를 한 후, 에드워드는 체리 나무 목재로 만든 커다란 문을 당겨서 열고, 브루클린을 중독 치료 센터의 로비로 데리고 들어갔다.

"어떻게 오셨나요?" 접수 담당자가 물었다.

에드워드가 미소를 지으며 말했다. "그냥 여기 명예의 벽을 보려고 왔어요."

로비의 슬레이트 벽은 이곳에서 절망에 빠진 사람들을 돕는데 인생을 바친 의사, 간호사, 직원들의 사진 액자들로 덮여 있었다.

"왜 여기 온 거죠?" 브루클린이 물었다.

에드워드가 왼쪽 맨 위에서 세 번째 사진을 가리켰다. "저 여인을 만나려고요."

사진 속에는 짙은 갈색 머리에 간호사 모자와 흰색 블라우스를 입은 20대 후반의 여인이 있었다. 그 사진의 아래에는 추모(追慕)라는 글귀가 적혀 있었다.

"이해가 안 돼요." 브루클린이 말했다. "나보고 죽은 간호사를 만나라고요?"

에드워드가 속삭였다. "그 여인의 눈을 보세요."

브루클린이 처음에는 멍하니 여인의 얼굴을 바라보다가, 점점 그녀의 짙은 초록색 눈동자에 시선이 집중되었다. 그 눈에는 이상하게 친숙한 무언가가 있었는데, 그럴 만한 이유가 있었다. 그 눈이 브루클린의 눈과 똑같았기 때문이다.

"이제 보이죠." 에드워드가 말했다.

브루클린이 그 여인의 나머지 모습을 살펴보니, 머리 모양이 다르고, 체중이 조금 더 나가는 것 같기는 했으나 그 간호사가 그녀의 언니처럼 닮아 있었다.

그녀가 에드워드를 돌아보았다. "저 여인이… ?"

에드워드가 대답했다. "당신의 생모(生母), 맞아요."

접수 담당자가 책상 뒤에서 나왔다. "이곳은 사적인 시설입니다. 무슨 목적으로 오셨나요?"

에드워드가 대답했다. "우리는 모두 목적이 있죠. 우리는 그것에 마음을 열기만 하면 됩니다."

브루클린이 에드워드의 팔을 잡으며 숨죽여 말했다. "그런 포춘 쿠키(운세가 적힌 쪽지가 들어있는 과자) 같은 대답을 더 했다가는 저 사람이 경찰을 부르겠어요."

에드워드가 접수 담당자에게 손짓했다. "우리 이제 갈게요. 고마워요."

건물 밖에는 벤치 여섯 개가 나무들 사이에 흩어져 있었다. 나뭇잎은 모두 떨어져서 녹색 잔디가 붉은색과 오렌지색 카펫으로 바뀌어 있었다. 브루클린은 에드워드 옆자리에 앉아 대답을 기다리고 있었다.

"그 여인의 이름은 메리 엘리자베스 플래너건이었어요." 그가 말했다. "그녀가 자기를 아껴줄 거라고 생각한 남자를 만나 사귀기 시작한 게 열아홉 살이었어요."

"그 남자가 그렇지 않았나 보군요." 브루클린이 말했다.

"아니었죠. 그는 여자를 유혹하는 기술이 뛰어난 플레이보이였어요. 많은 여자를요."

"제 생모도 그중 한 명이었군요?"

"맞아요." 에드워드가 말했다. "그리고 그녀가 임신한 사실을 알게 되자, 그는 그녀를 버렸어요. 당신도 버렸어요."

브루클린이 이를 이해하려고 하고 있을 때, 에드워드가 말을 이었다. "그는 또 당신 어머니를 약물에 중독되게 했어요. 그가 약을 같이 하자고 강요하다시피 했거든요."

브루클린이 사진 속 여인의 얼굴을 떠올리며 말했다. "그 남자를 만나기 전에는 약물을 한 적이 없었다는 거예요?"

"전혀 없었죠."

"계속하세요." 그녀가 말했다.

"그녀는 브루클린에서 살았어요. 파트타임으로 일하던 애완동물 가게 위의 작은 아파트에서요. 그녀는 같은 동네에 있는 작은 교회에 다녔고, 그곳에서 캐서린 자매와 친구가 되었어요."

브루클린이 재촉했다. "계속하세요."

"당신을 임신하고 버림받은 후, 중독에 시달리며, 약을 사려고, 일하던 애완동물 가게에서 도둑질까지 했어요."

브루클린은 항상 경멸하기만 했던 그 여인이 안 된 생각이 들기 시작했다.

"그녀가 체포됐나요?"

"아니요." 에드워드가 대답했다. "애완동물 가게 주인은 그녀가 약물 중독인 것을 알고, 경찰을 부르는 대신에 캐서린 자매에게 전화했어요."

"참 인정 많은 분이었네요."

에드워드가 브루클린의 눈을 지긋이 바라보았다. "메리는 아이를 지울까, 그리고 도망갈까도 생각했어요."

"왜 그러지 않았나요?"

"캐서린 자매가 그녀에게 말했어요. 그녀의 인생에서 단 하나의 좋은 것이 그녀의 뱃속에 든 아기라고요. 바로 당신."

브루클린이 말없이 앉아 있자, 에드워드가 말을 이었다. "하지만, 그녀 자신도 아이나 마찬가지였어요, 브루클린, 그리고 그 끔찍한 마약에 사로잡혀 있었죠."

"그게 저를 포기한 이유인가요?" 브루클린이 물었다. 그녀의 목소리가 갈라졌다.

"그래요. 기독교 자선단체에서 그녀에게 약속했어요. 아기는 사랑이 가득한 가정에 보내질 것이며, 결코 중독도, 폭력도, 버려짐도 다시는 없을 거라고요."

그가 브루클린의 눈을 다시 바라보았다. "그녀는 *당신의* 삶이 절대로 *자신의* 삶처럼 되지 않기를 바랐어요."

그때 초록색 작업복을 입고 갈퀴를 든 늙은 관리인이 지나가다가 그들에게 손을 흔들어 인사를 했다.

브루클린이 반사적으로 손을 흔들며 인사를 했고, 그 남자는 계속 천천히 걸어갔다.

에드워드가 물었다. "양부모님이 당신 이름을 어떻게 지었는지 말해준 적 있나요?"

"아니요. 입양할 때 내가 가지고 있던 이름이라, 그냥 그렇게 불렀대요."

에드워드가 환하게 미소를 지었다.

"왜요?"

그가 대답했다. "당신 어머니가 기억하고 있던, 유일하게 즐거웠던 시절은 브루클린에서 자랄 때였어요. 그래서 당신을 입양기관에 넘겨주기 전에, 당신 얼굴을 보면서, 자기 인생에서 가장 좋았던 부분을 당신에게 줄 수 있는지를 물었어요."

"그게 브루클린이었군요." 그녀가 말했다.

"그래요."

에드워드는 브루클린이 진실을 받아들일 기회를 주기 위해 조용히 있었다.

그녀는 사진 속의 여인에 대해 생각하기 시작했다. 어리고 임신한 채로, 혼자가 되었으니, 그녀는 분명히 막막하고 두려웠을 것이다. 브루클린이 말했다. "평생 나는 버림받았다고 생각했어요."

"맙소사, 아니에요! 당신은 구원받았던 거예요."

브루클린이 싱긋 웃었다. "그런데 제가 아일랜드계였네요. 플래너건?"

"맞아요." 그가 말했다.

그녀가 갑자기 활기를 띠었다. "제가 코너를 아일랜드식 술집에서 만난 거 알아요?"

"알죠. 고린도전서, 기억나요?"

그녀가 물었다. "병원에서 우리가 얘기했던 거요?"

"맞아요. 그래서 내가 뭐라고 했죠?"

"모든 것이 서로 연결되어 있다는 거요?"

에드워드가 고개를 끄덕였다.

그러자 브루클린이 농담을 했다. "그러고는 내 머리가 누구의 무릎에 붙어 있다느니, 당신 발이 내 팔꿈치에 연결되어 있다느니, 뭐니 했잖아요."

그 말이 에드워드를 크게 웃게 했다.

브루클린이 할로우드 하우스 밖에 있는 간판을 힐끗 바라보았다. "생모가 어떻게 여기서 간호사로 있게 된 거예요?"

에드워드가 설명했다. "브루클린의 기독교 자선단체에는 교회 구성원을 중독 치료 센터에 보내주는 프로그램이 있었어요. 메리는 마약을 끊기 위해 이곳 할로우드 하우스로 보내졌어요."

그녀가 물었다. "그러고 나서 어떻게 되었나요?"

"교회의 성도들이 방을 마련해 주었고, 그녀는 윌리엄스 대학에서 장학금을 받아 간호학을 공부했어요."

"그러고 나서요?"

"그녀는 자기를 건강하게 회복시켜 준 바로 이곳에서 임상 실습을 했고, 졸업하자 일자리 제안을 받았어요."

"생모는 젊을 때 세상을 떠났나요?" 브루클린이 물었다.

"삼십대였어요." 에드워드가 대답했다. "유방암이었죠. 하지만 이곳 레녹스에서 멋진 남자를 만나 사랑에 빠진 후였습니다."

"아이는 없었어요?" 브루클린이 물었다.

"아, 있었어요. 둘이요."

"잠깐만! 그럼 내게 형제자매나 이복 형제자매가 있다는 말인가요?"

"그래요. 지금은 모두 다 자랐어요. 당신처럼요."

"그들을 알았더라면 좋았을 텐데." 브루클린은 멀리 아름다운 산들을 바라보며, 멍하니 생각에 잠겼다.

잠시 후 에드워드가 물었다. "무슨 생각 하고 있어요?"

"다행이에요," 브루클린이 대답했다. "생모가 여기서 사랑을 찾고, 잘 살았다니 기쁘네요. 하지만…"

"하지만 뭐요?" 에드워드가 다정하게 물었다.

"이 모든 얘기를 듣고 보니, 생모가 날 한 번이라도 생각했는지 궁금해지네요. 자기가 두고 떠난 아기를 말이에요." 그녀의 눈에 눈물이 핑 돌았다.

에드워드가 그녀의 손을 잡았다. "매일. 매일," 그가 말했다. "하루에도 몇 번씩. 병원에 연락해서 당신을 입양한 부부를 찾아내려 했어요. 하지만 그 당시에는 규정이 달랐어요."

"맞아요." 브루클린이 말했다. "모든 기록이 봉인되었을 거예요."

에드워드가 그녀의 손을 꼭 잡았다. "뭐 좀 말해도 될까요?"

"그럼요."

"당신은 자신의 내력이 시작된 방식 때문에 평생 자신이 남들보다 못하다고 느껴왔어요."

그녀가 그를 응시하였다. 그녀가 전에는 그런 식으로 생각해 본 적이 없었지만, 그가 한 말은 사실이었다. 참으로 사실이었다.

"실제로는 말이죠, 브루클린. 당신의 내력에는 부끄러운 것이 없어요. 오로지 사랑뿐이죠. 이제 그걸 알겠죠?"

그녀는 눈을 감고, 어쩌면 오래전에 바로 이 벤치에 앉아 있었을지도 모르는 친어머니에 대해 생각했다.

그 순간 브루클린의 마음을 오랫동안 얼어붙게 했던 얼음이 녹아내리는 것 같았다.

"메리?" 그녀를 부르는 목소리가 들렸다. 아까 지나갔던 그 관리인이었다.

브루클린이 눈을 떴다. "제게 말씀하신 건가요?"

그 남자가 잠시 브루클린을 바라보더니 말했다. "미안해요, 아가씨. 내가 정신이 나간 것 같네요."

"말콤," 에드워드가 말했다. "당신이 헷갈리는 게 아니에요. 메리의 딸이에요."

그 노인이 갈퀴에 몸을 기대며 되물었다. "여기서 일했던 메리 플래너건?"

"예."

말콤이 더 가까이 와서 보고 말했다. "오, 이런." 그러고는 에드워드를 돌아보았다. "선생님은 내가 아는 분인가요?"

"당신이 생각하는 식으로는 아니죠." 에드워드가 대답했다.

말콤이 야구모자를 벗고, 머리를 긁적이며, 혼란스러운 표정을 지었다.

"신경 쓰지 마세요, 말콤." 브루클린이 다정하게 미소 지으며 말했다. "이분은 모든 사람에게 그렇게 말해요."

말콤이 여전히 갈퀴를 잡은 채 브루클린의 얼굴을 뚫어지게 바라보았다. "당신은 메리의 눈을 가지고 있어요."

"저희 어머니를 아셨어요?"

"알고 말고요." 그가 대답했다. "그분이 제 생명을 구해줬어요."

에드워드가 벤치에 등을 기대었다. "그 얘기를 해주세요."

그 노인은 메리 플래너건이 중독 치료 센터에서 젊은 간호사로 있을 때, 자신이 매우 다루기 힘든 환자였다고 했다. "나는 매일 이곳을 떠나 도망치고 싶었어요." 그가 설명했다. "그러면 당신 어머니가 말하곤 했죠. '말콤 휴즈, 이제 내 말 들어요. 내게 하루만 더 줘요. 그러고 나서 내일 당신이 떠나고 싶다고 하면 내가 직접 시외로 데려다줄게요.'"

에드워드가 덧붙였다. "그래서 남아 있게 되었고요."

"맞아요."

브루클린이 물었다. "그래서 지금 여기서 일하고 계신 거예요?"

말콤이 대답했다. "당신 어머니가 그랬던 것처럼요."

갑자기 거센 바람이 그들 곁을 휩쓸고 지나가면서 낙엽들이 소용돌이치며 날아갔다.

말콤이 말했다. "자, 낙엽들은 저절로 치워지는 게 아니니, 일하러 가겠어요. 복 받으시오. 아가씨."

그 말과 함께, 말콤은 일을 하려고 돌아갔고, 브루클린과 에드워드는 집으로 가려고 차에 올랐다.

그녀가 차의 선루프를 통해 눈부신 하늘을 올려다보며 말했다.
"내 속 깊은 곳에서 누르고 있던 무거운 것이 치워진 느낌이에요.
말로 설명할 수는 없지만요."

에드워드가 말했다. "당신이 찾고 있는 단어는 영혼일 거예요."

차를 '드라이브'에 놓고, 그녀가 반농담조로 말했다. "그게 실제로 있어요? 영혼?"

"아, 그럼요!"

그녀가 잠시 생각하더니 말했다. "그럼 나는 영혼이 있는 몸이네요?"

"아니요." 에드워드가 대답했다. "거꾸로 말했어요. 당신은 몸을 가진 영혼이에요. 하나는 일시적인 것이고, 다른 하나는 영원한 것이죠."

그녀가 차를 긴 곡선 진입로를 따라 천천히 몰며 물었다.

"당신이 하나님의 아들이라고요?"

"예."

"그리고 목수의 아들이고요?" 그녀가 물었다.

"맞아요."

매스 파이크(매스 턴파이크 고속도로의 별칭) 표지판이 앞에 보이자, 브루클린이 또 물었다. "내 평생 당신이 어디에 있었는지 물어도 될까요?"

에드워드가 되물었다. "무슨 말이죠?"

"내 말은, 만약에 내가 하나님이라면, 지붕 위에서 그걸 외쳤을 거라는 거예요."

에드워드가 잠시 멈췄다가 말했다. "코너가 당신 뒤에서 다가와서 어깨에 손을 얹고 무언가 말한 적이 있죠?"

"물론이요."

에드워드가 물었다. "그가 당신 귀에 속삭였나요, 아니면 소리쳤나요?"

브루클린은 그의 말을 곰곰이 생각했다. "당신의 말은 그동안 내내 당신이 내 바로 뒤에 있었다는 말인가요?"

에드워드가 말했다. "뒤에서. 힘이 되어주고. 기다리며."

"뭘 기다린 거예요?" 그녀가 물었다.

"당신이 뒤돌아보기를요."

제20장

작별 인사

"폴 리버 축제에 대해 들어봤어요?" 에드워드가 버크셔 카운티에서 집으로 차를 타고 오는 길에 브루클린에게 물었다.

"그럼요. 보스턴이나 케이프 코드, 로드아일랜드 사람들이 모여서 즐기는 큰 잔치잖아요. 놀이기구, 게임, 먹거리."

"맞아요," 그가 말했다. "오늘 밤 그 축제가 열리는데, 내가 만났던 사람들 몇 명을 거기 오게 해서 만나고 싶어요."

"왜요?" 브루클린이 물었다.

"두 가지 이유가 있어요." 그가 대답했다. "첫 번째는… 즐거움."

"즐거움요?"

"예, 즐거움. 예수님과의 관계는요, 교회에서 드리는 예배든지, 선한 행위를 하는 것이든지, 사랑하는 사람들과 추억을 나누는 것이든지, 그 모든 것이 즐거움이 될 수 있어요."

"그리고 또 다른 이유는요?"

에드워드가 그녀를 바라보며 말했다. "작별 인사를 하려고요."

"얼마 동안이요?" 그녀는 예상치 못한 슬픔의 고통을 느끼며 물었다.

"각자가 다시 만날 때까지요."

비록 그를 이제 막 만났고, 그가 정말로 누구인지 혼란스럽기도 했었지만, 브루클린은 그가 없는 세상을 생각하자 가슴이 철렁 내려앉았다. 그가 없는 세상이라니.

"그보다 더 막연한 말이 없겠네요." 그녀가 농담처럼 말했다.

에드워드는 가볍게 미소를 지으며 말했다. "모두 즐거움을 함께 하기 전에, 먼저 나를 어디 좀 내려줘요."

잠시 후, 브루클린이 차를 백 베이에 있는 어드벤트 교회 앞에 세웠다. "하늘에 계신 당신 아버지께 인사라도 드리려는 거예요?" 그녀가 교회를 올려다보며 물었다.

"그와 비슷한 거예요." 그가 대답하며 차에서 내렸다. 그가 차 문을 닫으며 지붕을 가볍게 두드렸다. "저녁 7시에 폴 리버 축제에서 봐요. 대관람차 옆에서 만나요. 잊지 말아요, 정각 7시."

*

마이클 라일리 신부가 토요일 저녁 예배에서 성경 봉독을 시작하려고 하는데, 정문이 열렸다. 석양이 교회 안 중앙 통로로 쏟아져 들어와 밝은 오렌지색 광선을 비추었다.

좌석은 사람들로 꽉 들어찼지만, 그것은 예배보다는 편의성을 더 나타내는 것이었다. 교인들은 믿음보다도 미식축구를 좋아해서 일요일을 자유롭게 보내기를 선호하였다. 여기는 어쨌든 뉴잉글랜드 패트리어츠(NFL의 미식축구팀)의 도시였기에, 토요일을 교회 가는 날로 만들었다.

그 빛줄기는 사람들의 고개를 돌리게 했고, 출입구에 서 있는 에드워드의 실루엣을 드러나게 하였다. 그가 앞으로 걸어가자, 그의 뒤에서 거센 바람에 문이 닫히면서 쾅 소리가 울렸다. 그것은 아버지가 아이를 주목하게 하려고 식탁을 주먹으로 내리치는 것을 연상하게 하였다.

그러나 에드워드는 동요하는 기색이 없었다. 컵 속의 물처럼 차분하게 서서, 강단 가운데 서 있는 라일리 신부를 똑바로 바라보았다.

에드워드가 큰 소리로 말했다. "계속하세요."

라일리 신부는 놀라서 할 말을 잊은 채 그를 바라보았다. 그는 그 얼굴과 그 목소리를 알아보았다. 벤치에 있던 노숙인이었다. "무슨 일인가요?" 그가 다시 말문을 열고, 물었다.

에드워드가 강단 쪽으로 걸어오며, 그들이 마태복음에서 읽고 있던 바로 그 말씀을 읊기 시작했다.

"왕이 그의 오른편에 있는 자들에게 말할 것이다. 내 아버지의 복을 받는 자들이여, 오라. 내가 배고플 때 너희가 내게 먹을 것을 주었고, 내가 목마를 때 너희가 내게 마실 것을 주었느니라."

그가 맨 앞에 다다르더니, 돌아서서 시선을 회중에게로 돌렸다.

"내가 나그네였을 때, 너희가 나를 영접하였느니라."

교회 벤치에서 쉴 곳을 찾으려 했던 노숙인을 경찰이 데려가는 모습을 보려고 모였었던 몇몇 교인들이 불편한 듯 자리에서 몸을 움직였다.

에드워드가 그들의 눈을 들여다보며 그 구절을 되풀이했다. "내가 나그네였을 때, 너희가 영접하였느니라."

예배당을 한 바퀴 더 훑어보고 나서 그가 덧붙였다. "그래요. 별로 그러지 않았죠."

그가 강단으로 올라가 손을 들어 신부의 어깨에 얹었다. 라일리 신부가 즉시 자리에 앉았다.

에드워드가 회중을 바라보며 말했다. "스스로 의롭다 여기는 자들이 서로 바라보며 말하겠지요. '잠깐만요. 주님, 우리가 언제 주님을 외면했습니까?'"

그가 빙긋이 웃었다. "정말 그 질문에 내가 답할 필요가 있나요?"

회중들은 마치 누가 감히 대답할 것인지 보는 것처럼 말없이 좌우를 살폈다. 아무도 대답하지 않았다.

에드워드가 계속해서 마태복음의 인용을 계속했다. "만일 너희가 이 가장 작은 자에게 하지 않았으면, 곧 내게 하지 아니한 것이니라.”

　그가 강단 중앙에 있는 탁자 위로 손을 뻗어 성경책을 집어 들고 모두가 볼 수 있게 머리 위로 들었다.

　“이것은 하나님의 말씀입니다. 여러분이 오늘 이 말씀을 들으러 여기 온 것은 좋습니다.” 에드워드가 외쳤다. “그렇지만 행동이나 의미가 없는 말씀은 그저 말씀일 뿐입니다. 여러분이 병원에 서 있다고 해서 의사가 되는 것이 아니듯이, 교회에 앉아 있다고 해서 천국에 여러분의 자리가 보장되는 것은 아닙니다.’”

　라일리 신부는 고개를 숙인 채 가만히 있었다. 대부분의 회중도 마찬가지였다.

　“심판의 날에,” 에드워드가 말했다. “내 아버지께서는 여러분이 어떤 시편을 외웠는지를 묻지 않으실 겁니다. 여러분이 무엇을 했는지를 물으실 겁니다. 여러분이 누구를 도왔는지를 물으실 겁니다.”

　그 말을 하면서, 그는 성경을 라일리 신부에게 건네주고, 그의 등을 가볍게 두드렸다. “이들을 당신의 사랑하는 마음과 인도하는 손길에 맡깁니다.”

　라일리 신부가 에드워드의 눈을 마주 보며 고개를 끄덕였다. 그는 더 잘할 것이다. 그는 더 잘할 필요가 있었다. *하나님, 더 잘할 수 있게 저를 도와주소서.*

에드워드는 강단에서 내려와 교회의 중앙 통로로 천천히 걸어 나갔다. 그 예배당 안에서 그의 한 걸음 한 걸음을 지켜보지 않은 유일한 사람은 핀네건 타프라는 열한 살짜리 소년이었다.

어린 핀네건은 자신이 앉아 있는 자리 옆 벽에 걸린 조각상에 시선을 고정하고 있었다. 그 조각상은 예수님의 마지막 고난과 십자가 처형에 이르는 길을 형상화한 것이었다. 핀네건은 예수님이 십자가의 무게에 짓눌려 쓰러지는 모습에 마음이 사로잡힌 것처럼 보였다.

에드워드가 소년에게 다가가 물었다. "무슨 생각을 하니, 핀?"

소년이 에드워드를 바라보다가 다시 예수님의 조형물로 시선을 돌리며 대답했다. "아파 보여요."

"그랬지." 에드워드가 대답했다. "너라면 일어났겠니?"

핀네건이 망설임 없이 대답했다. "아니요."

"내가 왜 일어났는지 아니?"

아이가 되물었다. "내가 왜 일어났느냐고요?"

"그래."

핀네건이 두 번째로 물었다. "아저씨가요?"

에드워드가 조각상을 가리키며 말했다. "나란다."

핀네건이 십자가 아래 쓰러져 있는 예수님의 고통스러운 얼굴을 주목해 보았다. "그 질문 다시 해주세요."

에드워드가 말했다. "왜 그 모든 고통과 고난에도 불구하고, 무슨 일이 있을지 알면서… 핀네건, 내가 왜 일어났을까?"

핀네건이 에드워드의 눈을 마주 보며 대답했다. "저를 위해서요."

에드워드는 소년의 어깨에 손을 얹었다. "더 크게 말해봐."

그 소년이 외쳤다. "예수님은 저를 위해 십자가를 지셨어요."

에드워드가 미소를 지었다. "어쩌면 네가 저 강단 위에 서야 할지도 모르겠구나."

핀네건이 라일리 신부가 서 있는 예배당 앞쪽을 바라보며 그에게 물었다. "그렇게 생각하세요?"

에드워드가 대답했다. "먼저 리틀 야구를 하고, 목회는 나중에." 그러고는 소년의 갈색 곱슬머리를 손으로 헝클였다.

그가 다시 예배당 입구로 걸어가 문을 밀어 열었다. 석양이 다시 한번 중앙 통로를 뒤덮었다.

라일리 신부가 소리쳤다. "선생님?"

에드워드가 그를 향해 돌아섰다.

신부가 물었다. "우리가 더 알아야 할 것이 있습니까?"

회중 모두가 그의 대답을 기다리는 가운데, 에드워드가 말했다. "의심이 들 때는, 그것들이 십계명이지, 열 가지 제안이 아니라는 걸 기억하세요."

*

321

오후 7시 정각, 에드워드가 보스턴에서 만났던 여러 사람이 폴리버 축제의 대관람차 앞에 모였다. 가브리엘과 파이퍼가 브루클린, 코너, 에비와 함께 거기 있었다. 에드워드가 고쳐준 시각장애인 스튜어트는 자전거 타던 소년 제이든과 이야기를 나누고 있었다.

"늦어서 미안해요!"라고 외치는 소리가 들렸다.

파이퍼가 루크를 보자 얼굴이 환해졌다. 그가 파이퍼를 껴안는 것을 본 가브리엘이 웃으며 파이퍼만이 알 수 있는 바보 같은 표정을 지었다.

그녀가 헤벌쭉 웃고 있는 아버지에게 입 모양으로 그만해요라고 했다.

에드워드가 그들을 불러 모아 말했다. "여러분 모두 만나서 반가워요. 와줘서 고맙습니다. 내가 작별 인사를 하기 전에 함께 즐거운 저녁을 보내고 싶었습니다."

일제히 아쉬움의 탄성을 터트리는 가운데, 가브리엘이 에드워드를 끌어당겨 안았다. "그 말을 듣게 되어 유감이네요. 솔직히 말해서, 이기적인 생각 때문이지만."

그가 대답했다. "가브리엘, 당신에게는 이기적인 구석이 하나도 없어요. 게다가, 내가 장담하는데, 나를 대신할 적임자가 바로 당신 눈앞에 있어요."

스튜어트가 다가와 두 손으로 에드워드의 손을 꼭 잡았다. "나중에 말할 기회가 없을지도 모르니, 고맙다는 말을 꼭 하고 싶어요."

에드워드가 미소를 지었다. "좋은 것을 보고, 좋은 일을 하세요."

"그럴게요. 약속해요."

에드워드가 제이든의 어깨에 손을 얹었다. "그 물고기 잡았니?"

"아직이요, 선생님."

에드워드가 그의 눈을 바라보며 말했다. "내 가장 친한 친구 몇 사람이 어부였던 거 알고 있었니?"

"정말요? 그분들은 많이 잡았나요?"

에드워드가 말했다. "내가 도와줘서, 엄청나게 잡았지."

"우와!" 제이든이 외쳤다.

코너가 다가와 말했다. "우리가 막 만났다는 걸 알지만, 나도 당신이 보고 싶을 거예요."

에드워드가 가까이 몸을 숙이고 속삭였다. "당신은 좋은 사람이에요. 그리고 나를 믿는 거 알고 있어요."

"그럼요."

에드워드가 그의 팔을 잡고 말했다. "괜찮으면, 잠깐 따로 얘기 좀 할까요?"

코너가 다른 사람들에게서 떨어지자, 에드워드가 말했다.

"부탁 하나 할게요."

"뭐든지요."

"브루클린을 가능한 한 빨리 의사에게 데려가세요."

코너가 에드워드의 얼굴을 살피며 설명을 기다렸다.

"그 두통이 그냥 두통이 아니에요, 코너."

"그 사람 괜찮은가요?" 그가 허둥대며 물었다.

에드워드는 다시 그의 팔뚝을 붙잡았다. "괜찮을 거예요. 그냥 빨리 데려가세요."

"그럴게요." 코너가 목멘 소리로 말했다.

에드워드가 그 모습을 보고 말했다. "괜찮을 거예요. 약속해요."

그들이 사람들에게로 돌아오자, 파이퍼가 말했다. "흩어지기 전에 질문 있어요, 에드워드. 우리가 뉴버리 스트리트에 갔을 때, 몇 가지 구체적인 일을 하러 왔다고 했잖아요. 네 사람을 고치고, 몇 사람을 도와주고, 세 사람을 집으로 가게 할 것이라고 말했어요."

브루클린도 말했다. "그래요, 나한테도 같은 말을 했어요."

"예, 그랬죠." 에드워드가 말했다..

파이퍼가 그들 가운데 방금 만난 사람들을 가리키며 말했다. "제이든과 스튜어트를 고쳤어요. 두 명인데요."

에드워드가 대답했다. "끔찍한 고통을 겪던 한 경찰관도 도왔죠."

"좋아요." 브루클린이 말했다. "그럼, 집으로 가게 한 사람들은 누구죠?"

"알렉산드리아라는 젊은 여인이에요. 지금은 언니와 함께 집에 있어요."

"그럼 또 다른 사람들은요?" 코너가 물었다.

"또 다른 사람들은," 에드워드가 말했다. "적절한 때 스스로 나타날 겁니다."

브루클린이 남편에게 말했다. "저게 당신이 말하는 회피라니까."

모두가 웃음을 터뜨렸다.

"스무고개 놀이를 마쳤으면," 에드워드가 말했다. ""우리 축제를 즐겨볼까요."

조용히 지켜보고 있던 가브리엘이 큰 소리로 말했다. "하나 더 물어봐도 될까요?"

"물론이에요, 친구." 에드워드가 대답했다.

"우리가 만난 그날, 즉 당신이 우리 삶에 걸어 들어온 날. 왜 그냥 당신이 누구라고 얘기하지 않았나요?"

에드워드가 자기 가슴을 토닥거렸다. "그 말은 내가…"

"예수라고 말이에요." 가브리엘이 말했다.

에드워드가 그 질문을 곰곰이 생각하더니 말했다. "강아지에게 약을 먹여본 적 있나요?"

"그럼요."

"강아지에게 약을 주면서, '자, 이거 삼켜. 너한테 좋은 거야.'라고 말했나요?"

"아니요, 선생님. 우리는 그걸 볼로냐 소시지나 간식 같은 데 숨겨서 주곤 했죠."

"왜죠?" 에드워드가 물었다.

"그게 자기한테 좋은 거라는 걸 알더라도, 강아지는 거부할 테니까요."

에드워드가 그들에게 말했다.

"만일 내가 다가가서 '안녕하세요. 제 이름은 예수, 저는 하나님의 아들입니다'라고 말했다면, 여러분 중 누가 저를 믿었을까요?"

모두가 그의 말을 이해하고 미소를 지었다.

"나는 여러분을 더 낫게 만들기 위해 보내어진 약이었어요, 가브리엘."

"그래서 우리가 당신을 알게 될 때까지 진실을 감춘 거군요?"

"맞아요. 그리고 바로 지금, 하나님의 독생자가 원하는 게 뭔지 아나요?"

"도넛이요!" 에비가 외쳤다.

에드워드가 아이의 손을 잡고 말했다. "네가 앞장서라."

"잠깐만요," 루크가 말했다. "단체 사진 하나 찍을게요."

브루클린이 그에게 휴대폰을 건넸고, 그는 대관람차 아래에서 그들 모두를 완벽하게 담은 사진 한 장을 찍었다. 에드워드는 가운데 서서 제이든과 에비를 팔로 감싸 주었다.

어둠이 빠르게 내리자, 친구들은 축제를 즐기기 위해 흩어졌다.

놀이기구의 불빛이 밤을 밝혀, 한층 더 마법 같은 분위기를 조성해 주었다.

루크가 파이퍼에게 대관람차를 함께 타자고 청했다. 에드워드가 귀띔해 준 대로, 대관람차는 맨 꼭대기에 멈춰 서면서, 두 젊은 연인을 차가운 가을바람 속에 흔들거리게 하였다.

"추워요?" 그가 물었다.

파이퍼가 대답했다. "괜찮아질 거예요."

주저하지 않고, 루크가 데님 재킷(청재킷)을 벗어 그녀를 감싸주었다. 그 신사적인 행동은 그녀가 충동적으로 그의 부드러운 입술에 곧장 따뜻한 키스를 하게 하였다. 그것은 앞으로 하게 될 수많은 키스의 첫 번째 것일 것이다.

에드워드는 그 후 두 시간 동안 그들 모두와 시간을 보내며, 그날 밤이 지난 후에도 각자가 보물처럼 간직할 이야기들과 소망의 메시지들을 함께 나누었다.

에비는 최고의 이야깃거리를 가졌다. 그것은 에드워드가 온종일 관광객들의 돈을 사취하던 교활한 호객꾼과 쓰리카드 도박을 하는 것을 지켜본 이야기였다. 그 남자는 세 장의 카드를 탁자에 엎어 놓았는데, 두 장은 클로버 에이스였고, 한 장은 하트 퀸이었다. 그가 재빨리 카드를 섞은 후 멈추면, 사람들이 하트 퀸이 어디 숨어 있나 맞추는 것이었다. 한 번 거는 데는 5달러가 들었고, 맞히는 사람들은 큰 곰 인형을 땄다. 그러나 그의 손에 있는 현금 뭉

치와 그의 머리 위에 걸려 있는 곰 인형의 수를 보면 상품을 가져가는 사람이 매우 적다는 것을 알 수 있었다.

에드워드가 슬그머니 그 텐트로 다가가, 사기당할 사람들의 줄 뒤에 섰다.

"퀸을 따라가 보세요, 아주 쉬워요!" 그 사기꾼이 유혹했다. "곰 인형을 따가세요. 하나, 둘, 셋!"

그 사기꾼은 매우 마른 체격에 충혈된 눈을 하고 있었고, 밀짚모자를 썼지만, 그의 대머리를 다 가리지는 못했다. 그는 손바닥 아래 여분의 클로버 에이스를 숨겨놓고, 고객이 어떤 카드를 고르든 그 에이스와 바꿔치기하여 그들이 절대로 퀸을 맞히지 못하게 만들었다.

에드워드가 에비에게 물었다. "여덟 번째 계명이 뭔지 아니?"

에비가 어깨를 으쓱하며, 머리를 갸우뚱했다. "모르겠는데요."

에드워드가 그 비양심적인 사기꾼을 바라보며 말했다. "'도둑질하지 말라!"

그러고는 누구나 들을 수 있게 큰 소리로 외쳤다. "해봅시다!"

"판돈이 없잖아요." 사기꾼이 말했다. "돈 없으면, 노름 못 하고, 노름 못 하면 갈 길 가시란 말이죠."

에비가 그의 손을 잡았다. "우리 가요."

"아이 말 들어요," 그 남자가 말했다. "내 손으로 끌어내기 전에."

에드워드가 들은 척도 않고, 말했다. "에비, 5달러만 빌려줄래?"

"저 돈 하나도 없어요."

"그럴 리 없어. 오른쪽 주머니를 봐."

에비가 재킷의 오른쪽 주머니에 손을 넣어보니 아니나 다를까, 빳빳한 5달러짜리 지폐 한 장이 나왔다. "이게 어디서 나왔지?"

에드워드가 에비의 손에서 지폐를 받아 탁자에 탁 놓았다. "준비됐어요."

그 남자는 길 잃고 헤매는 연약한 새끼 사슴을 막 발견한 하이에나처럼 미소를 지었다. 그가 카드를 움직이기 시작했다. 처음에는 천천히, 그러다가 눈에 보이지 않을 정도로 빠르게 움직였다.

에비가 불안하게 지켜보았다. "아, 에드워드, 놓쳤어요. 퀸을 놓쳤어요. 너무 빨라요."

그 남자가 계속해서 손을 빠르게 움직이자, 사람들이 모여들어 그의 손 놀리는 모습을 보며 와자지껄 떠들어대기 시작했다. 사기꾼은 이마에서 땀이 흘러내리자, 그의 고객이 전혀 카드를 보지 않고 있다는 것을 알았다. 에드워드는 그의 얼굴을 똑바로 바라보며 미소를 짓고 있었다.

이 이상한 놈이 뭐하고 있는 거야? 나를 혼란하게 하려는 건가? 상관없어. 내게는 숨겨놓은 에이스가 있으니까. 이 자는 이길 수 없어. 이길 수 없다고.

마침내, 그 카드 사기꾼이 현란한 손놀림을 멈추고, 세 장의 카드를 탁자 위에 엎어놓았다. "어느 게 퀸일까요? 골라보세요."

에드워드가 대답했다. "다 퀸이죠."

그 남자가 대답했다. "아닙니다, 손님. 퀸은 하납니다. 퀸을 고르세요."

"상관없어요." 에드워드가 말했다. "에비, 아무 카드나 골라."

"제가요?"

"네가 해. 아무 카드나 골라도 퀸일 거야."

군중들은 점점 많아졌고, 모두 숨죽이며 지켜보았다.

에드워드가 사기꾼을 바라보며 말했다. "분명히 셋 다 퀸이에요. 당신 손에 숨겨놓은 카드도요."

사기꾼이 손을 허리 쪽으로 움츠리자, 군중들은 에드워드의 말이 맞는지 보려고 더 가까이 다가섰다.

"그 사람이 보여주지 않겠다면," 에드워드가 말했다. "네가 해봐, 에비. 카드를 뒤집어."

에비는 탁자 가운데 있는 카드를 홱 뒤집었다. 하트 퀸이었다.

이 모든 상황이 끝나기를 분명히 바라는 사기꾼이 소리쳤다.

"승자가 나온 것 같군요!" 그러고 나서 에드워드에게 작은 소리로 말했다. "상품 가지고 가요."

"에비야, 다른 카드도 보여줘." 에드워드가 말했다.

에비가 왼쪽의 카드를 뒤집고 나서 오른쪽 것을 뒤집었다. 모두 하트 퀸이었다.

사기꾼이 믿을 수 없다는 듯 쳐다보았다. 말도 안 돼. "당신 말이 맞았으니, 이제 가요."

에드워드가 사기꾼의 오른손을 붙잡아 억지로 뒤집게 하여 그가 감춘 클로버 에이스를 드러내 보이려 했다. 하지만 그가 그 남자의 손을 뒤집으니, 그것도 역시 하트 퀸이었다.

사기꾼은 마치 쏠지 모를 전갈이라도 만진 것처럼 그 카드를 던져버렸다. "어떻게 한 거요?"

에드워드가 몸을 더 가까이 숙였다. "에비에게 곰 인형 하나 줘요. 그리고 오늘 밤 사람들에게서 훔친 돈은 좋은 일에 기부하고, 더 이상 이런 짓 하지 말아요, 앤드류."

"제 이름을 어떻게 알아요?" 그가 물었다.

"일리노이 피오리아 출신, 앤드류 브룸필드." 에드워드가 말했다. "당신 어머니가 가장 좋아하는 오빠 앤디 삼촌의 이름을 따서 지은 이름이죠. 그는 스키 사고 후 다리를 절룩거리고요. 당신이 어릴 적 가장 친했던 친구는 T.J.라는 소년과 지미 설리번인데, 모두 그를 설리라고 불렀죠." 에드워드가 잠시 멈췄다. "더 할까요?"

그 남자의 얼굴에 충격을 받은 표정이 번져갔다. "누구시죠?"

에드워드가 대답했다. "하나님은 모든 것을 보고 계세요, 앤드류. 아, 곰 인형요."

앤드류가 양순하게 커다란 분홍색 곰 인형을 에비에게 건네주고, 에드워드에게 말했다. "죄송합니다."

에드워드가 그의 두 손을 잡고 말했다. "당신은 용서받았어요.

이제 더는 죄짓지 말아요."

에비가 에드워드와 함께 인형을 안고 천막을 떠나며, 그를 올려 다보고 말했다. "아저씨 정말 그분이죠, 그렇죠?"

"그렇단다."

"제가 예수님이라고 불러도 돼요?"

에드워드가 따뜻하게 미소를 지었다.

"내가 보스턴에서 만난 모든 사람 중에, 내 진짜 이름을 부르고 싶어 한 사람은 네가 처음이라는 거 아니?"

에비가 반색하며 물었다. "그래요? 그럼, 불러도 돼요?"

"언제든지." 에드워드가 말하고, 다른 사람들을 만나 작별 인사를 하려고, 에비와 함께 대관람차 쪽으로 천천히 걸어갔다.

사람들이 하나둘 축제장을 떠났고, 에비, 코너, 브루클린만이 그 귀빈과 함께 남았다.

에드워드가 브루클린에게 물었다. "우리 잠깐 따로 얘기 좀 할 까요?"

"그럼요." 그들이 곧 있을 불꽃놀이를 잘 볼 수 있는 벤치에 앉 았다.

"불꽃놀이 좋아하세요?" 그녀가 물었다.

"어둠을 없애는 어떤 빛도 좋아하죠." 그가 잠시 멈추었다가 말 했다. "내가 가기 전에, 당신이 들어야 할 말이 있어요."

"좋아요."

"세 가지 아주 중요한 말이 있어요."

"심각한 얘기 같네요." 그녀가 말했다.

"그래요." 그가 그녀를 향해 돌아앉았다. "첫 번째, 코너가 내일 당신을 병원에 데려갈 거예요. 두려워하진 말아요. 내가 약속하는데, 모든 게 잘될 거예요."

"저한테 무슨 문제가 있나요?"

대답하는 대신에, 그가 말했다. "두 번째, 나는 당신이 지금까지 목격한 일들에 대해 보스턴 글로브에 기사를 썼으면 좋겠어요. 사람들에게 내가 누구인지, 내가 무슨 일을 했는지 전해줘요. 사람들은 의심하고, 심지어는 당신을 조롱할 거예요. 그렇지만 그들의 말에 귀 기울이지 말아요. 당신의 마음을 믿어요, 브루클린."

브루클린이 발끝을 바라보며 말했다.

"저는 이 대화가 마음에 들지 않네요, 에드워드."

"왜요?"

"먼저는 제가 아프다고 하고, 이제는 조롱받을 수도 있는 글을 썼으면 좋겠다고 하니 말이에요."

"그리고…?"

브루클린이 대답했다. "이런 말 하기는 싫지만, 많은 사람이 하나님도, 기적도 믿지 않아요."

"이젠 믿어야 할 때라고 생각하지 않아요?"

그녀가 에드워드의 질문을 곰곰이 생각하자, 그가 말을 계속했다. "세 번째, 그 기사가 나간 후에, 당신은 내 기적에 대해 강연해 달라는 초청을 받을 텐데, 나는 당신이 갔으면 좋겠어요."

"어디를요? 왜요? 무슨 말인지 못 알아듣겠어요, 에드워드."

"잘 들어요. 아주 중요한 일이에요. 그 여행 중에, 당신의 믿음이 시험받게 될 거예요. 당신이 나를 믿으면, 한 생명을 구하고 누군가를 집으로 돌아가게 도울 수 있을 거예요."

"무슨 말이에요? 누구를요?" 어떻게 내가 세상에서 생명을 구할 수 있단 말인가? "무슨 수수께끼 같은 말을 하는 거예요, 에드워드."

에드워드가 다정하게 그녀의 턱을 돌려 자신을 보게 했다. "내가 방금 말한 세 가지, 내게 반복해 봐요."

브루클린이 그를 말없이 바라보았다.

"이건 중요해요, 브루클린."

그녀가 깊은숨을 내쉬었다. "좋아요. 코너가 나를 병원에 데려간다. 내가 당신과 당신의 기적에 대해 기사를 쓴다. 그리고 마지막 것은 내가 어디론가 강연을 하러 가고, 누군가의 생명을 구하고, 사람들을 집으로 돌려보낸다."

"완벽해요."

"아니에요. 완벽하지 않아요! 저는 걱정스럽고 혼란스러워요."

"하나님은 당신을 사랑하세요, 브루클린. 두려워하지 말아요."

그녀는 그의 눈을 계속 바라보면서, 머릿속으로 그가 말하는 소리를 들을 수 있었다. *의심을 내려놓아라. 하나님을 신뢰하라. 두려워할 게 아무것도 없다.*

에드워드가 말했다. "시작하려고 하네요." 그가 손짓으로 브루클린에게 별을 올려다보라고 했다.

쾅. 탕. 쾅. 높은 하늘에서 눈부신 오렌지색, 빨간색, 노란색 불꽃들이, 마치 화가가 검은 캔버스 위에 물감을 던지고 있는 것처럼, 어둠 속에 뿌려지고 있었다.

브루클린은 그 불꽃들을 바라보며 자신이 감성적으로 되어 가는 것을 느꼈다. 빛이 번쩍일 때마다 그녀의 마음과 영혼이 고동쳤다. 실로 인생은 아름답고, 그녀는 복을 많이 받았다. 지금 있는 그녀의 가족, 그녀를 입양해 준 부모님, 그리고 그녀의 생명을 구해준 생모를 보면.

불꽃놀이가 장관을 이루며 끝나가자, 브루클린이 돌아보며 말했다. "와, 에드워드, 봤어요?—"

순간 그녀는 미소가 사라지고, 할 말을 잃었다. 브루클린은 벤치에 혼자 있었다. 그 목수의 아들은 가고 없었다.

제21장

네 번째 기적

　에드워드를 만나 함께 시간을 보낸 사람들 모두에게 그다음 날 아침은 이상했다. 그는 갔지만, 그들의 마음속에는 예상할 수 있는 허전함 대신에 감사함이 가득 차 있었다.

　보스턴 남쪽에서는 스튜어트 필립스가 리프 목사가 하는 아침 급식 봉사를 도우려고 보호소에 들렀다. 그는 자신에게 시력만 준 것이 아니라, 스스로를 용서할 수 있게 해준 그 친절한 낯선 사람의 이야기를 해주면서 듣는 사람 모두를 즐겁게 하였다.

　메리엄 힐에서는 제이든 랭카스터가 침대를 정리하고 집안을 치우고 나서, 작고 값싼 장신구를 어머니에게 주어 그녀를 놀라게 하였다. 그 장신구는 그가 축제에서 게임에 이겨 딴 것으로 플라스틱 사슬에 달린 하트 모양의 유리 다이아몬드 목걸이였다. 그녀는 그것을 좋아했다.

워번에 있는 가브리엘과 파이퍼의 집에서는 평온하게 아침 식사를 하고 있었다. "아빠, 뭐 좀 얘기해도 돼요?"

"물론이지."

"사실은 두 가지예요. 첫째, 저 아빠랑 다시 교회에 가고 싶어요."

"정말 좋은 생각이구나." 가브리엘이 대답했다. "그리고 또 하나는?"

"말도 안 되는 소리 같겠지만, 저는 이게 끝이라고 생각하지 않아요."

가브리엘이 포크를 내려놓고, 파이퍼에게 주목했다. "무슨 말이니?"

그녀가 어깨를 으쓱했다. "에드워드가 갑자기 우리 삶에 들어왔다가 휙 사라졌어요. 나는 퍼즐이 완전히 풀리지 않은 느낌이 들어요."

"어떻게?" 그가 물었다.

"전혀 모르겠어요. 그냥 속으로 뭔가 느껴져요."

가브리엘이 조리대 위에 반만 들어있는 시리얼 박스를 바라보았다. 그러자 에드워드가 작은 캡틴 크런치 시리얼 조각으로 성경 구절을 적었던 것이 기억났다. "나도 뭐 좀 얘기해도 될까?"

"그럼요."

"나는 그분이 하나님의 아들이라는 것을 의심하지 않아."

"그 기적들 때문에요?"

"아니," 그가 대답했다. "내 말은… 물론, 기적들 때문이기도 하지만, 뭔가 다른 게 있었어. 그분은 우리 모두 더 높은 목적을 위해 일하는 것처럼, 세상을 달리 보게 만들었어."

파이퍼가 먼 곳을 바라보며 미소를 지었다.

"왜?" 가브리엘이 물었다.

"그분이 사슴에게 얘기를 하고 있어서 제가 기겁했었죠, 기억나세요?" 그녀가 킥킥 웃었다.

가브리엘이 따라 웃으며 덧붙였다. "그분이 보고 싶을 거야. 사실, *목수의 아들* 목공소에 다시 한번 아들이 없어졌어."

파이퍼가 입술을 깨물고 눈길을 돌렸다.

"뭐 생각하는 게 있니?" 가브리엘이 물었다.

"아빠한테 말하려고 벼르고 있었어요. 루크 말이에요. 폴의 친구… 제 친구—"

그가 파이퍼를 보고 싱긋 웃었다. "친구 *이상*이라는 말이냐?"

"예, 아빠. 제 친구 *이상*인 사람이 자기가 공구 다루는 솜씨가 좋다고 제게 말했어요. 그 사람도 제가 학교에 다시 다니는 동안 저와 함께 있으려고 보스턴 근처로 이사하려고 생각하고 있었어요."

"잠깐! 세상에! 학교라고 했니?"

"예. 대학교요. 에드워드가 떠나기 전에 함께 얘기를 나눴는데요, 저도 제가 좋은 선생님이 될 것 같은 생각이 들어요."

"나도 그래." 가브리엘이 자랑스럽게 말했다. "정말 아주 좋은 선생님이 될 거야."

파이퍼가 말했다. "루크가 근처로 이사하는 거는…"

"견습생이라도, 괜찮다면?"

"아빠가 받아준다면요."

망설이지 않고, 그가 대답했다. "물론 받아주지."

파이퍼가 주방 식탁을 돌아가 아버지를 껴안았다. "고마워요, 아빠."

"뭐가?"

"모두 다요."

*

웨이크필드에서는 코너와 브루클린이 거실에 말없이 함께 앉아 있었다.

코너가 물었다. "의사가 오늘 아침에 첫 번째로 당신을 볼 거라고 했었지?"

"응."

"사람들한테는 뭐라고 했어?"

"하나님의 아들이 긴급 진료를 권하더란 얘기는 하지 않고, 그냥 두통이 심해서 걱정이라고 했어."

"그런데, 콘?" 그녀가 말했다.

"응, 여보."

"나, 두려워." 브루클린이 떨리는 목소리로 고백했다.

"에드워드가 뭐라고 했어?"

"괜찮을 거랬어."

그가 브루클린의 손을 잡고 말했다. "그럼, 믿어야지."

코너가 그녀를 끌어당겨 꼭 껴안고 속삭였다. "가서 샤워해. 우리 함께 이겨내자."

브루클린이 주치의(1차 진료의)를 만난 지 한 시간도 안 되어, 의사는 즉시 그녀에게 보스턴의 큰 병원인 매사추세츠 종합병원에 가서 CT 촬영을 하라는 진단을 내렸다.

CT 촬영이 끝난 직후, 의사가 엑스레이 사진을 가지고 개인 대기실로 들어왔다. 브루클린이 검사 결과를 읽는 데는, 의대 졸업장이 필요 없이 의사의 표정만으로도 충분했다.

코너가 의사에게 말했다. "선생님은 포커를 하면 안 되겠어요. 표정 보면 알겠네요."

브루클린이 물었다. "뭐죠? 그냥 말해주세요."

"비강 뒤쪽, 뇌 기저부에 작지만 위험한 뇌하수체 선종이 있어요. 크기는 동전만 한데, 그게 두통의 원인이에요."

브루클린이 속상해하자, 코너가 물었다. "그러면 어떻게 해야… 제 말은, 다음에는 무엇을…"

"진정하시고요," 의사가 말했다. "제가 말하려던 좋은 소식이 많이 있어요."

머릿속에서 무언가 위험한 게 자라고 있다는 것을 아직 받아들이지 못한 브루클린이 간신히 입을 열었다. "좋은 소식이요?"

의사는 말을 이었다. "이런 종양의 99%는 암이 *아닙니다.*"

"암은 *아니라고요.*" 코너가 되뇌면서 안도의 한숨을 내쉬었다.

"맞아요. 하지만 그대로 둘 수는 없습니다. 동의하신다면, 혈액 검사를 진행하고, 수술 준비를 마친 뒤, 내일 아침 제일 먼저 그것을 제거했으면 합니다."

"그럼 오늘 입원하는 거예요?" 브루클린이 물었다.

"너무 빠른데요, 선생님." 코너가 말했다.

"만일 집에 가서 좀 생각하고 싶다면, 며칠 미뤄도 상관은 없습니다."

"아니요." 브루클린이 되받아쳤다. "빨리 없애고 싶어요."

"하지만, 암은 아니겠죠, 맞죠?" 코너가 물었다.

"그럼요," 의사가 대답했다. "장담은 못 하지만, 거의 아닌 게 확실합니다."

브루클린이 말했다. "감사합니다, 선생님. 입원해서 수술받을 게요."

한 시간 뒤, 브루클린은 환자복으로 갈아입고, 병실 침대에서 편안히 쉬고 있었다. 벽에 TV가 걸려 있었지만, 오락을 즐길 생각은 전혀 없었다. 브루클린은 조용히 있는 것이 좋았다. 그녀는 에드워드와의 마지막 대화를 돌이켜 생각해보았다.

그분은 내가 아픈 걸 알고 있었어. 왜 내가 놀라는 거야? 그분이 모든 걸 알고 있었는데.

학교가 끝나고, 에비가 코너와 함께 병원에 잠깐 들렀다. 병실에 들어서는 순간 에비는 엄마에게 연결된 의료 기계들에 눈이 쏠렸다.

"분명히 괜찮을 거야, 아가야." 브루클린이 에비를 안심시켰다.

에비 또래의 아이라면 두려움과 눈물이 있어야 했으나 그 반대였다.

"저도 알아요, 엄마. 에드워드가 아빠한테 엄마 괜찮을 거라고 했잖아요. 그래서 저는 걱정 안 해요."

코너가 눈에 눈물이 가득한 채, 딸을 껴안았다.

"당신이 그러면 안 되지." 브루클린이 놀렸다.

그가 에비를 꼭 껴안고 말했다. "우리 중에 제일 어리고 작은 애가 믿음은 제일 크구나."

브루클린이 팔을 벌리자, 에비가 아빠 품에서 나와 엄마에게 안겼다. "부탁인데, 아빠 좀 돌봐줘. 엄마가 없으면 아빠는 불안해하거든."

에비가 엄마 볼에 입을 맞추며 말했다. "그럴게요."

그다음 코너가 브루클린을 안아주었다. "내일 아침, 수술 전에 만나. 사랑해."

그 말에 울컥하면서 브루클린의 눈에서도 눈물이 흘러내리기 시작했다. "나도 사랑해. 어서 가. 둘 다 이 작은 침대에서 나랑 함께 자게 하기 전에."

문이 닫힌 후, 브루클린은 평생 그 어느 때보다 더한 외로움을 느꼈다. 그녀는 100명 중 99명은 걱정할 필요가 없다는 의사의 말을 들었다. 그러나 만일 자기가 그 한 명이라면? 그녀는 암에 걸리기에는 너무 젊었고, 코너와 에비를 떠나기에도 분명히 너무 젊었다.

병실은 쥐 죽은 듯 조용했다. 브루클린의 심장을 체크하는 EKG(심전도기)의 낮고 규칙적인 삐 소리만 들렸다. 그녀는 눈을 감고, 전에 해본 적 없던 일을 했다.

브루클린이 고개를 숙이고 기도를 한 것이다.

사랑하는 하나님,

제가 하나님과 대화를 하는 데 이렇게 오랜 시간이 걸려 죄송해요. 누군가가 정말로 들어주고 계신다는 확신이 없었던 거 같아요. 그런데 저에게 최근 어떤 일이 일어났어요. 이 병을 말하는 게 아니고요—제가 만난 어떤 사람에 대해 말하고 있는 거예요. 그 사람은 친절했고, 다른 사람들을 돕는 일들을 했어요. 제가 설명할 수 없는 일들을요.

제 남편이 한번은 이런 질문을 했어요. 만일 제가 언젠가 저의 불신과 맞서야 할 때가 온다면 어떻게 할 거냐고요. 제가 만일 하나님이 계신다는 실제 증거를 보게 되면, 믿을 건지, 아니면 눈을 감아 버릴 건지 말이에요. 한 달 전이었다면, 전 아마 말도 안 되는 생각이라고 웃었을 거예요. 하지만 지금, 오늘 밤… 처음으로 믿게 된 것 같아요.

제가 말하는 그분, 저를 변화시키고, 제 마음을 변화시킨 그분은 하나님의 아들이었어요. 그분은 자신을 에드워드라고 부르라고 했지만, 우리는 모두 그분의 진짜 이름을 알았어요. 그렇지만 우리는 큰 소리로 말하기를 두려워했던 거 같아요. 사실이 아니면 어쩌나 하는 두려움 때문에요. 그렇지만 사실이었어요, 하나님, 안 그래요? 하나님께서 그분을 여기로 보내셨잖아요… 두 번이나요. 한번은 우리 죄 값을 치르기 위해서였고, 그리고 이번에 또요. 하나님께서 왜 그분을 만나는 행운아들로 우리를 택하셨는지, 저는 결코 이해하지 못할 거예요.

제가 지금에서야 기도하는 것이 진실하지 않게 보일 거라는 것도 알아요. 이 여자 참 뻔뻔하다 싶으시죠? 제가 어려움에 처할 때까지 기다리다가, 수술 겨우 몇 시간을 앞두고, 결국에는 주님께 말하고 있으니, 하나님께서 저리 가라고 하셔도 저는 하나님을 탓하지 않을 거예요. 어떤 친구가 부탁이 있을 때만 연락해요? 그런 친구는 형편없는 친구죠.

브루클린의 눈에 고였던 눈물이 그녀의 볼을 타고 흐르기 시작했다. 그녀의 목소리는 두려움에 떨고 있었다.

그렇지만 저는 기도하고 있어요. 하나님, 지금은 간절한 기도가 필요해요. 제가 그 종양을 없애달라고 구하는 게 아니에요. 저는 수술받고 회복될 거예요. 저는 단지 그것이 암이 아니기를 구하는 거예요. 저를 위해서가 아니라, 에비를 위해서예요. 그 애는 엄마가 필요해요. 그리고 저는 그 애가 자라 결혼식에서 춤추는 것을 봐야 해요.

이런 때에는 많은 사람이 흥정을 하려고 할 거라 생각해요. 이 큰 부탁 하나 들어주시면 변하겠다, 또는 더 좋은 사람이 되겠다고 약속하면서요. 그렇지만 바로 그 점이에요, 하나님. 저는 그럴 필요가 없어요. 저는 이미 변한 사람이거든요, 하나님의 아들 때문에요. 에드… 제 말은 예수님 때문에요. 내일 무슨 일이 일어나든 저는 그것으로 감사해요.

그러고 나서 브루클린이 더 무슨 말을 해야 할지 몰라 잠시 멈추었다.

음, 그게 다인 거 같아요. 제가 전에 기도를 해본 적이 없어서, 이걸 어떻게 끝내는지 모르겠어요. 들어주셔서 감사해요, 하나님. 제 삶에 감사해요.

브루클린이 얼굴의 눈물을 닦는데, 친근한 목소리로 "아멘." 하는 소리가 들렸다.

그녀가 고개를 들었다. 에드워드가 병실 구석 어두운 곳에서 밝은 곳으로 나오며, 그의 다정한 얼굴과 모든 걸 알고 있는 듯한 눈을 드러냈다.

"기도는 아멘이라고 하면서 끝내는 거예요." 그가 말했다. "전에 영화에서 누군가 그렇게 하는 걸 틀림없이 보았을 거예요."

"오셨군요!" 그녀가 감정이 벅차올라 외쳤다.

"당신의 첫 기도는 무언가 큰 것이 될 거라고 말했었죠."

브루클린이 자기 몸에 연결된 기계들을 바라보며 말했다. "이 정도면 큰 것 같네요."

그가 그녀를 향해 미소를 지었다. "그리고 또 모든 게 괜찮을 거라고 말했었죠."

"그럴까요?" 그녀의 목소리에는 자신감이 없었다.

그가 병실을 가로질러 와 그녀의 침대 곁에 섰다. "이건 좋은 소식과 나쁜 소식이 함께 있는 상황이에요."

"오, 하나님," 브루클린이 되물었다. "나쁜 소식이 뭔데요?"

에드워드가 그녀의 어깨에 손을 얹었다. "암이에요. 불행하게도, 당신이 그 100명 중 1명이에요."

그것은 마치 배를 세게 얻어맞은 듯한 충격이었다. 브루클린은 숨 쉬는 것도 잊었다. 그녀의 머릿속은 그녀가 결코 직면할 걸로 생각지 않았던 질문들로 어지러웠다. *왜 나지? 에비는 어떻게 해? 세상에, 코너는 나 없이 어떻게 살아가지? 우리가 함께 늙어갈 걸로 생각했는데. 이건 계획에 없었어.*

"그런데, 어떻게 좋은 소식이 있을 수 있죠?"

"내가 이야기 하나 해줄게요," 그가 말했다. "12년 동안 출혈을 하던 여인이 있었어요. 그 여인이 내 옷, 옷자락을 만지기만 해도 나을 거라고 생각하고, 예수님을 찾아왔어요."

"효과가 있었나요?" 브루클린이 물었다.

그가 다시 미소를 지었다. "마태복음에서 그 얘기를 다 읽을 수 있을 거예요. 그렇지만 내가 이어서 그 결말을 알려줄게요. 그 여인이 내게 손을 대는 순간 출혈이 멈췄어요. 그리고 내가 그 여인에게 말했어요. '힘내라, 딸아, 네 믿음이 너를 낫게 했느니라.'"

브루클린이 그 이야기를 곰곰이 생각하더니, 물었다. "그게 저인가요? 제가 그 아픈 딸인가요?"

"그래요," 그가 대답했다. "힘내요, 내 딸 브루클린. 당신의 믿음이 당신을 고쳤어요."

브루클린이 울기 시작했다. 자신의 하나님에 대한 냉소주의가 사라졌다는 걸 마음속으로 깨달았기 때문이다.

그가 그녀의 어깨 위에 손을 얹은 채 말했다. 오늘 밤 나를 오게 한 것은 당신의 기도만이 아니었어요. 그것은 당신의 믿음이에요."

내 믿음이라고? 내가? 나는 믿지 않았던 사람이었는데. 하지만 그가 맞아. 그녀는 마치 사자가 우리를 부수고 나오는 것처럼 마음속이 요동치는 것을 느꼈다. *저 하나님을 믿어요. 제가 이해되*

지 않는 것들을 설명하려 애쓰는 것도 지쳤어요. 해답은 있어요.
하나님이 그 해답이에요.

브루클린이 내려다보니, 눈물이 환자복 앞자락을 적시고 있었다.

그녀가 눈물을 닦았다. "제게 네 사람을 고치려고 보스턴에 왔다고 하셨었죠."

"예, 그랬죠."

그녀가 손가락으로 세어 보았다. "시각장애인 스튜어트, 자전거 타던 제이든, 경찰관, 그리고 이제…"

에드워드가 대답했다. "그리고 이제 당신."

"제가 네 번째 기적이었군요."

그가 브루클린의 머리에 손을 얹었다. "잠깐 눈을 감아요."

눈을 감자, 그녀는 곧바로 두통이 있던 눈 뒤쪽에서 강렬한 열기가 차오르는 것을 느꼈다. 그 열기가 그녀에게 막 고통을 주려는 참에 열기가 사라졌다.

에드워드가 손을 치우며 알렸다. "완전히 괜찮아졌어요."

목수의 아들이 천천히 문 쪽으로 걸어가자, 브루클린이 물었다. "가셔야 하나요?"

그가 잠시 멈추더니 말했다. "그래요. 하지만 두 가지 중요한 게 있어요."

그녀가 침대에 앉으니, 벌써 전과 달리 좋아진 것이 느껴졌다.

"말씀하세요."

"첫째," 그가 말했다. "의사에게 절개하기 전에 CT를 다시 찍어보라고 해요."

"물론이죠. 그리고 둘째는요?"

"내가 하라고 한 거 잊지 말아요."

브루클린이 그 세 가지를 큰 소리로 말했다. "당신에 관한 기사를 쓸 것, 강연 요청을 하는 곳에 갈 것, 그리고 집으로 가도록 도와야 할 사람이 있는지 잘 살펴볼 것."

"아주 좋아요." 그가 말했다. "이제 눈을 감고, 코너와 에비와 함께한 가장 좋았던 추억을 생각해 봐요."

브루클린이 눈을 감자, 그녀의 생각은 곧바로 보스턴 북쪽 록포트의 주말 여행지로 그녀를 데리고 갔다.

"어디서 묵었나요?" 그가 물었다.

"앤드류스 포인트의 비앤비(민박)요."

"거기서 뭐 했어요?"

눈을 감은 채로 브루클린이 대답했다. "산책하고, 수영하고, 온갖 것을 했죠."

"또 뭐 다른 건요?"

브루클린이 기억을 더듬었다. "우리가 좋아했던 사탕 가게가 있었어요. 퍼지 캔디 전문점."

"다른 건 뭐가 보이나요?" 그가 물었다.

"새들," 그녀가 대답했다. "에비 머리 위로 큰 갈매기들이 맴돌고, 에비가 바닷가에서 새들에게 빵을 던져주고 있어요."

그녀는 그것을 마치 어제 일어난 일처럼 볼 수 있었다. 그녀는 갈매기들이 하늘에서 꽥꽥 울어대는 소리를 들을 수 있었다.

"에비가 웃고 있어요. '엄마, 갈매기 보여요? 아빠, 저 새들 좀 보세요.' 차가운 파도에 부딪혀 발이 시려와도, 아무도 개의치 않아요. 완벽한 하루예요. 햇빛 속에서 아이가 웃는 소리보다 더 좋은 게 있나요?"

끝으로 그녀가 말했다. "이것도 당신이 제게 주신 기적의 일부인가요, 이 추억들도?"

아무 대답이 없었다.

"에드워드?" 그녀가 그를 불렀다.

그녀가 눈을 뜨니, 그는 가고 없었다.

제22장

그만한 가치가 있어

브루클린은 그동안 여섯 가지 직업을 가졌었다. 육아 도우미, 계산원, 식당 종업원, 그리고 각기 다른 세 가지 기자직. 이 여섯 가지 일을 그만두려다 말았던 적은 한 번도 없었다. 이때까지는…

종양 없이 병원에서 퇴원한 지 한 달이 지났다. 코너는 그녀가 의료진을 설득해서 CT를 다시 찍도록 한 것이 다섯 번째 기적이라고 계속 농담을 했다. 의사와 간호사들도 병에 걸려서 비틀거리며 들어와 병이 저절로 고쳐져 춤추며 나간 이 기적의 여인에 대해 계속 이야기하고 있었다. 과학을 숭배하는 사람들에게는 그것이 이해되지 않았다.

그녀의 신문사 편집장 또한 이 이야기를 받아들이기 힘들어했다. 그래서 브루클린으로서는 매우 실망스럽게도, 글로브 일요판에 그것을 실을 생각이 없었다.

"그 사람은 하나님의 아들이 아니야!" 렉스가 소리쳤다. "그가 그 사람들을 고친 게 아니야, 그리고 나는 가장 재능 있는 우리 기자 한 사람이 자기 경력을 변기에 넣고 물을 내리는 걸 지켜보고 있지는 않을 거야!"

"그 사람들요?" 브루클린이 쏘아붙였다. "그 사람들 속에 저도 포함된다는 걸 아셨으면 좋겠네요."

렉스가 책상 너머로 그녀를 날카롭게 노려보았다. "여기서 정말 현실을 못 보겠어?"

"무슨 현실이요?"

"외계인, 네스호 괴물, 예수 재림에 대한 기사를 쓰는 기자들은 내셔널 인콰이어러 같은 황색 언론에서 일하지, 퓰리처상을 받은 보스턴 글로브는 아니야."

"조롱당할까 봐 걱정되세요?" 그녀가 되물었다. "감동이네요."

"나는 당신이 걱정하지 않는 게 걱정스럽네, 브루클린. 들어봐요. 이런 종류의 기사… 당신이 이 종을 한 번 울리면, 사람들이 당신을 도시에서 쫓아낸다고."

"제 말 좀 끝까지 들어주세요, 렉스."

그가 그녀에게 손사래를 쳤다. "끝났어."

"하지만 그분이 고친 사람들과 그분을 만난 다른 사람들을 인터뷰했어요. 다들 그분이 무엇을 할 수 있었는지를 서면이나 목격담으로 증언하고 있어요." 브루클린이 그의 맞은편에 앉았다. "우리는 제가 이분에 대해, 이 기사에 대해 가지고 있는 것보다 적은 확증을 가지고도 수많은 기사를 실어 왔잖아요."

"그게 사실일 수가 없잖아." 렉스가 날카롭게 반박했다.

그녀가 갈색 서류철에서 자신의 CT 사진 사본을 빼내었다. "종양이 보이는 제 CT 사진을 보고 그 말씀을 하세요, 렉스. 그분이 저를 고치신 후에 없어진 종양이에요."

그가 크게 한숨을 내쉬었다. "예수가 하늘에서 내려와, 사랑스러운 백발의 목수 부녀와 보스턴에서 두어 주일 돌아다니다가 심심해서 몇 사람을 고쳐주기로 했다는 기사를 글로브에 실을 수는 없잖아."

"심심해서가 *아니에요*. 그분은 하나님의 아들이시기 때문에 고통을 덜어주고 싶으셨던 거예요."

렉스가 믿지 못하겠다는 듯이 고개를 저었다. "당신 이런 적이 *없었잖아*."

"맞아요," 그녀가 대답했다. "제가 사람이 달라졌다고 말씀하시는 거라면… 맞아요."

그녀가 사무실 창으로 편집실을 힐끗 보았다. 그곳의 동료들은 일하는 척하면서, 이 불꽃 튀는 대화를 엿듣고 있음이 분명했다.

그녀가 목소리를 낮췄다. "제발 좀, 렉스. 밖을 보세요. 당신이 보는 건 온통 빈곤, 범죄, 인종차별, 증오에 대한 기사의 연속이잖아요. 예수님이 우리를 살펴보시고 작은 친절을 베푸시려고 이곳에 오실지도 모른다는 게, 이상한 일인가요? 기적을 믿는 게 정말 그렇게 어려운 건가요?

"그럼. 백 퍼센트 말이 안 되지.

그녀가 일어나 문 쪽으로 가며 말했다. "모든 일을 뒷받침하는 사실들과 제가 가진 자료들을 보고도 여전히 이 기사 싣는 것을 거절한다면… 저는 당신의 기자 정신을 의심할 수밖에 없어요."

그가 맞받아쳤다. "당신이 정말로 이 사람을 예수 그리스도라 고 생각한다면, 나는 당신의 정신 상태를 의심할 수밖에 없어."

"그게 진심이라면, 렉스, 제가 여기 있을 필요가 없을 거 같네 요." 그녀의 목소리는 상처받았다는 것을 숨기지 못했다. 그녀가 떠나려고 문을 열었다.

"잠깐만," 렉스가 말했다.

브루클린이 걸음을 멈췄지만, 그를 돌아보지는 않았다.

그가 "뉴스 기사로는 실을 수 없어."라고 말하자, 그녀가 고개를 홱 돌리며 비웃는 표정을 지었다. "하지만 이 사람에 대한 당신의 경험담으로는 실을 수 있어. 보스턴에서 일어난 일련의 기적처럼 보이는 일들에 대한 경험담으로 말이야."

"무슨 말씀이에요?"

"*보스턴 글로브*가 독자들에게 이 사람, 이 목수의 아들이 예수 라고 말할 수는 없다는 말이야."

그녀는 이어지는 말을 기다렸다.

"하지만 당신은 할 수 있어. 그게 당신이 정말로 믿는 거라면 말이지."

"제가 믿는 게 아니에요, 렉스. 그건 사실이에요."

렉스의 타협안이 해결책이 되었지만, 브루클린은 한 가지를 더 원했다.

"약속해 주세요," 그녀가 말했다.

"내가 이미 위험을 무릅쓰고 있는데… 이제 어떻게 하라는 거야?"

"제가 쓴 글을 읽고, 좋다면, 제 말은 정말로 좋다면, 아무도 못 보게 신문 구석에 묻어두지 않겠다고 약속해 주세요."

렉스가 사무실을 가로질러 그녀에게 와서 굳게 악수했다. "브루클린, 약속할게. 정말 훌륭하다면, 일요일판 1면을 내줄게."

그녀는 렉스의 손을 놓으며, 자신감이 부풀어 오르는 걸 느꼈다. 그녀는 이제까지 쓴 것 중 최고의 기사를 쓸 것이다. 예수님이 도와주실 것이다.

"이건 알아둬." 렉스가 그녀의 얼굴을 정면으로 바라보며 말했다. "사람들이 당신을 공격하러 올 때… 분명히 사람들이 당신을 공격하러 올 거야… 그때 내가 당신 바로 곁에 서서 그 기사도, 당신도 지킬 거야."

브루클린이 편집장을 껴안으며 속삭였다. "하나님께서 복 주시길 빌게요."

그녀가 기사를 쓰는 데는 4일이 걸렸다. 목수의 *아들*이 방문 중에 택한 이름이 에드워드였으므로, 브루클린은 기사에서 줄곧 그분을 그렇게 불렀다. 그러나 그녀는 자신의 생각과 파이퍼, 가브리엘, 스튜, 제이든, 그리고 다른 사람들의 생각에, 에드워드가 사실은 예수님, 하나님의 아들이었다는 것을 분명히 하는 데는 주저하지 않았다.

그녀는 기사의 기준으로는 긴, 4천 단어의 글을 출력하여 렉스에게 넘겼다. 그리고 그의 사무실 밖에 앉아 판정을 기다리고 있었다. 보통 렉스가 처음 원고를 읽을 때는 붉은 샤피(사인펜)를 휘두르며 페이지 곳곳에 줄을 긋고, 즉석에서 가필과 교정을 하곤 했다. 그런데 이번에는 한 장 한 장 천천히 넘기며 끝까지 읽어 내려갔다.

그녀는 그가 돋보기를 벗어 내려놓는 모습을 지켜보았다. 그가 책상 서랍에서 작은 버번위스키 병을 꺼내 종이컵에 따르더니 단숨에 들이켰다. 마치 방금 전투에서 돌아온 병사와 같았다.

그녀는 그가 자기 쪽을 쳐다보고, 들어오라고 불러주기를 고대하고 있었다. 그런데 그 대신, 그는 자리에서 일어나 수많은 상패와 먼지 쌓인 고서들이 놓인 선반으로 갔다. 그녀가 지켜보니, 렉스는 선반에서 유일하게 액자에 담긴 사진을 집어 들었다. 그것은 브루클린이 보기는 했었지만, 무슨 사진이냐고 물어볼 만큼 궁금하지는 않았던 흑백 사진이었다. 그가 액자 유리를 만졌다. 그러더니 창문 쪽을 돌아보고, 그녀에게 들어오라고 손짓하였다.

그녀가 안으로 들어갔을 때, 그의 눈에 눈물이 고인 것을 보았다.

그가 사진을 그녀 쪽으로 돌려 마치 결혼식에 가는 것처럼 잘 차려입은 두 사람을 보여주었다. "내 부모님이야." 그가 말했다. "평생 처음으로 내가 실제로 그분들을 다시 보게 될 거라는 믿음이 생겨." 그의 목소리가 갈라졌다. "당신 기사 때문이야, 브루클린."

그녀의 눈시울도 뜨거워졌다. 그 순간의 렉스는 엄마, 아빠를 그리워하는 어린아이를 떠올리게 했다. 그녀는 우리가 부모님에 대해서는 아이가 될 수밖에 없구나라고 생각하지 않을 수 없었다.

"렉스, 저는 당신이 그분들을 다시 보게 될 거라 생각해요. 그리고 에드워드도 그게 확실하다고 말했을 것으로 믿어요."

그는 목청을 가다듬고 말했다. "약속은 약속이지, 브루클린. 당신 기사가 나를 사로잡았어. 그래서, 1면이야. 글로브 일요판."

브루클린은 기쁨이 넘치는 만큼 갑작스러운 불안감도 밀려왔다. "이 기사 실었다가 곤란해지시는 거 아니에요?"

"그건 걱정마."

"편집장에게 보내는 편지 같은 문제를 말하는 게 아니에요, 렉스."

"알고 있어."

"저는 당신의 상사인 사장님 문제를 말하고 있는 거예요." 그녀가 말했다.

"걱정말라고 하잖아." 렉스가 더 단호하게 대답했다.

브루클린이 잠시 생각에 잠겼다가 말했다. "당신이 저 때문에 해고당하는 건 바라지 않아요, 듣고 계세요?"

그가 창밖의 번화한 거리를 내다보며 말했다. "'너희 빛을 다른 사람들 앞에 비추어, 그들이 너희 착한 행실을 보고 하늘에 계신 아버지께 영광을 돌리게 하라.'"

브루클린의 입이 떡 벌어졌다. "그거 성경 말씀이에요?"

"신약 성경." 렉스가 대답했다.

"어제부터 성경을 인용하셨어요?"

그가 미소를 지었다.

"내가 기독교 가정에서 자랐고, 형은 목사였거든."

"잠깐만요, 뭐라고요? 전혀 몰랐어요."

그가 사진을 선반 위에 다시 갖다 놓았다. "당신이 나에 대해 모르는 게 많을 거야." 그가 말하고는 다시 책상 앞에 가서 앉았다. "이런 기사 써줘서 고마워."

"기회를 주셔서 감사해요, 렉스." 그녀가 나가려고 돌아섰다.

"잊지 마." 그가 다시 말했다. "사람들이 당신을 공격하러 온다면, 그들은 나를 밟고 지나가야 할 거야."

브루클린이 씁쓸하게 미소를 지었다. "그런데 그들이 저를 미쳤다고 하면서, 우리를 둘 다 해고하기로 하면 어쩌죠?"

렉스가 대답했다. "그만한 가치가 있어."

제23장

살아있다는 증거

렉스의 두려움이 근거 없는 것이 아니었지만, 그의 염려는 곧 사라졌다. 그 기사를 *좋아한다*는 전화, 편지, 이메일이 부정적인 것보다 100:1의 비율로 훨씬 더 많았기 때문이다. 하나님이 실제로 존재하신다는 그 기사가 많은 사람으로 하여금 자기에게 있는지도 몰랐던 갈증을 해소하게 해준 것으로 보였다. 신문도 기록적인 판매 부수를 올려, 사장이 좋아하였다.

USA 투데이 뉴스가 이를 다루었고, 그리하여 에드워드의 기적과 은총에 대한 기사는 이제 온 나라 사람들이 읽고 함께 나누게 되었다. 에드워드가 예언한 그대로, 복음이 멀리까지 널리 퍼져나갔다.

그 기사가 전국적인 주목을 받은 지 3주 후에, 브루클린은 뉴욕주 오리스빌에 있는 예수회 소속의 지아코모 프란체스코 신부로부터 전화를 받았다. 그는 브루클린이 그 유명한 오리스빌 성지로 와서 그녀의 믿음의 *삶*에 대해 강연을 해달라고 초청하였다.

"신부님의 호의는 감사합니다만, 저의 회심인지 뭔지가 불과 최근에 있었습니다. 분명히 저보다 더 합당한 분이 있을 것입니다."

그 사제가 말했다. "그런 말씀 마세요. 예수님께서 당신을 택하셨으니, 우리는 그것으로 충분합니다."

그러자 에드워드의 지시가 다시 생각났다. *연설해달라고 초청하는 곳이 있으면 갈 것.* 그녀는 사제에게 감사하고, 그 초청을 받아들였다.

오리스빌 성지를 방문하는 날이 되었고, 브루클린의 연설은 채 30분도 되지 않았다. 그녀는 에드워드가 일상적인 대화로 위장했던 기적들과 마음을 풀어주는 설교를 그들에게 말해주었으며, 주로 그의 친절함에 대해 얘기했다.

연설이 끝나자, 많은 사제와 수녀들, 평신도들이 그녀를 만나고 싶어 했고, 예수님과 함께 지내는 것이 어떠했는지 알고 싶어 했다. 그녀가 그들에게 말했다. "예, 그분은 왕 중의 왕이세요. 하지만 그분은 또한 여러분의 친구이십니다. 그분은 주로 그런 식으로 자신을 나타내셨어요. 가장 이상적인 친구로요."

그녀가 집으로 가는 길에 접어들었을 때는 예상보다 시간이 늦어 있었다. 그녀는 휴대폰 앱에 들어가 길을 안내하도록 했고, 앱은 그녀에게 동쪽으로 올버니까지 가서, 남쪽으로 캣스킬까지 갔다가 리프 밴 윙클 다리를 건너 매사추세츠로 가라고 안내를 하였다.

그러나 그녀는 그 다리를 건너지 못했다. 교통이 정체되고, 브루클린이 차에서 내려 다리 난간에 위태롭게 매달려 있던 샌디를 만난 게 그곳이었던 것이다.

이제 두 사람이 브루클린의 차 뒷좌석에 함께 앉아서 브루클린이 에드워드의 마지막 지시를 따르려 하고 있었다. *한 생명을 구하는 걸 돕고, 그녀가 집으로 돌아가도록 도울 것.*

브루클린이 자신의 이야기를 함께 나눈 후에 말했다. "샌디, 이 모든 게 말도 안 되는 소리로 들릴 걸 알아요. 하지만 이게 내가 하나님을 믿는 이유예요. 당신이 어떤 어려움에 직면해 있든, 내 얘기를 믿어야 하는 이유도 그거예요. 예수님이 고치지 못하시는 것은 아무것도 없거든요."

말을 끊지 않고 주의 깊게 듣고 있던 샌디가 고개를 저었다. "브루클린, 당신이 그, 믿음의 변화인지 뭔지를 겪었다니 기뻐요. 하지만 내 상황은 훨씬 더 나빠요. 내게는 구원이 없어요."

"왜요?"

샌디가 차의 천장을 올려다보며 두 손을 꽉 움켜쥐었다. 그녀가 자신의 분노를 억누르려는 것 같았다.

"샌디?"

"내가 사람을 다치게 했어요. 알겠어요? 나 때문에 아이가 죽었어요."

"무슨 말이에요? 당신 때문에 *아이*가 죽었다니요?"

샌디가 몸을 앞으로 숙이며 두 손으로 얼굴을 감싸고 흐느껴 울었다.

"샌디, 어떤 아이요?" 브루클린이 재차 물었다.

울음이 계속되자, 브루클린이 그녀를 위로하려고 했다. "들어봐요, 우리가 방금 만났다는 건 알지만… 내가 말할 수 있는 건… 내 말은… 샌디, 무슨 일이 일어났건 간에, 당신이 나쁜 사람이 아니라는 것은 내가 말할 수 있어요."

흐느낌이 잦아들기 시작하자, 브루클린이 덧붙였다. "그리고 당신이 무슨 일을 했든, 당신이 용서를 구하면, 하나님께서는 허락하신다는 걸 나는 알아요."

샌디가 눈물을 멈추자, 브루클린이 곧바로 물었다. "무슨 일이 있었는지 내게 말해줄 수 있어요?"

그녀가 눈물을 닦고 대답했다. "제가 보스턴에 있었을 때였어요."

"보스턴이요?" 브루클린이 물었다. "당신 여기 뉴욕 사람이 아니었군요?"

그녀가 고개를 저었다. "저는 보스턴 외곽의 작은 마을에 살았어요. 제 결혼 생활은 엉망이었어요, 술 때문에요."

"당신이 마신 거예요, 아니면 남편이요?" 브루클린이 물었다.

"내가요." 그녀가 대답했다.

"계속하세요."

"제가 음주 문제를 가지고 있었지만, 그 일이 일어난 그날 아침은 맹세코 술을 마시지 않았어요. 그렇지만 과거에 두 번의 DWI(만취 운전)가 있었으니, 경찰이 나를 믿어줄 리 없었죠."

브루클린이 더 가까이 몸을 숙였다. "그날 아침에 무슨 일이 있었어요?"

"출근하는데 늦었어요. 내게는 흔한 일이었죠. 그래서 동네에서 속도 위반을 하고 있었어요."

"그래서요?" 브루클린이 물었다.

"나는 지각할 수가 없었어요. 한 번만 더 지각하면, 그가 나를 해고하겠다고 했었거든요."

"계속하세요."

"술 문제에 해고까지 당하면, 남편은 분명히 나를 떠났을 거예요."

브루클린은 그녀의 손을 잡았다. "샌디, 무슨 일이 있었는지 말 좀 해주세요."

샌디가 말을 멈추고, 눈물이 고이는 듯 시선을 돌렸다.

"하나님께 맹세코, 나는 그를 보지 못했어요. 그를 칠 때조차도 그를 보지 못했어요."

샌디가 두 손으로 귀를 막았다. "그 소리. 때때로 밤에 잠을 못 이룰 때면, 그 소리가 몇 번이고 다시 들려요."

"누굴 친 거예요?" 브루클린이 물었다.

"내가 누굴 죽였어요." 그녀가 대답했다.

"누굴요?"

"이름은 모르겠어요."

브루클린은 말이 이어지기를 기다렸다.

그녀가 덧붙였다. "아주 어렸어요, 너무 어린…"

그녀가 브루클린의 눈을 올려다보더니 말했다. "나는 지금도 그 얼굴이 보여요. 그날처럼 생생하게. 그 소중한 어린아이, 나 때문에 깨지고 피 흘리며 보도에 누워 있었어요."

"체포되었나요?"

그녀의 눈이 커졌다. "내가요? 아니요. 나는 겁쟁이가 하는 짓을 했죠. 도망쳤어요."

"여기 뉴욕으로 온 거예요?" 브루클린이 물었다. "남편과 함께요?"

샌디가 대답했다. "첫 부분은 맞고. 나머지는 아니에요. 그 사람은 나와 관계를 끝냈어요."

잠시 멈춘 후에, 그녀가 덧붙였다. "좋을 때나 나쁠 때나라는 말이 그 사람에겐 좀 너무 버거웠던 것 같아요."

"유감이네요." 브루클린이 말했다.

"그를 탓하지는 않아요. 나라도 관계를 끝냈을 거예요."

브루클린은 말을 잃었다. 분명히 이 여인이 에드워드가 집으로 가도록 그녀가 돕기를 바랐던 그 사람인데, 그녀가 돌아갈 집은 어디인가? 깨어진 결혼과 살인 혐의.

그래서 브루클린이 물었다. "경찰이 이곳까지 추적하진 않았어요?"

"캣스킬에 있는 사촌 집에 숨었어요, 성(姓)이 달라요."

"남편이 그들에게 당신이 어디 있을 거라고 알려주진 않았나요?" 브루클린이 물었다.

"아니요, 프랭크는 그럴 사람이 아니에요." 그녀가 주장했다. "나를 너무 사랑해서 내가 감방에 앉아 있는 걸 바라지 않아요."

샌디가 어둠 속으로 시선을 돌리고, 덧붙였다. "그 사람은 결혼 생활은 끝냈지만, 나를 보살피는 것까지 끝내진 않았어요."

"그래서, 그때, 그냥 도망쳤군요?" 브루클린이 물었다.

샌디가 대답했다. "다가오는 사이렌 소리를 들었을 때요. 예, (자리 바꿈) 그들이 연못을 돌아올 때쯤, 나는 사라졌죠."

브루클린은 샌디의 말을 들었지만, 그 말을 곧바로 알아듣지는 못했다.

결국, 그녀가 물었다. "연못요?"

샌디가 되물었다. "뭐라고요?"

"방금 경찰이 연못을 돌아서 왔다고 말했잖아요."

"예, 메리엄 힐이에요." 그녀가 말했다. "렉싱턴에 있는 작은 마을이에요."

브루클린의 입이 떡 벌어지면서, 온갖 생각이 떠올랐다. 말도 안돼.

"샌디, 그 사고 언제였어요?"

"지난 가을이요." 그녀가 대답했다.

"메리엄에서, 연못 옆 도로에서, 당신이 어린아이를 쳐서 죽였다고요?"

샌디가 훌쩍이며 대답했다. "아주 어린 건 아니고, 열두 살이나 열세 살쯤 되어 보였어요."

브루클린은 웃음이 나오려고 해서 손을 들어 입을 가렸다.

"왜 그래요?" 샌디가 물었다. "이건 우스운 일이 아니잖아요."

"미안해요, 샌디."

그녀의 목소리가 흥분으로 고조되었다. "샌디. 당신 이름맞아요? *샌디, 샌디, 샌디.*"

"신경쇠약 같은 거 있어요?" 샌디가 물었다.

"진짜 이름이 뭐예요?" 브루클린이 물었다.

"뭐라고요?"

"진짜 이름, 당신 부모님이 불렀던 하나님이 주신 이름이요. 당신은 정말로 샌디가 아니잖아요."

"지금 나를 무섭게 하고 있어요, 브루클린."

"내가 묻고 있는 말 좀 들어요." 브루클린이 계속했다. "당신의 법적인 본명이 뭐예요?"

"카산드라." 그녀가 대답했다.

브루클린이 덧붙였다. "카산드라 마샬."

"그걸 어떻게 알았죠?"

브루클린이 흥분해서 양손으로 무릎을 쳤다.

"와, 이럴 수가. 그분은 알았어. 그분은 알았어."

"누가 뭘 안다는 거예요?" 그녀가 물었다.

"에드워드. 그분은 당신이 오늘 밤 이 다리에 있을 걸 알고 있었어요. 그래서 나를 사용해서 당신을 집으로 가게 하시는 거예요. 그걸 모르겠어요?"

샌디가 고개를 저었다. 분명히 이해하지 못하고 있었다.

브루클린이 양손으로 샌디의 어깨를 붙잡고 말했다. "그는 죽지 않았어요. 듣고 있어요? 당신이 친 그 소년, 살아서 잘 있다고요."

샌디의 눈에 혼란스러움이 가득했다.

"그래요, 그 아이는 살아있어요." 브루클린이 말했다. "내가 봤어요."

"아니에요. 그 아이는 아니에요."

샌디는 브루클린의 얼굴에서 넘치는 자신감을 볼 수 있었지만, 이건 말도 안 되었다.

"내가 거기 있었어요. 그 어린아이가 죽는 걸 지켜봤다고요." 샌디가 고집했다.

"당신이 그렇게 생각한 것뿐이에요." 브루클린이 대답했다. "그리고 당신은 에드워드가 도착하기 전에 자리를 떠났어요."

"무슨 소릴 하는 거예요?" 샌디가 물었다.

"당신은 사이렌 소리를 듣고 도망쳤죠. 그때 에드워드가 그 아이에게 손을 얹고, 다시 살려냈어요."

샌디는 혼란에 빠져 시선을 돌렸다. 그녀의 마음이 요동치고 있는 것이 분명했다.

샌디가 말했다. "당신이 하나님을 믿게 된 이유를 얘기할 때, 언급한 기적들…"

"예." 브루클린이 답했다.

"그 얘기를 하고 있는 건가요?"

"그래요, 샌디. 그래요."

잠시 침묵이 흐르자, 브루클린이 말했다. "그 아이의 이름은 제이든 랭커스터. 내가 그 아이를 만났고, 그 아이에게 얘기도 했어요. 그 아이와 축제에 갔고, 그 아이가 튀긴 도넛을 먹고, 롤러코스터를 타는 것도 지켜봤어요."

"언제요?" 샌디가 물었다.

"당신이 그 아이를 차로 친지 몇 주 후에요."

"따지려는 건 아니고요, 당신이 말도 안 되는 얘기를 하는 것 같아요, 브루클린." 샌디가 말했다.

"왜요?" 브루클린이 물었다.

"사람이 죽었다가 살아오지는 않잖아요." 샌디가 대답했다.

브루클린이 깊게 숨을 들이쉬고, 샌디와 눈을 마주쳤다.

"예수님은 그러셨어요. 그리고 당신이 제이든을 친 그날, 그분이 그 아이를 마찬가지로 되살리셨어요."

샌디가 다시 못 믿겠다는 듯 고개를 저었다.

"나를 못 믿어요?" 브루클린이 물었다.

"나는 내가 봐야 믿어요."

"그 아이가 살아 있다는 증거를 원해요?"

브루클린은 대답을 기다리지 않고, 휴대폰을 꺼내, 여러 장의 사진을 쓸어 넘긴 후에 말했다. "여기 있어요."

그녀가 휴대폰을 들어 올려, 폴 리버 축제 날 밤에 찍은 단체 사진을 보여주었다.

"제이든이 에드워드 옆에 있어요." 브루클린이 말했다. "에드워드가 그 아이를 팔로 감싸고 있잖아요. 보세요."

브루클린은 샌디의 표정을 보고, 그녀가 그 아이의 얼굴을 바로 알아보았다는 것을 알 수 있었다. 샌디가 브루클린에게서 휴대폰을 건네받고, 화면 가까이 눈을 대더니, 울기 시작했다.

샌디가 사진 속 제이든의 얼굴을 손가락으로 만지며 물었다. "이거 언제 찍은 거예요?"

"촬영 시간을 보세요. 당신이 그 아이를 친 지 최소한 일주일 후잖아요."

샌디가 날짜를 확인하니, 그녀가 제이든을 치고, 9일 후였다. 그녀가 계속 휴대폰을 들여다보고 있는 동안, 휴대폰을 든 그녀의 손이 떨리고 있었다.

"그 아이는 살아 있어요, 샌디." 브루클린이 다시 말했다.

그녀는 눈물범벅이 된 눈으로 브루클린을 바라보며 물었다. "이게 사실이라고 약속할 수 있어요?"

브루클린이 대답했다. "맹세해요. 그 아이는 괜찮아요. 우리가 망가뜨린 것을 하나님이 못 고치시는 것은 아무것도 없어요."

브루클린은 하늘을 올려다보며 큰 소리로 웃었다.

"왜요?" 샌디가 물었다.

"이제 나도 그분처럼 말하기 시작했어요." 그녀가 대답했다.

쾅, 쾅.

그 소리에 두 여인이 움찔했다.

밀스 경관이 차 창문을 세게 두드리고 있었다.

"이제 결정을 내려야겠어요, 여성분들. 감옥으로 갈까요, 병원으로 갈까요?"

브루클린이 창문을 내리고 대답했다. "병원이요."

그리고 샌디를 돌아보며 말했다. "그리고 나서 보스턴에 있는 집으로요."

두 여인이 차에서 내리자, 브루클린이 물었다. "아직 술 마시고 있는지 물어봐도 돼요?"

"아니요." 샌디가 대답했다. "그 아이를 친 후로 끊었어요. 제가 길을 벗어나지 않도록 돕는 모임에 참석하기 시작했어요."

밀스 경관이 가까이 다가와 샌디의 팔꿈치를 부드럽게 잡았다.

브루클린이 말했다. "이 친절한 경찰관과 함께 병원에 가서 지금까지 치른 일에 대해 전문가와 상담하세요."

"알겠어요."

브루클린이 덧붙였다. "AA(금주) 모임에 빠지지 말고, 치료를 계속하고요."

"그럴게요."

이번에는 브루클린이 경관을 향해 돌아섰다. "밀스 경관님, 펜과 종이 있으세요?"

밀스가 안쪽 주머니에서 펜과 종이를 꺼냈다.

"고맙습니다." 브루클린이 말했다. "주소와 전화번호를 적어줄게요, 샌디."

그녀가 종이를 샌디의 손에 내밀며 말했다. "병원에서 나오면 보스턴으로 돌아갔으면 좋겠어요."

"집으로요?" 샌디가 되물었다.

"그래요." 브루클린이 고개를 끄덕이며 말했다. "만일 남편과의 관계를 회복하지 못하면, 우리 집에 당신이 다시 일어설 때까지 쓸 수 있는 여분의 방이 있어요."

밀스 경관이 브루클린을 향해 말했다. "정말 친절하시네요."

"그건 내가 아니라, 예수님이 하시는 일이에요." 브루클린이 대답했다.

"아, 참," 경관이 말했다. "아까 J.C.(jesus Christ)와 친구라고 했죠. 둘이 잘 지내고 있나요?"

브루클린이 우스갯소리로 말했다. "있잖아요, 밀스 경관님, 처음엔 그분이 필요 없다고 했지만, 그분이 이제는 신고 나갔다가 비에 젖은 낡은 가죽 부츠 같아요."

밀스가 피식 웃었다. "그게 무슨 말인지 모르겠네요."

브루클린이 말을 계속했다. "비에 젖으면 습기로 부츠가 줄어들어서, 아무리 세게 잡아당겨도 도무지 발에서 벗길 수가 없잖아요. 마치 그 부츠처럼… 그분이 제 일부가 된 거 같아요."

이제는 밀스가 활짝 웃으며 물었다. "방금 예수님을 낡은 부츠에 비유한 건가요?"

브루클린이 호호 웃었다. "그런 것 같네요. 하지만 좋은 의미였어요. 믿어주세요. 예수님은 이해하실 거예요."

밀스가 추위를 떨치려고 팔을 문지르며 말했다. "그럼, 오늘 밤에 도와주신 당신과 예수님께 감사드려요."

그리고 샌디를 돌아보며 말했다. "무사해서 기뻐요, 아가씨. 분명히 병원에 있는 분들이 당신을 도와줄 거예요."

샌디가 경찰차 뒷자리에 타더니, 유리창에 코를 대고, 입 모양으로 말했다. *고마워요.*

브루클린이 곧바로 소리 없이 대답했다. *잘 지내요.*

제24장

세 마리 얼룩말

"당신 늦게 왔네." 코너가 말했다. 브루클린이 주방 창가에 앉아 단풍나무 주위에서 서로 쫓고 쫓기는 다람쥐 두 마리를 지켜보고 있었다. 그들은 만나서 사랑에 빠진 젊은 연인을 연상시켜 주었다. 누가 누구를 쫓아가는 것인지 알 수 없는 게 그들이다.

"지구에서 브루클린을 호출합니다. 집에 누구 계신가요?"

"미안해. 뭐라고?"

"당신 어젯밤 집에 오는 게 늦었다고 했어."

"아, 그건 말이지." 그녀가 말했다. "우리 둘 다 커피 한 잔 마시자. 할 얘기가 있어."

그리고 30분 동안, 브루클린은 그에게 다리와 샌디, 그리고 샌디가 어느 가을날 아침에 자신의 삶을 망가뜨린 일에 대해 얘기했다. 그 사고, 음주, 깨진 결혼 생활, 도주, 그리고 수치심에 대해…

"그 여자가 다리 난간에 글자 그대로 매달려 있었다고?" 코너가 눈을 크게 뜨고 물었다. 브루클린이 고개를 끄덕이자, 그가 말했다. "당신이 그녀를 구했군, 브룩. 당신이 그녀의 목숨을 구했어."

"음," 그녀가 말했다. "그건 에드워드, 아니, 하나님이 하신 거야. 그분이 나를 그 다리로 가게 하셨어."

코너가 그녀를 안아 주었다. "당신이 자랑스러워."

그리고 편안한 침묵이 흘렀다. 구태여 말하려고 할 필요가 없는, 영혼의 동반자들이 나누는 그런 침묵. 브루클린은 그들의 관계에서 그걸 좋아했다. 아무것도 없는 순간이 모든 것을 의미할 수 있다는 것을…

잠시 후, 코너가 말했다. "뭔가 또 있지… 당신 뭔가 달라 보이는데."

브루클린이 놀랍다는 듯 그를 쳐다보았다. "내가 좋은 포커 선수는 못될 거 같네, 그렇지? 적어도 당신 상대로는…"

"뭔데?" 그가 물었다.

"모르겠어, 콘. 나는 늘 종교와 신앙을 모래 늪과 같이 생각해서 최선을 다해 피하려고 했었어."

"그런데 지금은?"

"그런데 지금은… 좋은 질문이야. 그런데 지금은…"

"이봐," 코너가 말했다. "나잖아. 그냥 말해."

브루클린이 망설이다가 말했다. "내가 하나님을 믿지 않았던 이유 중 하나가 세상의 고통과 악이었어."

코너가 고개를 끄덕였다. "많은 사람이 그걸 힘들어한다고 생각해."

"그래, 맞아. 에드워드는 그걸 자유의지의 불행한 부산물이라고 설명했어."

"그게 무슨 의미였다고 생각해?" 코너가 물었다.

"그건, 우리가 자유롭게 인생을 살아가고, 자유롭게 선택을 한다면, 종종 그 선택을 잘못할 수도 있다는 거겠지."

코너가 커피잔을 내려놓으며 말했다. "계속해 봐."

그녀가 말했다. "나는 이 세상의 어둠이 사실은 빛을 드러나게 한다는 생각을 하고 있어. 홀마크 카드(축하 카드)에서 읽을 법한 말처럼 들릴 것이라는 것을 알지만, 그건 사실이야.."

"예를 하나 들어줘." 코너가 말했다.

"좋아. 내가 에드워드를 난처하게 만들려고, 어린이 병원에 데려갔었어. 나는 정맥에 튜브가 연결돼 있고, 항암치료로 머리카락이 없는 어린아이를 가리키며, '이걸 봐요, 에드워드, 당신의 전능하신 하나님이 일하고 계신다면, 소아암을 설명해 보세요.'라고 하려고 했어."

코너가 말했다. "일이 생각대로 되지 않은 것 같군."

"그래. 에드워드가 아픈 아이마다 그 하나의 연약한 생명을 구하기 위해 그들의 삶을 바치고 있는 다섯 명의 의료진을 보라고 가리켰어."

그녀는 속으로 생각했다. *세상에는 수십억의 사람들이 있지만, 그들은 단 한 명을 구하려고 싸운다. 한 사람 한 사람이 다 소중하다. 아무리 아프더라도, 아무리 어렵더라도.*

그녀의 눈에 눈물이 고이기 시작했다. "아기 하나를 살리려고 몇 주일을 보내고, 그 아기를 잃으면, 흐느껴 우는 부모를 안아 주고, 그러고 나서 다음 날 그 모든 일을 다시 하려고 돌아오는 것을 당신은 상상할 수 있어?"

코너가 고개를 저었다. "아니. 난 못할 거야."

"하지만 그들은 하지. 살릴 수 있는 아이들은 살리고, 살리지 못하는 아이들은 애도하며, 덤으로 마음 한 조각을 잃어버린다는 걸 하나님은 아시지."

브루클린이 식탁에 팔꿈치를 올리고, 몸을 그에게 기울였다. "이걸 생각해 봐. 우리 신문은 화재, 홍수, 차 사고에 대해 쓰고 있는데, 바로 거기 잘 보이는 곳에는 낯선 사람을 구하기 위해 위험 속으로 뛰어 들어갈 응급구조대원, 적십자 자원봉사자들, 그리고 소방관들이 서 있어. 그건 참 놀라운 일이야."

"맞아." 그가 말했다. "그렇지. 하지만 그게 당신이 오늘 아침 왠지 모르게 슬퍼 보이는 이유를 설명해 주지는 못해. 특히 샌디를 도와주고 나서 말이야."

브루클린이 한숨을 쉬었다. "어쩌면 당신이 당신의 믿음에 대해 말할 때마다 내가 어떻게 굴었는지를 생각하고 있는 것인지도 모르지."

코너가 대답했다. "그건 내 믿음이야, 허니. 그래서 그건 나한테 맞는 거야. 나는 결코 당신을 비판하거나 내가 믿는 것을 당신에게 강요하려고 한 적은 없어."

"알아. 그리고 그 때문에 당신을 좋아해." 그녀가 대답했다. "그래도 내가 지금 알고 있는 것을 알게 되고, 에드워드, 즉 예수님을 알고 나니까, 내가 바보처럼 느껴져."

"아니야, 허니. 모든 사람이 믿음 때문에 어려움을 겪고 있어. 그렇지 않다고 말한다면, 그 사람은 거짓말을 하고 있거나 스스로를 속이고 있는 거야."

"좋아." 그녀가 말했다. "알겠어. 그런데 내가 당신에게 어떤 말을 하더라도, 나를 옹호하거나, 그건 내 잘못이 아니라고 우기지는 말아줘."

코너가 두 손을 모았다.

그녀가 말했다 "한번은 그냥 잘못하는 사람으로 여기 앉아 있게 해줘. 그렇게 좀 해줄 수 있어?"

코너가 천천히 고개를 끄덕였다. "그래, 알았어. 그러지 뭐."

그녀가 그의 손을 잡았다. "에비가 교회를 가거나 주일학교 들어가는 일, 또는 당신이 에비를 하나님께 더 가까이 가게 하려고 했던 수많은 다른 일들에 대해 그토록 힘들게 했던 것 미안해."

코너가 그녀를 달래주고 싶어 하는 듯하더니, 다시 마음을 다잡았다. "사과할 필요는 없어. 하지만 사과는 받아줄게."

　　"좋아, 고마워."

　　코너가 말했다. "다음에는 무엇이 하고 싶은지 생각해 봤어?"

　　"무슨 말이야? 오늘?"

　　"음… 오늘부터. 직장에서는? 그 칼럼을 계속 쓰고 싶어?"

　　브루클린이 다시 창밖을 바라보고, 다람쥐들이 없어진 걸 알았다. "틀림없이 점심 약속이 있었을 거야."

　　"누가?"

　　"아니야. 멍청한 다람쥐들 얘기를 하고 있는 거야."

　　코너는 물어본 것에 그녀가 대답하기를 조용히 기다렸다.

　　"아, 아까 뭐 하고 싶냐고 물었지?"

　　"응."

　　그녀가 말했다. "오늘은, 에비를 깨워 식당에서 팬케이크를 먹을까 생각하고 있어."

　　"그거 좋네." 그가 대답했다. "그럼 일은?"

　　브루클린이 얼굴을 찡그렸다. "내가 에드워드에 대한 책을 쓴다면 당신이 날 미쳤다고 생각할까? 신문 기사에다가 지면이 없어 담지 못한 얘기들을 다 추가해서 말이야."

　　코너가 말했다. "아주 좋은 생각인 거 같은데. 그리고 당신은 방금 완벽한 결말을 얻었잖아—다리 위의 여인을 구한 얘기.

"그런 거 같긴 해."

"그런 거 같다니? 그 얘기를 완벽하게 끝내고 있잖아." 코너가 말했다.

"그렇지만 그게 문제야." 브루클린이 대답했다. "그것으로 모든 일이 끝나는 게 아니거든."

"무슨 말이야?"

그녀가 커피를 한 모금 마시더니, 대답했다. "에드워드는 자기가 네 사람을 치유하고, 다른 사람들을 돕고, 세 사람을 집으로 돌려보내려고 여기 있는 거라고 했잖아."

"맞아."

브루클린이 말했다. "그는 아주 구체적으로 말했어."

"그래서?" 그가 물었다.

"이름 좀 대봐.

코너가 사람들을 세기 시작했다. "그가 스튜, 제이든, 감옥에 있던 남자, 그리고 당신을 치유했지. 네 명이네."

"계속해 봐."

코너가 말했다. "그가 다양한 방법으로 다수의 사람을 도운 것은 하나님이 아시겠고, 또 그는 사람들을 집으로 가게 했지."

"그 사람들을 세어 봐." 그녀가 채근했다. "그가 집으로 가게 한 사람들."

"좋아. 어디 보자. 그가 축제에서, 감옥에 있던 여인을 언니에게 돌아가도록 어떻게 도왔는지 얘기했고, 또 당신의 도움으로 그가 샌디를 보스턴으로 돌아가게 했지. 그럼 둘이네."

브루클린이 고개를 끄덕였다. "정확히 둘이지. 셋이 아니야."

코너가 잠시 생각했다. "스튜는 어때? 그 사람 집으로 갔나?"

"아니. 그는 보스턴 사람이라, 떠난 적이 없어."

코너가 말했다. "그럼, 아마 우리가 모르는 누구겠지."

브루클린이 마지못해 말했다. "그런 거 같아."

"하지만 당신은 그렇게 믿지 않는 거지?"

"아닌 거 같아. 아니야. 마무리가 확실히 되지 않았어."

"당신은 언제나 그런 걸 싫어했잖아." 그가 말했다.

브루클린이 해명했다. "그게 언제나 실수하게 하니까. 언론에서도, 인생에서도."

코너가 미소를 지으며 말했다. "어쩌면 에드워드가 실수했는지 모르지. 셋이라고 했지만 둘이었는지도."

"그래, 그거 말이 되네, 콘. 하나님은 수를 못 세시니까."

그가 눈썹을 치켜올렸다. "이번이 처음이 아닐지도 모르지. 어쩌면 노아의 방주에 얼룩말이 세 마리 있었을지도 모르잖아."

브루클린이 식탁 위의 냅킨을 집어 들고, 그를 때릴 것처럼 들어 올렸다.

딩, 동. 초인종이 울렸다.

"초인종이 살렸네." 브루클린이 싱긋 웃으며 말했다.

그들이 움직이기도 전에, 에비가 방에서 달려 나와 누가 왔는지 보려고 현관문 쪽으로 갔다.

"뛰지 말아요, 아가씨!" 브루클린이 외쳤다. "미끄러지면 후회할 거야."

에비는 엄마의 경고를 무시했고, 멈춰 서려다, 양말이 원목 마루를 따라 미끄러지면서 현관문에 가서 부딪혔다.

쿵!

"무슨 소리야?" 코너가 외쳤다.

"저예요," 에비가 외쳤다. "괜찮아요!" 그리고 나서 창문을 통해 내다보고 말했다. "어떤 노인이에요."

코너가 천천히 딸의 곁을 지나 문을 열었다. 문 앞에는 이마가 벗겨지고, 청바지에 플란넬(체크 무늬) 셔츠를 입은 남자가 서 있었다.

"무슨 일로 오셨죠?" 코너가 물었다.

"다들 괜찮으신가요?" 그 남자가 물었다. "누가 문에 부딪히는 소리가 나서요."

코너가 대답했다. "우리 인간 볼링공입니다. 괜찮아요."

그 남자는 단순한 흰 봉투를 들고 있었다. "여기 브루클린이라고 계시나요?"

"제가 브루클린이에요." 그녀가 문 앞으로 와서 말했다.

그 남자가 봉투를 내밀었다. "이거 받으세요."

"이게 뭐죠?" 코너가 그 남자에게 물었고, 브루클린은 봉투를 살펴보았다.

"솔직히 나도 몰라요." 그 남자가 말했다. "그냥 부탁을 받은 거라서."

"어떤 부탁이요?" 브루클린이 봉투를 흔들었다.

가볍네. 비어 있는 것 같은데.

그 남자가 머뭇거렸다.

"제 아내가 어떤 부탁이냐고 묻잖아요?" 코너가 다시 말했다.

"내 말이 좀 이상하게 들리겠지만," 그가 말했다. "내가 경찰로 오래 있다가 실은 얼마 전에 은퇴했어요. 몇 달 전에 한 남자가 유치장에 들어왔는데, 그가 내게 친절을 베풀었어요."

브루클린의 입이 벌어졌다. "세상에, 당신이 에드워드가 고쳐준 그 경찰관이군요! 손에 관절염 있었던 분 맞죠?"

남자가 활짝 웃었다. "예, 부인. 그게 납니다. 테디 트래스크." 그가 양손을 들어 손가락을 힘들이지 않고 이리저리 움직였다. "보이죠? 새것처럼 멀쩡해요."

"정말 다행이에요!" 브루클린이 외쳤다. "제가 다 기쁘네요."

"고마워요." 그가 대답했다. 그리고 봉투를 가리키며 말했다. "어쨌든, 에드워드가 유치장에서 쪽지를 써서 거기 넣고, 주소를 주면서 *정확히 이 날짜에* 전해달라고 했어요."

브루클린이 눈썹을 치켜올렸다. "그분이 왜 그래야 하는지 말했나요?"

"아니요. 그냥 오늘이어야 한다고 고집했죠."

브루클린이 손을 내밀어 악수하며 말했다. "전달해 주셔서 감사해요."

테디가 마주 잡은 손을 보며 말했다. "그 에드워드라는 사람 대단하죠, 그렇잖아요?"

에비가 말했다. "그분은 하나님의 아들이에요."

코너가 딸의 어깨를 감쌌다. "맞았어, 에비."

그 순간 테디의 얼굴이 환해졌다. "잠깐. 에비라고 했어요?"

"예, 제가 에비예요." 에비가 몸을 조금 더 똑바로 세웠다.

트래스크가 즉시 그들 세 사람을 가리켰다. "에비, 브루클린, 그리고 당신은… 케니겠군요?"

"코너죠." 코너가 바로잡아줬다.

"세상에." 트래스크가 다시 브루클린을 바라보며 말했다. "당신이 에드워드와 기적들에 대해 글로브에 기사를 쓴 그 사람이군요."

브루클린이 대답했다. "예, 그렇습니다."

테디가 대머리를 긁으며 말했다. "여태까지 그걸 연결하지 못했다니, 믿을 수가 없네요."

브루클린이 말했다. "에드워드 말로는, 모든 것이 우리가 항상 알지 못하는 방식으로 연결되어 있다잖아요."

트래스크가 미소를 지었다. "그 사람은 그런 식으로 말했어요. 그렇죠?"

"정말 그랬어요." 코너가 말했다.

테디가 주머니에 손을 넣으며 말했다. "그럼, 제 역할은 끝났네요. 여러분 모두 만나서 반가웠어요."

그가 떠나려고 돌아서자, 에비가 말했다. "하나님께서 복 주시길 빌게요."

트래스크가 다시 돌아서며 눈시울을 붉혔다. "에비, 너도 하나님께서 복 주실 거야. 여러분 모두 행운을 빌어요."

그가 떠난 후, 브루클린은 서재의 고풍스러운 책상 맨 위 서랍에 보관하고 있던 황동 편지 칼을 꺼냈다. 에드워드의 글씨가 적힌 부분이 찢어지는 위험을 피하려는 것이었다. 조심스럽게 쓱 잘라 봉투를 열자, 반으로 접은 하얀 종이가 나왔다. 그 안에는 주소 하나가 적혀 있었다. 브루클린이 다른 것이 더 있나 하여 종이를 뒤집어 보고, 빈 봉투를 흔들어보기까지 했으나 아무것도 없었다.

"그게 다야?" 코너가 물었다. "이름 없이 주소만?"

"그런 거 같아."

"우리 아는 사람 중에 그 주소인 사람이 있나?" 그가 물었다.

브루클린이 어깨를 으쓱했다. "없는 것 같은데. 그렇지만 여기서 멀지 않네."

"뭘들 하고 싶어?" 마치 셋 다 아직 답을 모르기라도 하는 것처럼 코너가 물었다.

에비가 말했다. "제가 차 키 가져올게요."

제25장

그분이 나를 말한 거였어

차로 10분을 가자, 겨우 두 동네 떨어진 곳에 어느 집이 있었다.

"낯익은 집이야?" 코너가 집 앞에 차를 세우며 물었다.

"전혀." 브루클린이 대답했다. "당신은?"

"나도."

둘이 차에서 내리기도 전에 에비가 뒷문을 열어젖히고 현관으로 달려가 초인종을 눌렀다.

"에비," 코너가 외쳤다. "기다려!"

그들이 에비를 더 꾸짖기 전에 문이 열렸고, 매력적인 20대 여인이 나타났다. 잠시 동안, 양쪽 모두 혼란스러운 표정으로 쳐다보기만 했다.

"파이퍼, 맞죠?" 브루클린이 물었다. "우리 축제에서 만났잖아요."

가브리엘이 모습을 드러냈다. "야, 이거 정말 놀랍네! 들어오세요. 들어오세요. 에드워드의 친구는 누구든 우리 친구죠."

에비가 그를 따라 뛰어 들어갔다.

"어떻게 우리를 찾으셨어요?" 그들이 모두 안으로 들어가자, 파이퍼가 물었다. "제가 주소를 알려드린 기억이 없는데요."

"당신이 알려준 게 아니에요." 코너가 말했다.

에비가 소리쳤다. "경찰관이 알려줬어요!"

"무슨 경찰관?" 파이퍼가 물었다.

브루클린은 딸의 머리 위에 손을 얹으며 말했다. "이건 좀 이상한 얘기예요. 바쁘신데, 저희가 방해하고 있는 건가요?"

"아니요, 전혀요." 가브리엘이 말했다. "시간 좀 있어요. 앉으세요."

그들이 모두 거실에 앉은 후에, 브루클린이 입을 열었다. "에드워드가 유치장에서 경찰관을 고쳐준 거 아셨어요?"

"예." 파이퍼가 대답했다. "그리고 나서 에드워드를 집까지 데려다줬던 사람이 저거든요."

"게다가, 당신이 보스턴 글로브에 그 이야기를 썼잖아요." 가브리엘이 덧붙였다.

"맞아요." 코너가 맞장구를 쳤다.

"버크셔 카운티에서 돌아오는 길에, 에드워드가 그 경찰관과 만난 얘기를 했어요."

브루클린이 말했다. "그래서 제가 그의 기적 중 하나로 그걸 집어넣은 거죠."

브루클린이 말을 이었다. "그런데, 우리가 한 번도 만난 적 없는 그 경찰관이 오늘 아침에 느닷없이 우리 집에 나타나서 속에 주소가 들어있는 봉투를 넘겨주었어요. 이름은 없고, 주소만 있었죠. 댁의 집."

파이퍼가 눈썹을 치켜올렸다.

코너가 말했다. "그 사람 말로는, 에드워드가 이걸 주면서, 오늘 전해주라고 했대요."

"왜 오늘이죠?" 파이퍼가 물었다.

"그게 가장 궁금한 문제죠." 브루클린이 대답했다.

잠시 침묵이 흐른 후에 코너가 말했다. "어쩌면 에드워드는 그냥 우리가 계속 서로 연락하며 지내기를 원했나 봐요."

브루클린은 납득하지 못하는 듯했다. "하지만 왜 꼭 집어서 오늘이죠? 우리가 함께하기를 원했다면, 왜 축제 날 밤에 연락처를 주고받게 하지 않았죠? 그리고 왜 이름도 없이 주소만 주고 가게 했을까요?"

가브리엘이 대답했다. "그게 에드워드인 거 같아요. 항상 사람을 궁금하게 만들어요." 그는 싱긋 웃었다. "한 번은 나한테 캡틴 크런치 시리얼로 메시지를 남겼다니까요."

"뭐라고요?" 브루클린이 물었다.

가브리엘이 손가락 세 개를 들고(보이스카우트의 서약 방식) 말했다. "맹세해요."

"그 메시지 먹었어요?" 에비가 물었다.

"물론 먹었지." 가브리엘이 대답했다. "배가 고팠거든."

모두가 웃었다.

에비가 말했다. "음, 저는 목이 마르네요."

브루클린이 딸의 노골적인 말에 사과를 하기도 전에, 파이퍼가 대답했다.

"그건 제가 해줄게요. 에비, 나랑 주방에 갈래? 모두가 마실 것 좀 가져오자."

잠시 후, 두 사람이 머그잔을 담은 쟁반을 들고 돌아왔다.

에비는 주스, 어른들은 커피를 마시며, 두 가족은 에드워드와 지냈던 시간에 대해 얘기를 나누었다. 그 후 반 시간 동안의 대화는 마치 그들이 수년간 친구였던 것처럼 술술 흘러갔다.

가브리엘이 시계를 확인했다. "죄송하지만, 가봐야겠어요." 그가 파이퍼를 보고 말했다. "우리 손님들과 함께 있어. 난 혼자 가도 괜찮아."

파이퍼가 벌떡 일어났다. "예배! 이런, 죄송해요, 아빠. 손님들 방문에 흥분해서 잊을 뻔했어요." 그녀가 손님들을 향해 돌아섰다. "서둘러 가시게 해서 죄송하지만, 저희 가봐야 해서요."

브루클린이 커피잔을 손에 든 채 자리에서 일어났다. "저희가 예고 없이 찾아온 탓이에요. 불편하게 해드린 게 아니었으면 좋겠어요."

가브리엘이 대답했다. "무슨 말씀을요. 함께해서 정말 좋았습니다."

코너가 외투를 가지러 갔다. "예배는 어디서 드리시나요?"

"홀리크로스 교회예요." 가브리엘이 대답했다. "제 죽은 아내를 위한 예배예요."

파이퍼가 아버지의 어깨를 만졌다. "아빠는 매년 엄마 생일마다 예배를 드리세요."

"그게 오늘인가요?" 코너가 물었다.

"예." 가브리엘이 대답했다. "우리는 일찍 가서 촛불을 켜는 걸좋아해요."

"잠깐만요." 브루클린이 말했다. "오늘이 돌아가신 아내분의 생일이라고요?"

그가 고개를 끄덕였다.

"음, 이거 점점 이상해지네." 그녀가 말했다.

"무슨 말씀이세요?" 파이퍼가 물었다.

"당신 어머니의 생일이 에드워드가 주소 적힌 쪽지를 우리에게 주라고 했던 날과 정확히 맞아떨어진다. 그거 좀 공교롭지 않나요?"

"우연한 일일 수도 있지." 코너가 말했다.

브루클린이 코웃음을 쳤다. "에드워드가? 절대로 아니야. 나는 항상 에드워드가 체스를 두고 있는 동안, 나머지 우리는 체스 말에 타고 있는 느낌이었어."

"그게 무슨 뜻이죠?" 가브리엘이 물었다.

"수많은 날 중에 오늘 우리를 만나게 했다? 그건 …라는 징조인데, 맞는 말을 못 찾겠어요."

"뜻밖의 행운." 파이퍼가 말했다.

"바로 그거예요." 브루클린이 대답했다.

에비가 외투 입는 걸 도와주던 코너가 물었다. "제가 여쭤봐도 된다면, 가브리엘, 아내분을 언제 잃으셨나요?"

그는 잠시 멈췄다가 조용히 말했다. "오래전이에요. 아이들이 아주 어렸죠."

브루클린은 그의 눈에 고통이 어려있는 것을 보았다. "안타깝네요. 분명히 훌륭한 분이셨을 거예요."

"훌륭했어요. 그리고 아름다웠고요."

파이퍼가 말했다. "아빠, 사진을 보여드려야겠어요."

가브리엘이 신경이 쓰이는 듯 시계를 힐긋 쳐다보았다.

파이퍼가 말했다. "괜찮아요, 시간 있어요."

가브리엘이 선반으로 가서, 8×10 크기의 갈색 액자를 꺼내더니, 옷소매로 유리 위의 먼지를 닦았다. "여기 있어요." 그가 그들에게 사진을 보라고 내밀었다. 그것은 가브리엘과 아내와 어린 두 아이의 사진이었다. "이건 아내를 잃기 몇 년 전에 찍은 거예요."

그가 떨리는 목소리로 말했다.

"정말 멋진 가족이네요." 코너가 말했다.

에비가 사진 속 아기를 가리키며, 파이퍼에게 물었다. "이거 언니야?"

"맞아." 파이퍼가 말했다. "우리 모두 아주 작게 시작하잖아."

브루클린은 조각상처럼 꼼짝하지 않고, 시선을 고정한 채, 얼굴이 굳어 있었다. 말없이…

"대단하네, 그렇지, 브룩?" 코너가 그녀에게 그만 쳐다보고 예의 차리는 걸 잊지 말라고 팔꿈치로 쿡 찔렀다.

브루클린이 사진을 더 가까이 들여다보았다. 그러더니 숨을 헐떡이며, 도자기 커피잔을 원목 마루 바닥에 떨어뜨렸다.

쨍그랑!

잔이 산산조각 났다. "죄송해요." 브루클린이 말했다. 코너가 허리를 굽히고 조각을 주웠다. "이분은 바로…" 그녀가 가브리엘의 죽은 아내 얼굴을 가리키며 말했다. "메리"

가브리엘이 놀라 쳐다보았다. "맞아요."

"메리 엘리자베스 플래너건." 브루클린이 말을 이으며, 눈물을 글썽였다.

"그걸 어떻게 알아요?" 가브리엘이 물었다.

브루클린은 의자에 기대어 몸을 가누며 말했다. "죄송해요, 가브리엘. 바쁘신 거 알지만, 두 분이 어떻게 만났는지만 여쭤봐도 될까요?"

그가 여전히 사진을 든 채 말했다. "내가 작은 목공소에서 일했는데, 레녹스에 있는 한 건강 클리닉에서 일을 맡았어요."

"할로우드 하우스 중독 치료센터." 브루클린이 말했다.

"맙소사. 그 이름이었던 거 같아요. 그걸 어떻게 알았어요?"

브루클린이 대답했다. "이야기 계속해 주시겠어요."

"어쨌든, 나는 메리를 곧바로 눈여겨봤지만, 그녀는 간호사라 늘 바빠서, 내가 있는 것을 알 거라고는 생각도 못했어요. 그러다 몇 주일 후에 교회에서 댄스파티가 열려서 우리들 몇이 갔어요. 그런데 그녀가 저한테 춤을 청했고, 그날 이후로 우리는 함께하게 되었죠."

브루클린이 조용히 말했다. "그러다 유방암으로 그분을 잃으셨죠."

파이퍼가 그녀를 뚫어지게 바라보았다. "우리 아빠가 아까 이 모든 걸 어떻게 아느냐고 물었죠?"

에비가 사진을 가리키며 말했다. "보세요, 엄마! 이분이 엄마와 똑같이 초록색 눈을 가지고 있어요."

파이퍼가 그것을 확인하려고 몸을 앞으로 구부렸다. "눈뿐이 아니에요! 머리를 바꾸고, 얼굴을 좁히면, 자매라고 해도 되겠어요."

가브리엘이 사진을 이리저리 돌려 확인해 보았다. "그녀가 당신과 많이 닮았네요."

"더 정확하게는," 브루클린이 말했다. "제가 그분을 닮은 거예요."

"다시 보여줘요, 아빠." 파이퍼가 그에게서 액자를 받아서, 마치 머리카락, 주근깨, 속눈썹 하나하나를 비교하는 것처럼 브루클린의 얼굴과 어머니의 얼굴을 번갈아 쳐다보았다. 그녀가 결국 물었다. "누구세요?"

브루클린이 의자 등받이를 움켜잡았다. "분명히, 나는 네 언니야. 정확히는 이복언니."

"잠깐만, 뭐라고?" 코너가 깨어진 머그잔 조각들을 쟁반에 놓으며 말했다.

브루클린이 그를 향해 몸을 돌렸다. "에드워드가 나를 버크셔 카운티로 데려갔던 날. 그가 내 생모의 사진을 보여줬다고 내가 말한 거 기억나?"

"그 얘기를 하는 거야?"

"그래." 브루클린이 대답했다.

"그러면," 파이퍼가 말했다. "그 어머니가…"

"그래." 브루클린이 파이퍼와 가브리엘의 손을 잡으며 말했다. "메리 프랜시스 플래너건 매튜스."

긴 침묵이 흘렀다. 그러고 나서 브루클린이 조심스럽게 물었다. "그분이 아기에 대해 말씀하신 적은 없었나요?"

가브리엘이 거짓말하다가 들킨 아이처럼 고개를 숙였다.

"아빠?" 파이퍼가 물었다. "엄마가 말했어요?" 그가 망설이자, 파이퍼가 말했다. "아직 시간이 있어요. 제발요."

가브리엘이 딸을 바라보았다. "너희 엄마를 잃었을 때, 너희는 아기에 불과했지. 그래서 내가 말하지 않았던 거야. 왜냐하면⋯ 너희가 엄마를 안 좋게 생각할까 봐."

"아빠, 절대 그러지 않아요. 제발, 그냥 말해줘요."

브루클린이 그들의 손을 놓았다. 이건 이제 부녀 사이의 문제였다.

가브리엘이 사진을 가슴에 끌어안았다. "엄마는 어렸어. 겨우 열여덟 살이었지. 엄마는 마약을 하는 나쁜 남자와 엮였다고 말했어. 그 남자가 엄마를 중독시켰고, 아이를 갖게 했지. 그러고는 엄마를 떠났어." 그가 멈췄다. "엄마는⋯ 중절을 하는 것이 옳지 않다고 느껴 아기를 낳았고, 어린 딸을 입양 보냈어. 엄마는 딸에게 자신이 줄 수 없는 삶을 살게 하고 싶었던 거야."

파이퍼가 아버지를 깊은 애정을 가지고 바라보았다. "내가 도대체 왜 그것 때문에 엄마를 안 좋게 생각하겠어요? 엄마가 용감한 일을 하신 것 같은데요. 어려운 일을 하셨어요."

가브리엘이 딸의 손을 잡았다. "그랬지. 엄마는 자신과 같이 어두운 곳에 빠진 다른 사람들을 돕는 데 인생을 바쳤어. 그들이 삶을 되찾도록 도왔지."

"이제는 더 엄마를 사랑하게 됐어요, 아빠."

브루클린이 잠시 기다렸다가 말했다. "나는 평생 여동생이 있었으면 좋겠다고 생각했어요."

파이퍼가 그녀를 바라보며 미소를 지었다. "이제 있어요."

"그래, 이제 있어." 브루클린이 눈에 사랑을 담고 대답했다.

"그리고 남동생도." 가브리엘이 말했다. "폴도 잊지 말아줘."

"그럼요." 브루클린이 말했다. "폴은 보스턴에 살고 있나요?"

가브리엘이 사진 속 아들의 얼굴을 만지며 대답했다. "폴은 해병이었어. 우리는 전쟁에서 그를 잃었지."

"정말 안타깝네요, 가브리엘."

조용히 멈췄다가 브루클린이 덧붙였다. "그를 알았더라면 좋았을 텐데."

파이퍼가 고개를 끄덕였다. "언니가 폴에 대해 알아야 할 가장 중요한 사실은 폴이 도망쳐서 목숨을 구할 기회가 있었지만, 다른 사람들을 구하려고 남았다는 거예요."

브루클린은 파이퍼의 눈에 사랑과 자랑스러움이 어려있는 것을 보며 말했다. "에드워드가 여기 있었다면, 분명히 성경에서 그 일에 관한 어떤 구절을 인용했을 텐데."

코너가 말했다. "그거라면 내가 할 수 있어. 요한복음 15장 13절. 예수님의 대표적인 말씀 중 하나지."

가브리엘이 고개를 끄덕였다. "그게 폴을 설명하는 데 완벽한 구절이지."

브루클린이 물었다. "요한복음 15장 13절이 뭐죠?"

가브리엘이 코너를 보고 미소를 지었고, 둘이 한목소리로 암송을 했다. "사람이 친구를 위해 자기 목숨을 내놓는 것보다 더 큰 사랑이 없느니라."

코너가 고개를 끄덕였고, 가브리엘의 얼굴에는 따뜻한 미소가 퍼졌다.

파이퍼가 말했다. "지금 브루클린 언니를 보니까, 우리가 축제에서 모두 만났을 때 우리 관계를 몰랐다는 게 믿을 수가 없어요. 엄마의 옛 사진을 보고도 말이에요."

"생각해 봐," 코너가 말했다. "날이 어두웠고, 우리가 에드워드와 몇 분만 함께 있었잖아."

"그건 사실이야." 가브리엘이 말했다. "나는 지금까지도 닮은 줄을 몰랐잖아."

브루클린이 양손을 볼에 대고 말했다. "세상에."

코너가 물었다. "왜?"

"방금 깨달았어요! 에드워드가 세 사람을 집으로 데려온다고 약속했잖아요."

코너가 세어 보았다. "유치장에 있던 젊은 여성, 다리 위의 여자, 그리고—"

"나." 브루클린이 말했다. "그분이 나를 말한 거예요." 그녀가 파이퍼와 가브리엘을 바라보았다. "그분은, 내가 항상 원했지만,

이미 가지고 있는 줄은 전혀 몰랐던 가족에게 날 돌아오게 한 거예요."

파이퍼가 새언니를 안아 주었다.

"다리 위의 여자는 누구죠?" 가브리엘이 물었다.

브루클린이 미소를 지었다. "아, 그건 꼭 들으셔야 할 이야기예요—"

땡, 땡, 땡.

모두 고개를 돌려 소리 나는 쪽을 보았다.

에비가 커피잔 가장자리를 숟가락으로 두드리며 말했다. "잠깐만요! 저에게 이모랑 삼촌이 있다는 말이에요?"

모두 웃음을 터뜨렸다.

파이퍼가 에비를 감싸안으며 말했다. "그렇단다."

가브리엘이 다시 시계를 보았다. "이 놀라운 사실을 알고 난 지금, 더 머무르고 싶지만 메리의 예배를 놓치고 싶지는 않네요."

파이퍼가 브루클린과 코너, 그리고 에비를 바라보며 물었다. "여러분 셋은 이제 곧 뭐 하실 거죠?"

브루클린이 남편과 딸과 손깍지를 끼며 말했다. "우리 어머니, 메리를 위해 교회에 기도드리러 가야지."

제26장

내가 이미 그곳에 있다

메리를 위한 예배는 보스턴 남쪽 끝에 있는 홀리크로스 교회에서 열렸다. 예배 후, 종탑 위에서 종소리가 비 오듯 쏟아져 내리는 가운데, 브루클린과 코너, 그리고 에비는 새로 찾은 가족과 회색 돌계단 위에서 서성거렸다. 아쉬운 작별을 하며, 그들 모두는 곧 다시 모여 얘기를 나누고, 평생의 추억에 대한 회포를 풀기로 하였다.

차에 오르자, 브루클린이 베이지색 버버리 재킷을 벗어 작은 베개처럼 둘둘 말았다.

"피곤해 보이네." 코너가 말했다.

"응, 피곤해. 집에 가는 길에 잠깐 눈 좀 붙여도 되겠어?"

"다리 위에서 샌디를 구하고, 새 가족을 만나느라 지쳤나?." 그가 긁렸다.

브루클린이 둘둘 만 재킷을 차창에 대놓고, 거기에 머리를 얹으며 말했다. "좀 그런 것 같아."

그녀가 눈을 감자, 코너가 말했다. "좋은 꿈 꿔."

차가 부드럽게 흔들리면서, 그녀가 잠이 드는 데는 오래 걸리지 않았다.

꿈나라에 빠져든 그녀는 어둠 속에서 부르는 목소리를 들었다. *브루클린, 눈을 떠라.*

처음에는 코너가 집에 도착했다고 말하는 줄 알았지만, 이건 다른 느낌이었다.

브루클린, 이제 눈을 떠라.

그녀가 눈을 뜨자, 하얀빛이 그녀에게 덮쳐왔다. 브루클린은 자기가 아직 차 안에 있고, 다른 차의 전조등 때문에 눈이 부신 것으로 생각했지만, 낮이었으니, 그건 말이 되지 않았다.

"적응하려면 좀 걸릴 거다." 그 목소리가 그녀를 안심시켰다.

마치 누가 밝기 조절 스위치를 줄이는 것처럼, 서서히 빛이 편해졌다. 브루클린은 자신이 차 안에 있는 게 아니라, 사과나무 아래 서 있는 걸 발견했다. 그녀는 버버리 재킷을 들고 있었는데, 무의식적으로 그것을 입었다.

앞 단추를 채우다가, 그녀는 에드워드가 앞에 서 있는 것을 알아보았다. 그는 빳빳한 하얀색 예복을 입고 있었고, 긴 갈색 머리가 어깨 위에 부드럽게 놓여 있었다. 그를 몇 달 전에 목도한 이후 처음으로 예수 그리스도와 똑같이 보였다.

"에드워드?" 그녀는 그가 거기 있는 것에 반신반의하며 물었다.

그분이 대답하셨다. "이제 그 이름을 사용하는 것은 끝나지 않았느냐?"

그러자 그녀가 다시 말했다. "예수님."

그분이 만족스러운 표정으로 웃으며 대답하셨다. "그렇지."

"이게 꿈인가요?"

예수님이 반문하셨다. "너는 어떻게 생각하느냐?"

브루클린이 말했다. "꿈 같기는 한데, 한 가지만 빼면요—"

"빛?"

"예. 이것은 제이든이 말했던 밝은 곳을 생각나게 하네요."

예수님이 나무에서 사과 하나를 따셨다. "그 아이가 차에 치었던 날을 말하는 것이냐? 내가 그 아이를 다시 데려온 날."

브루클린이 밝고 하얀 주위를 둘러보았다. "맞아요." 그러더니 그녀가 잠시 멈췄다. 말하고 싶은 게 있지만, 말을 삼가는 것 같았다.

"무엇이냐?" 예수님이 물어보셨다.

"이게 꿈이 아니라면…" 브루클린이 조심스레 말을 꺼냈다.

"분명히 말하지만, 이건 꿈이 아니다." 그분이 말씀하셨다.

브루클린이 말했다. "그렇다면 혹시…"

"무엇이냐?" 예수님이 재차 물어보셨다.

"저를 어디로 데려가시려는 게 아니었으면 좋겠어요. 방금 새 가족을 만났는데요."

예수님이 그녀에게 사과를 건네주셨다. "세상에! 아니야. 내가 여기서 너에게 선택권을 주려는 거야."

"뭐에 대한 거요? 사과요?" 그녀가 손에 든 과일을 들어 보였다.

"아니야." 그분이 미소를 지으며 대답하셨다. "그 사과는 나중을 위한 거야. 둘러보거라. 이 장소, 알아보지 못하겠느냐?"

브루클린이 무심코 사과를 재킷 주머니에 넣고 돌아보았다. 그제야 자신이 수십 그루의 나무들이 가지런히 늘어서 있는 사이에 있다는 걸 알았다. "사과 과수원이네요?"

"그 사과 과수원이다." 예수님이 수정하셨다. "가지가 부러져 네가 떨어졌던 곳."

브루클린이 뒷머리를 문질렀다. "기억나요."

예수님이 말씀하셨다. "그날 이전, 우리가 만나기 전, 너는 네 삶에 만족하고 있는 것 같았다."

"대체로 그랬죠."

예수님이 말씀을 계속하셨다. "그래서 네게 그 삶으로 돌아갈 기회를 주려고 한다."

"무슨 말씀이세요?"

예수님이 나무 아래 벤치에 앉으셨다. "내 말은 예전의 네 삶으로 돌아가게 해준다는 것이다."

"예전이라니요?" 브루클린이 물었다. "무슨 말씀인지 모르겠어요."

"나를 만나기 전," 그분이 대답하셨다. "우리가 만나지 않았던 것처럼 되는 거지."

"그건 불가능해요."

"아니, 가능하다. 내가 손가락을 튕기면, 너는 사과나무에서 떨어진 직후 바닥에서 깨어나게 된다. 우리가 함께한 시간, 우리의 대화들은 모두 꿈이 되는 거지."

"그건 가능하지 않아요." 브루클린이 더 강력하게 말했다.

"왜?"

"제가 그걸 원치 않으니까요." 브루클린이 날카롭게 대답했다.

"왜 원치 않아, 브루클린?"

"그냥 원치 않아요." 그녀가 쏘아붙였다. "그냥 거기까지 하면 안 될까요?"

예수님이 더 가까이 다가오셨다. "흥분하지 말고, 그냥 이유를 말해봐."

"왜냐하면…" 브루클린이 말하려다 멈췄다.

예수님은 참을성 있게 기다리셨다.

"예수님이 제 마음에 계시기 때문이에요, 예수님 없이는 살 수가 없어요."

예수님이 그녀를 안아주셨다.

"학생이 선생이 되었구나." 그분이 속삭였다.

그 순간, 브루클린은 개 짖는 소리를 들었다. 그녀가 돌아보자, 이십대 초반의 잘생긴 청년이 작고 하얀 개에게 나뭇가지를 던져주며 놀고 있는 것이 보였다. 그는 기쁨을 억제하지 못하며 웃고 있었다.

"저게 누구죠?" 브루클린이 물었다.

예수님은 아무 말 안 하시고, 지켜보라고 눈으로 말씀하셨다. 그 청년이 몸을 굽혀 나뭇가지를 줍자, 그의 목에서 군번줄이 달랑거렸다.

"잠깐만요," 브루클린이 말했다. "저 청년, 폴인가요?"

"그렇단다. 그리고 그의 충직한 친구, 래디."

브루클린은 그들이 노는 모습을 잠시 지켜보았다. 폴은 그들이 거기에 있는 것을 의식하지 못하는 듯했다.

"그러면, 우리 애완동물들도 천국에 가나요?"

예수님이 대답하셨다. "그들이 없으면, 그게 천국이겠느냐?"

브루클린이 다시 바라보니, 폴과 그 개는 나무들 너머로 가서 시야에서 사라졌다. "저를 이곳에 데려오신 이유가 이거였나요? 제가 절대 받아들이지 않을 제안을 하시고, 알지 못했던 형제를 보게 하시려고요?"

"아니야," 예수님이 말씀하셨다. "네가 누구를 만나게 하고 싶어."

"누구요?"

예수님이 사과 과수원을 감싸고 있는 흰 안개의 벽 쪽을 가리키셨다. "저 사람."

처음에는, 브루클린이 아무것도 보지 못했다. 그러다가, 안개 속에서 한 인물이 모습을 드러냈다.

그 여인은 머리부터 발끝까지 연보라색 옷을 입고 있었고, 바지에 블라우스를 맞춰 입고 있었다. 그녀는 브루클린보다 몇 년 어려 보였지만, 그녀의 얼굴은 분명히 낯이 익었다.

그 여인이 다가오자, 브루클린이 예수님을 쳐다보며 말했다. "저분은?"

"그래." 예수님이 대답하셨다.

"하지만 전 준비가 안 됐어요. 무슨 말을 할지 모르겠어요."

예수님이 그녀의 어깨에 손을 얹으셨다. "네 마음속을 보거라."

브루클린은 이제 자신과 쌍둥이처럼 닮은 여인과 마주 보고 있었다.

"그 여인이 먼저 말하지는 않을 거다." 예수님이 말씀하셨다. "네가 먼저 말해야 한다."

그 여인은 꽃 위에 앉아 있는 나비처럼 얌전히 참을성 있게 기다리고 있었다.

"안녕하세요." 브루클린이 말했다.

따뜻하고 반가운 목소리로 그 여인이 대답했다. "안녕, 브루클린.”

브루클린이 물었다. “제가 뭐라고 불러야 할까요?”

“너를 키워준 엄마가 이미 있으니, 메리가 좋겠지.”

브루클린은 두 장의 사진으로 생모를 본 적이 있었지만, 그보다 젊을 때 모습으로 나타난 메리는 브루클린이 상상했던 것과는 다르게 보였다. 그녀의 피부는 매끄러웠고, 머리는 짙었으며, 주름살도 없었고, 브루클린이 알고 있는 그녀의 고달픈 삶의 흔적도 없었다.

예수님이 말씀하셨다. “여기서는 너도 가장 좋았을 때 모습으로 있게 된다.”

“그럼, 여기가 천국인가요?”

“아니야. 대기실이라는 말이 더 맞겠지.”

브루클린이 다시 메리에게 시선을 돌렸다. “고백할 게 있어요.” 그녀가 말했다.

“뭔데?” 메리가 되물었다.

“저는 오랫동안 이 순간을 꿈꿨어요. 당신에게 퍼부을 온갖 심한 말들을 생각하면서요.”

“그랬겠지.” 메리가 대답했다.

“하지만 지금은,” 브루클린이 말을 이었다. “이 말밖에 할 게 없어요, 죄송해요.”

“죄송할 거 전혀 없어.”

브루클린이 갈등하며 고개를 숙였다. "아니, 있어요. 당신이 한 일을, 왜 그랬는지도 모르면서 비판했어요. 제가 잘못했어요."

메리가 대답했다. "모든 일이 그렇게 일어나도록 되어 있었던 거야. 이젠 그걸 알 수 있지?"

브루클린이 자신의 아름다운 삶을 생각하며 고개를 끄덕였다.

메리가 물었다. "이제 내가 고백해도 될까?"

"그럼요."

"내가 네게 이 말을 하려고 오랜 시간 기다려왔어." 브루클린이 숨을 죽이고 기다렸다. 메리가 말을 이었다.

"브루클린, 나는 네가 이렇게 자라주어서 정말 자랑스러워."

메리가 손을 내밀었고, 브루클린이 그 손을 움켜쥐었다.

브루클린이 그들의 움켜쥔 손을 내려다보며 눈에 눈물이 고이기 시작했다. "저를 배려해 그런 선택을 해주셔서 감사해요." 브루클린이 말했다.

메리가 대답했다. "비밀 하나 말해줄까?"

"예."

"네가 내 안에서 움직이는 걸 느낀 순간, 선택의 여지가 없었어."

브루클린이 미소를 지었다.

"무슨 생각을 하고 있어?" 메리가 물었다.

"에비가 제 뱃속에서 뒤척이는 걸 처음 느꼈을 때를 생각하고 있었어요. 제가 깊이 잠든 코너를 깨웠고, 우리는 두 시간 동안 침대에 앉아서 제 배에 손을 대고 있었어요."

"그래서… 이해하는 거지?"

"이해해요."

엄마!

브루클린은 아이가 부르는 목소리를 들었다. 그녀가 주위를 둘러보았지만 거기에 다른 사람은 아무도 없었다.

"저 소리 들으셨어요?" 그녀가 메리에게 물었다.

엄마, 우리 여기 있어요.

메리가 브루클린의 손을 놓아 주었다. "너 이제 가야 해."

예수님이 다가오셔서 메리의 팔을 부드럽게 잡으셨다. 메리가 그분께 뭐라고 속삭였다. 예수님이 고개를 끄덕이며 대답하셨다. "천만에." 그러면서 그분이 메리를 데리고 걸어가기 시작했다.

"잠깐만요!" 브루클린이 무심결에 말했다.

메리가 대답했다. "잘 가, 브루클린."

"아직 가지 마세요. 제발요."

"시간이 되었다." 예수님이 말씀하시며, 메리와 함께 안개 속으로 걸어가셨다.

"하지만, 물어볼 게 너무 많아요!" 브루클린이 그들 뒤에 대고 외쳤다.

엄마, 일어나세요.

브루클린이 다시 주위를 둘러보았지만, 아이라고는 아무도 보이지 않았다.

누구지? 누가 날 부르는 거야?

"잠깐만요," 브루클린이 메리와 예수님에게 소리쳤다. "한 가지만 대답해 주세요."

두 사람이 멈춰서 뒤돌아보았다.

"천국은 어떤 곳인가요?"

예수님이 대답하셨다. "하나님 앞에서, 네가 좋아하는 모든 사람과 함께 인생 최고의 날을 계속 반복하는 것과 같단다."

메리가 고개를 끄덕이며 덧붙였다. "한마디로 말하면, 사랑이야."

그들이 가려고 돌아섰다.

"메리," 브루클린이 불렀다.

이제 안개가 그녀의 허리 위까지 올라오고 있었다.

"메리," 브루클린은 더 크게 소리쳤다.

대답이 없었다. 그녀가 메리를 잃어가고 있었다.

그러자 브루클린이 한껏 큰 소리로 불렀다. "엄마."

메리가 손을 들었다. 안개가 더 이상 피어오르지 못하게 막는 것 같았다. "왜 그러니, 아가?"

"가브리엘과 파이퍼에게 뭐라고 말할까요?"

안개가 그녀를 휩싸자, 메리가 대답했다. *그들에게 말해.*

내가 모든 기도를 듣고 있다고.

내가 모든 기쁨을 함께하고 있다고.

내가 모든 눈물을 받아주고 있다고.

우리가 하나님의 왕국에서 함께 할 때까지. 사랑한다.

그들에게 말하겠다고 약속해 줘.

약속해 줘, 딸아.

메리가 사라졌다.

브루클린이 안개를 쳐다보며 속삭였다. "약속할게요."

예수님께서는 아직 거기서 브루클린을 보고 계셨다.

그녀가 말했다. "그분을 만날 기회를 주셔서 감사합니다."

예수님은 모든 질문의 답을 아는 사람처럼 미소를 지으셨다. "그 미소는 무슨 의미세요?" 브루클린이 물었다.

예수님이 말씀하셨다. "메리가 떠나기 전에 내게 속삭인 말이 뭔지 아니?"

"아니요. 저는 못 들었어요."

"메리가 말했어. '제 기도를 들어주셔서 감사합니다.'"

"메리의 기도요?" 브루클린이 물었다.

"내가 이제까지 들어본 최고의 기도 중 하나였어."

그 순간, 브루클린은 병원 복도에서 에드워드와 나누었던 대화를 떠 올렸다. 그가 그녀에게 말하기를, 누군가는 하나님께 말씀드리기 위해 교회에서 무릎 꿇을 필요가 없었다고 말했었다.

예수님께서 물으셨다. "그날 내가 네게 뭐라고 말했었지?"

"이제까지 들어본 최고의 기도 중 하나는 막다른 골목에 몰린 한 여인이 더러운 바닥에 누워 드린 기도였다고 말씀하셨어요."

"맞아." 예수님이 말씀하셨다.

브루클린이 방금 전에 메리가 사라진 짙은 안개 쪽을 다시 쳐다보았다.

"그 여인이 제 어머니였나요?"

예수님이 대답하셨다. "네 어머니였지. 재활 2주 차, 마약 중독이라는 악마에게서 벗어나려고 몸부림칠 때."

브루클린이 북받쳐 오르는 감정을 억누르며 힘겹게 참아냈다. "어머니는 그 기도에서 무엇을 구했나요?"

"너와 관련된 두 가지를 구했단다."

"말씀 좀 해주세요." 브루클린이 말했다.

예수님이 말씀을 계속하셨다. "아기가 안전하기를, 그리고 언젠가 그 아이를 다시 보게 되기를 구했지."

안개가 다시 피어오르기 시작했다.

브룩, 일어나.

엄마, 제발 돌아와요.

"시간이 되었다." 예수님이 말씀하셨다. "집으로 갈 시간이다."

밝은 빛이 돌아와, 브루클린의 눈을 다시 부시게 했다. 그녀는 자신이 떠나가고 있는 것을 느꼈다.

"예수님!" 그녀가 불렀다.

그분은 멀리 계셨다.

"예수님, 잠깐만요," 브루클린이 재차 불렀다.

그녀는 눈 부신 빛에 눈을 감고, 목소리를 낮추어 말했다. "그냥 감사하다고 말씀드리고 싶었어요."

"무엇을 말이냐?" 예수님이 물어보시는 목소리가 더 이상 멀리서 들리지 않았다.

브루클린이 살짝 눈을 떴다. 예수님은 그 눈부신 하얀 빛에 둘러싸여 바로 앞에 계셨다.

"저를 대신해 십자가에 달리신 거요."

예수님이 미소를 지으셨다. "네 말이 맞았구나, 브루클린."

"무슨 말요?"

"네가 변화되었고, 절대로 예전의 삶의 방식으로 돌아갈 수 없다고 한 말."

브루클린이 눈을 감자, 예수님께서 그녀의 어깨에 손을 얹고 말씀하셨다. "이제… 깨어나라!"

브루클린이 눈을 뜨니, 방금 예수님이 손을 얹었던 어깨를 코너의 손이 흔들고 있는 것이 보였다. 밝은 빛은 사라졌다.

"맙소사. 당신 우릴 놀라게 했어." 코너가 말했다.

에비가 뒷좌석에서 넘겨보며 말했다. "어디 갔었어요, 엄마? 깨울 수가 없었어요!"

브루클린이 주위를 둘러보았다. 그들은 집 밖 진입로에 차를 세워놓고 있었다.

"나 천국에 있었어." 그녀가 말했다. "아니면, 천국 가까운 곳에."

"꿈꿨다는 말이지?" 코너가 물었다.

"아니야, 콘. 천국이야. 우리가 좋아하는 사과 과수원이었고, 예수님, 우리 엄마 메리, 이복동생 폴을 봤어. 모든 것이 너무 밝았어."

"꿈도 꽤 진실처럼 느껴질 수 있지." 코너가 말했다.

"날 믿어. *이건 그런게 아니었어.*"

그녀가 차에서 내렸다. 차가운 공기에 그녀가 곧장 재킷을 다시 입었다.

에비가 그녀의 손을 잡고 팔을 앞뒤로 흔들며 돌로 포장된 진입로를 따라 집으로 걸어갔다. "그래서요?" 에비가 엄마의 얼굴을 올려다보며 물었다.

"그래서라니, 뭐가, 이쁜아?"

"천국은 어떻게 생겼어요, 엄마?"

브루클린이 멈춰 서서 딸과 남편을 바라보았다. 두 사람이 그녀의 삶에 가져다준 사랑과 의미에 고마워하며 가슴이 벅차올랐다.

"나도 예수님에게 바로 그 질문을 했단다. 그분이 내게 말씀하시기를, 천국은 하나님 앞에서, 네가 좋아하는 사람들과 함께 인생 최고의 날을 계속해서 살아가는 것과 같다고 하셨어."

에비가 물었다. "그게 무슨 말인데요?"

브루클린이 코너와 에비에게 차례로 키스를 한 후, 현관 앞에 섰다.

"그 말은, 천국에 관해서는 내가 이미 그곳에 있다는 뜻이야." 코너는 아내의 얼굴에서 완전히 만족스러워하는 표정을 보았다. 그녀는 정말로 변화된 여인이었다.

현관문이 잠겨 있다는 걸 알고 에비가 말했다. "열쇠 좀 주세요."

"내가 갖고 있나?" 브루클린이 양손을 코트 주머니에 집어넣었다.

코너가 열쇠고리를 들어 보이며 말했다. "내가 운전했잖아, 기억나?"

그가 현관문을 열며 브루클린에게 말했다. "당신은 꿈을 꾸고 있던 게 아니라고 확신하는 거야?"

여전히 양손을 주머니에 넣은 채로 있던 브루클린의 눈이 갑자기 커지더니, 미소가 얼굴에 번졌다.

에비가 덩달아 싱긋 웃으며 물었다. "왜요?"

"내가 예수님을 보았다는 것과 우리 각자를 위해 천국이 기다리고 있다는 것을 확신하냐고?"

남편과 딸이 그녀의 말을 기다리고 있을 때, 브루클린이 천천히 주머니에서 손을 빼더니, 오른손을 뒤집어 손가락 사이에 움켜쥔 빛나는 빨간 사과를 내보였다.

브루클린이 그 사과를 보며 말했다. "확신하고말고."

그녀가 사과를 코너에게 던지더니, 과장되고 느린 억양으로 말했다. "어⋯때⋯ 대⋯ 박⋯이⋯지⋯?"

"그 말 하지 마!" 코너가 웃으며 소리쳤다.

"그럼, 키스해 줘. 영원히 끝나지 않을 것처럼."

코너가 그녀를 끌어안았고, 사과가 그의 손에서 툭 떨어졌다.

부모가 포옹하고 있는 것을 쳐다보며, 에비에게 드는 생각은 하나뿐이었다.

천국이구나.

감사의 글

이 소설은 믿음에 관한 아주 개인적인 이야기였기 때문에, 독자 여러분과 긍정적인 기독교적 메시지를 나누는 것이 저에게는 무엇보다도 중요했습니다. 이 이야기를 집필하고 편집하는데 1년이 넘게 걸렸으며, 지금 여러분 손에 있는 완성본은 많은 분들의 도움 없이는 나올 수 없었을 것입니다. 기획자이자 편집자인 샤론 브라운은 제가 제 목소리를 찾고 집중력을 높이는 데 큰 도움을 주었습니다. 패러클리트 출판사의 로버트 에드몬슨, 릴리안 미아오, 미셸 리치, 렉사 헤일은 제가 이 이야기의 전개를 구상하는 데 함께 해준 여러 훌륭한 그리스도인들 중 일부일 뿐입니다.

또한 이 믿음의 여정에 저와 함께해주신 독자 여러분께도 감사드립니다. 목수의 아들이 여러분을 예수님께 더 가까이 가도록 돕는다면, 제가 키보드 앞에서 보낸 수많은 시간이 분명히 가치가 있을 것입니다.

마지막으로, 이 글을 쓰도록 도와주신 하나님께 감사드리고 싶

417

습니다. 여러 차례, 저는 이 이야기가 숲속에서 저를 어느 길로 데리고 갈지 몰라서 컴퓨터 앞에 조용히 앉아 있었습니다. 그때마다 저는 눈을 감고, 조용히 기도하였으며, 그러면 마음속의 빛이 제 발걸음을 인도해 주었습니다. 믿어주십시오, 이 여정에는 부조종사께서 함께하고 계셨습니다.